《应用文写作》编委会

高等学校管理类精品课程教材
普通高等学校公共课精品教材

应用文写作

（第三版）

ying yong wen xie zuo

主　编　孟庆荣　任小平
副主编　张永力　王莉华

暨南大學出版社
JINAN UNIVERSITY PRESS

中国·广州

图书在版编目（CIP）数据

应用文写作/孟庆荣，任小平主编；张永力，王莉华副主编．—3版．—广州：暨南大学出版社，2015.3

ISBN 978-7-5668-1334-3

Ⅰ.①应… Ⅱ.①孟… ②任… ③张… ④王… Ⅲ.①汉语—应用文—写作 Ⅳ.①H152.3

中国版本图书馆CIP数据核字（2015）第021949号

出版发行：暨南大学出版社

地　址：中国广州暨南大学
电　话：总编室（8620）85221601
营销部（8620）85225284　85228291　85228292（邮购）
传　真：（8620）85221583（办公室）　85223774（营销部）
邮　编：510630
网　址：http://www.jnupress.com　http://press.jnu.edu.cn

排　版：广州市天河星辰文化发展部照排中心
印　刷：广东广州日报传媒股份有限公司印务分公司

开　本：787mm×1092mm　1/16
印　张：17.75
字　数：496千
版　次：2009年5月第1版　2015年3月第3版
印　次：2015年3月第3次
印　数：5001—7500册

定　价：39.80元

第三版前言

应用文写作是每个现代人必须具备的技能之一，在知识经济时代，应用文的使用已经社会化、大众化。随着社会的发展进步，应用文写作日益受到人们的重视，现在已经成为高职院校普遍开设的一门课程。但是，应用文写作课程教学效果不佳这一问题又一直困扰着我们，其原因是多方面的，教材建设应该是其中重要的因素之一。

《应用文写作》现已是第三版了，为了更好地适应社会发展的需要以及高职院校对人才培养的需求，本书做了一些有益的尝试，着眼于应用本科学生在日常学习中的需要，既为校园的学习和生活提供切实的帮助，又为走向社会的写作实践打下基础，不求全面，但求实用，以提高学生的日常应用文写作能力和相应的素质修养为目标，努力贯彻打基础、提兴趣、尚实用、强素质的编写宗旨，编写出这本针对性强、注重实操性、以应用本科学生日常的学习和生活为内容架构的应用文写作教材。

本次修订的内容主要体现在以下几个方面：

第一，突出实操性。在理论知识够用的前提下，尽量简化理论知识的介绍，尽可能地详细介绍各个文种的写作规范，以期最大限度地为读者提供指导。强化实训的分量，增加写作实训：其一是病文评析训练，提供具有典型性、易发性的病文，让学生通过“错中学”体会应用文应该怎样写，不应该怎样写；其二是情境拟写训练，提供与学生日常的学习和生活相关的写作情境，让学生依据规范，借鉴例文练写符合要求的应用文。

第二，增强亲近感。这主要体现在例文的选择上，将例文分为例文参考和实训拓展两部分，前者选择与学生日常的学习和生活密切相关的例文，而且写作主体绝大多数就是学生本身，让他们感受到应用文就在自己的身边，每时每刻都可能要使用应用文；后者则选择学生今后职业生涯中可能会使用的相关知识技能，以开拓学生的视野。

第三，时代感强。第三版的《应用文写作》按照 2012 年新版的《党政机关公文处理工作条例》、《党政机关公文格式》编写，紧跟时代脉搏，有较强的时效性。

本书现在是第三次修订，即便如此，参加编写的人员仍然一丝不苟，精益求精，参考了大量的业界文献资料，改编了大量已有例文和训练习题。因此，笔者对本书所有的编写人员致以崇高的敬意和衷心的感谢！

本书由广州大学华软软件学院孟庆荣教授具体负责修改工作。希望本书的出版能够为应用本科应用文写作的教学带来一缕新意，更期望本书能够成为广大应用本科学生朋友学习和生活中的“良师益友”。由于水平有限，书中难免出现纰漏，诚恳地希望使用本书的广大读者朋友提出宝贵的意见和建议，使之更加完善。谢谢！

编　者

2015 年 3 月

第二版前言

美国社会预测学家约翰·奈斯比特指出："在这个文字密集社会里，我们比以往更需要具备基本的读写技巧。"应用文写作，作为人们的日常交际、沟通、传递信息和传播知识的最基本的方式之一，是现代人必须掌握的，尤其是使用性强、应用性广、种类繁多的应用文写作，更是直接与我们的日常工作、生活和学习密不可分。比如要和远方的朋友联系，就要写信；要借款，就得立字据；向上级汇报工作、反映情况，就要写报告；推销产品，就要写广告，等等。

应用文是每个现代人必须掌握的工具之一，应用文写作是每个现代人必须具备的技能之一。在知识经济时代，应用文已经社会化、大众化。作为公共基础课的应用文写作课程日益受到高职高专院校的重视，绝大多数院校都在各专业开设了这门课程。

随着教学改革的逐步深入，为适应新时期教学改革的需求，在《应用文写作》（第一版）的基础上，我们特组织一批具有多年教学经验的教师修订了这本教材。本次修订对原书各部分都作了认真推敲，在广泛听取各方面意见的基础上，调整了一些章节的内容，并吸收了最新的研究成果。

本书共选入常用文种 67 个，每个文种均按照"概念、分类、特点、内容要素、格式与结构模板、范文及要素评析、强化实训与拓展实训"的体例编排。

第二版除替换了部分例文并增加了适合时代要求的文种外，特别强调写作习题的设计。经过长期的教学实践我们感到，担任应用文教学的教师如果只是抓住教材中现成格式、固定用语进行教学，只告诉学生应该怎样写，必定收效甚微，结果只能是教师教得无味，学生学得无趣。我们必须让学生尝试错误，在对应用文写作各种错误的尝试和反省中去认识应用文除固定格式和固定用语价值以外的其他要素，从而掌握整体的写法。设计科学实用的写作习题，既是让学生充分尝试错误的最有效的途径，也是提高师生双方教与学积极性的最有效的方法。

第二版中的大部分写作习题都是提供充满繁杂信息的情景，以便让学生完整经历拟写标题—筛选信息—构思结构—选择（修改）语体—作者署名及成文时间这样一个过程。学生在进行这样的训练时，各种问题都会暴露出来，教师一边组织学生研讨、纠错，一边引导学生研读教材，从而掌握应用文写作的规范。建议任课教师将组织学生进行写作训练作为抓手，以训练、纠错带动写作知识学习和技能的掌握。

参与本教材编写的教师在这方面已经作了多年的尝试，积累了很多成功的经验，这使得我们对第二版的出版更加充满信心。

本书第二版紧紧围绕高等教育对应用型人才培养的目标和要求，坚持以“教学致用”为宗旨，编写力求深入浅出、通俗易懂，重点突出应用文写作实用性功能，同时兼顾这门课程的通识性的教学要求。本教材最大的特点是重视运用例文与表格说明问题，进一步加大教材的案例化程度。具体体现在以下两个方面：

其一，本教材案例编排力求新颖，时代感强，坚持理论与实践相结合的原则，把必要的理论知识融会到日常事务的应用中去。在编写过程中，我们选取了大量新颖、典型的例文来诠释应用文写作知识，突出知识的实用性、通俗性和专业性，并且例文的选用力求与政府机关、企事业单位的实际情况保持一致，选用最新的案例、最新的信息，依据最新的情况，对实际工作中出现的新问题提出建议和对策。

其二，本教材体例力求简洁明快、条理清晰，所选实例得当，文后附有必要的分析说明。每个文种最后的“强化实训与拓展实训”都设置了本节内容涉及的案例分析与实训试题，以方便教师与学生的教与学。为了让学生区别相近文种，每章都设有“相近（临）文种的关系与比较”栏目。

由于时间紧迫，水平有限，书中难免存在一些不足和缺点，恳请广大读者不吝批评指正，以便再版时修订，使之日臻完善！

编　者

2011 年 2 月

第一版前言

（一）

随着信息社会的迅猛发展，人们的文化交流与社会交往日益频繁和广泛，掌握应用文写作的基本理论和技能就显得更加重要和迫切。当前，许多大中专院校普遍开设了应用文写作课，目的就是培养学生应用文写作的实际本领，提高学生文字表述的实践工作能力，为将来走向职场打下基础。

在社会生活中，作为交流思想、传递信息、处理事务的应用文有着重要的作用和自身的特点。首先，在人们日常学习、生活和工作中，借钱借物要写“借条”或“欠条”；应聘求职要写“应聘书”、“自荐书”和“个人简介”；与经济伙伴合作要写“意向书”或“合同书”；工作的年初年尾要写“计划”和“总结”；处理法律事务要写“诉状”；迎送宾客要致“欢迎词”和“欢送词”；向组织提出某种请求要写“申请书”；工作场合讲话要写“讲话稿”或“发言稿”；大学生毕业要写论文、设计和项目报告，等等。其次，应用文不同于一般文章或文学作品，在结构、内容、语言和技巧等方面，都有特殊规律和约定俗成的模式。

本书是针对应用文的特点编写而成的。全书共设9章，分别为行政公文、事务文书、商务文书、法律文书、个人文书、教育文书、礼仪文书、财经文书、实训试题及参考答案。全书共选入常用文种67个，每个文种均按照“概念、分类、特点、内容要素、格式与结构模板、范文及要素评析、强化实训与拓展实训”的体例编排。

本书首创“模板型”编写体例。所谓的模板就是模式，是一种经过简化和浓缩了的相对固定的规律、程式或格式，具有一定的概括性、普适性和实用性。人们可以将模板作为写作参照的范例，从而快速地写出符合一定规格、规律、标准和风格的文书来，并可多次重复使用。

针对目前大中专院校的应用文写作课程中，教与学、学与用脱节的现象比较严重的现状，本书试图在四种“模式”上进行突破，以破解应用文的写作秘诀。

（1）结构模式。结构模式是指文种的结构布局按照一定的规格、标准、风格进行组合，显现出大体固定的格式。简单地说，结构模式也叫“架构”，每个文种都有自己的架构。也可用另一种方法，即将文种内容暂时剥落而单独将结构抽离出来，使之成为一个有秩序、便于效仿、能够借鉴的程式。不同的文种其架构也不同，如“合同书”与“请假条”就是截然不同的两种架构。

（2）内容模式。内容模式是指按照一定标准的文种架构将内容组成要素进行填充，然后显现出大体固定的内涵。例如，普通书信与感谢信（表扬信、慰问信）相比，内容上的最大区别在于感谢信（表扬信、慰问信）有标题，而普通书信没有标题，也就是说，普通书信内容不需要有标题。不难看出，结构是“骨头”，内容是“肉”，“肉”只能附着在“骨头”上。

（3）语言模式。语言模式是指文种的语言特点要按一定的标准、风格或约定俗成的要求进行“遣词造句”。每个文种都有自己独特的语言模式，如“经办用语”、“称谓用语”、“承启用语”等。这是应用文与普通文章的重要区别之一。例如，“当否，请批示”是“请示”文种的专门用语；“特此批复”是“批复”文种的专门用语；“本局”和“亲爱的……”虽都属称谓用语，但“本局”是组织间的公文用语，“亲爱的……”则为个人间的书信用语。

（4）技巧模式。一般来说，技巧模式不像前三种模式那样具有很强的固定性，这是因为技巧有着非同一般的灵活性。也就是说，文种不同，所用技巧也不能完全相同，但在运用结构模式、内容模式、语言模式的前提下，假如能够从技巧中找出可遵循的规律，就能帮助人们利用相应的模式。例如，撰写“调查报告”类应用文，首先要进行实际调查，然后得出相应的数据，再对数据进行分析、归纳等，那么，该调查报告中一定要有“据调查”、“调查数字显示”、“据统计”、“据此分析”、“……占*N*%”等专门用语点缀在文中；又如，会议纪要一定有“会议认为”、“会议指出”、“会议决定”等专门用语分布各段落头首。

掌握这四种模式对于教学者、写作者、读者或求学者来说，都是一种规范和约束。对于写作者或教学者来说，便于写作、处理和教学；对于读者或求学者来说，便于识别、阅读和写作实践。

当然，模式的固定性对应的是相对的灵活性。写作时只需大体遵循模式即可，不必过分拘泥，更不必生搬硬套。既然是写作，就该提倡一定程度的变通和自由创造。

（二）

本书采用上述四种模式编写而成，其突出特点有：

（1）基本理念清晰。每一个文种都给出结构模式、内容模式和语言模式，因此，学习一个文种“模板”，就能掌握一个文种的应用写作技能，并能将模板的固定性与应用的灵活性相结合。

（2）内容选择得当。首先，以社会通用、常用的文种为选择范围，以“行政公文、事务文书、商务文书、法律文书、个人文书、教育文书、礼仪文书、财经文书”分门别类；其次，文种介绍以“概念、分类、特点、内容要素、格式与结构模板、范文及要素评析、强化实训与拓展实训、相近（临）文种的关系与比较”为结构脉络。

（3）文字、表格相辅。应用文最突出的特点就是它的结构固定性。每个文种首先用表格的形式给出规范的结构模板，然后再按照该模板进行实际文字写作训练，这样比较直观，容易被学生接受并进行模仿操作。

本书的编写者都具有丰富的社会工作经历与多年从事一线教学的经验，了解广大师生对应用文写作教材的要求与渴望。编写本书的时候，他们倾注了强烈的教学理想和期望，浸润了辛勤的汗水和闪光的智慧，融入了丰厚、宝贵的教学经验和感悟。

本书可以作为本科和高职高专公共课程教材，供所有专业的学生和教师使用，也可作为中职中专学校教学用书。本书还可供进行应用文写作的实际工作者参考。书中单独开辟一章，配有6类328道实训试题及参考答案。

在编写过程中，本书参考了一些最新的资料和写作教材，在此向有关作者和专家表示衷心的谢意。由于作者水平和时间所限，书中难免有不足之处，敬请读者批评指正。

孟庆荣

2009年4月

目 录

CONTENTS

1

党政机关公文

《党政机关公文处理工作条例》强调，公文起草应当做到：符合党的理论路线方针政策和国家法律法规，完整准确体现发文机关意图，并同现行有关公文相衔接；一切从实际出发，分析问题实事求是，所提政策措施和办法切实可行；内容简洁，主题突出，观点鲜明，结构严谨，表述准确，文字精练；文种正确，格式规范；深入调查研究，充分进行论证，广泛听取意见；公文若涉及其他地区或者部门职权范围内的事项，起草单位必须征求相关地区或者部门意见，力求达成一致；机关负责人应当主持、指导重要公文起草工作。

为统一中国共产党机关和国家行政机关公文处理工作，2012 年 4 月 6 日，中共中央办公厅、国务院办公厅联合印发了《党政机关公文处理工作条例》（以下简称《条例》），该条例自 2012 年 7 月 1 日起施行。《条例》规定的公文种类有：决议、决定、命令（令）、公报、公告、通告、意见、通知、通报、报告、请示、批复、议案、函、纪要共 15 种。

1.1　决议

1.1.1　概念

决议，是党的领导机关就重要事项，经会议讨论通过其决策，并要求进行贯彻执行的重要指导性公文。

1.1.2　分类

决议一般分为公布性决议、批准性决议和阐述性决议三种类型。

（1）公布性决议。这是为公布某种法规、提案而写作的决议。

（2）批准性决议。这是为肯定或否定某种议案的文件。

（3）阐述性决议。这是对某些重大结论的具体内容加以展开阐述的文件。

1.1.3　特点

（1）权威性。决议是经过党的会议讨论通过才能生效并由党的领导机关发布的，是党的领导机关意志的反映。决议的内容事关重要决策事项，一经公布，全党、全国上下都必须坚决执行。

（2）原则性。决议一般是针对一个重要问题作出的决定，原则性较强，表达需要严谨。决议一般情况下都要上报或下发，需要有关部门贯彻执行。

（3）指导性。决议表述的观点和对事项的评价、决议都具有指导意义。

1.1.4　内容要素

决议一般由标题、成文日期、正文等构成。

（1）标题。决议的标题有两种形式：一种是由“发文机关（或会议名称）＋事由＋文种”构成；另一种是“事由＋文种”构成。

（2）成文日期。即决议正式通过的日期。决议文种有些特殊，成文日期的位置不在文末而在文前，一般放在标题下正中，在小括号内注明会议名称及通过时间，有时也可只写年月日。

（3）正文。由决议根据或缘由、决议事项和结尾组成。①决议缘由。一般简要说明有关会议审议决议涉及事项的情况，陈述作出决议的原因、根据、背景、目的或意义。②决议事项。写明会议通过的决议事项，或会议对有关文件和事项作出的评价、决定，或对有关工作作出的部署安排、要求和措施。③结尾。一般紧扣决议事项有针对性地提出希望、号召和执行要求。有的决议可不单列这部分，即所谓的秃尾现象。

1.1.5 写作要求及注意事项

（1）必须紧扣会议精神和主题，准确阐明会议决策事项，体现与会者的集体意志，做到中心明确，重点突出。

（2）必须更注重结构严谨、决议事项条理清晰。要恰当运用习惯用语区分决议的不同段落层次。常用的习惯用语有“会议决定”、“会议同意”、“大会要求”、“大会指出”等，表示会议的决定事项是与会者集体讨论的成果。

（3）决议缘由要充分、准确、合理。缘由是决议事项的依据、理由。要注意交代清楚，做到既简明扼要，又有理有据，令人信服。

1.1.6 格式与结构模板

标题 （成文日期） 正文 ……

1.1.7 范文及要素评析

文种	要素评析
江阴市第十六届人民代表大会第三次会议 关于江阴市 2013 年财政预算执行情况 和 2014 年财政预算的决议	发文机关 + 事由 + 文种
（2014 年 1 月 24 日市第十六届人民代表大会第三次会议通过）	（题注）
江阴市第十六届人民代表大会第三次会议审查了市人民政府提出的《关于江阴市 2013 年财政预算执行情况和 2014 年财政预算草案的报告》。	会议决议内容
会议认为，2013 年，面对复杂严峻的宏观形势，全市各级各部门在中共江阴市委的正确领导下，积极应对困难，抢抓发展机遇，促进了财政收入稳定增长，较好实现了保运转、保民生、保重点的目标要求，为全市经济社会平稳健康发展作出了积极贡献。会议决定批准这个报告，批准 2014 年财政预算。	会议强调事项
会议要求，2014 年，全市财政预算安排要以党的十八届三中全会精神为指导，认真落实市委十二届四次全体（扩大）会议决策部署，紧紧围绕率先基本实现现代化、建设现代化滨江花园城市总目标，继续实施积极的财政政策，坚持依法理财、统筹兼顾和增收节支的方	会议强调事项

（续上表）

文种	要素评析
针，深化财税制度改革，落实结构性减税政策，优化财政支出结构，加强财政科学化、精细化管理，不断提高财政资金使用效益，切实保障和改善民生，促进经济社会平稳健康发展。	
总评：这是一篇会议性决议，本决议经会议形成后向社会公布。正文首先写出会议决议内容和要求等。 （注：本文摘自 http：//www. cnjsjy. cn/centent/2014 - 01/25/content_197636. htm）	

1.1.8 强化训练与拓展训练

1. 强化训练

在网络上找到《深圳市新国都技术股份有限公司 2014 年第三次临时股东大会会议决议》，阅读分析其内容要素是怎样的。

2. 拓展训练

在网络上找到《厦门合兴包装印刷股份有限公司 2014 年第一次临时股东大会会议决议公告》，分析其作出了哪些决议，请分条列出来。

1.2 决定

1.2.1 概念

决定是党政军机关、社会团体、企事业单位对重大事项或重大行政公务作出安排而制定的一种指挥性公文，适用于对重要事项作出决策和部署、奖惩有关单位和人员、变更或者撤销下级机关不适当的决定事项。

1.2.2 分类

按照内容和性质，决定可分为法规性决定、指挥性决定和知照性决定。

（1）法规性决定。此类决定往往由国家立法机关或权力机关作出，内容涉及法律、法规，一般由重要会议通过并发布，具有很强的权威性和行政约束力。

（2）指挥性决定。此类决定是对某些重要事项或重大行动作出决策部署，确定大政方针，并提出措施，要求下级贯彻执行。这类决定一般篇幅较长，说理成分较多。

（3）知照性决定。此类决定是就有关具体事项的作出，知照下级机关及有关各方，起到通知、关照和依据的作用。如批准或修订法规、召开重要会议、安排或处理人事问题、设置或撤销组织机构、表彰或处分有关单位和人员等。这类决定的突出特点是只把决定事项简要地告诉有关单位和人员，不必写出执行要求。

1.2.3 特点

（1）权威性。决定的权威性仅次于命令，任何单位部门都必须无条件执行。还有的决定具有法规作用，一旦违反将会受到相应的处罚。

（2）指导性。在对重要事项进行决策时，同时也提出工作任务、具体措施和实施方案，给受文单位以依照执行的明确导向。

（3）稳定性。传达上级安排及有关决策事项，一般在长时间内都会有效或要求在相当长时期内贯彻执行。

1.2.4 内容要素

决定一般由标题、题注（日期）、主送机关、正文、结语等构成。

（1）标题。标题一般有两种方式：第一种是“发文机关 + 事由 + 文种”，如“中共中央关于高等教育体制改革的决定”；第二种是“事由 + 文种”，“事由 + 文种”结构前要加上介词“关于”，如“关于环境保护工作的决定”。

（2）题注（日期）。会议通过的决定，需要在标题下的小圆括号内写明这一决定是经什么会议、在什么时候通过的。

（3）主送机关。要求执行本决定的单位名称，第二行顶格书写后加冒号。此项有时可省略。

（4）正文。正文篇幅的长短由内容多少来决定。篇幅较长的决定，其内容通常包括两层意思：一层是说明形势和有关情况，作出决定的目的与意义；另一层是说明决定的具体事项、落实决定的政策、措施和要求等。与法规性决定、指挥性决定相比，知照性决定大多不用“措施和要求”。法规性决定、指挥性决定篇幅较长，正文在结构上可分为开头、主体、结尾三个部分。①开头部分一般用一个自然段，主要用以说明背景、形势，分析或阐述作此决定的原因、目的及意义，其语言要求简洁、概括性强，段末用承启语“特作决定如下”或“特作如下决定”与以下主体部分衔接。②主体部分表述决定的具体内容，因为是下级机关、相关单位及所属个人必须执行的准则，所以要求写得明确、具体，其表达方式常采用条文式的写法，在这些具体内容的“条”、“项”之间可以是并列关系，也可以是递进关系。无论何种关系，都要形成完整和严谨的整体，主体部分也可用简述式写法，对所决定的事项作出直接公布，这种方式适合于内容比较单一的事项，简短几句话就可将内容阐述清楚。③结尾部分一般提出希望、号召和要求等。

（5）结语。决定的正文之后，一般写出“本决定自发布之日起施行”，通常情况下文末不再写上发文单位和成文日期。当决定见诸报刊时，可在文末署名发文机关。结语有时也可省略。

1.2.5 写作要求及注意事项

（1）当主送机关范围较大且不确定时，主送机关可省略。

（2）法规性决定、指挥性决定的篇幅一般长于知照性决定。

（3）如果标题中含有发文机关，文末即省略发文机关；如果标题下有题注，文末不再写上成文日期。

（4）当决定见诸媒体时，务必在文末署名发文机关全称。

1.2.6 格式与结构模板

标题 （题注） 正文 …… 结语 发文机关

1.2.7 范文及要素评析

文种	要素评析
中共北辛街道委员会北辛街道办事处 关于表彰2014年度先进单位和先进个人的决定	发文机关＋事由＋文种
2013年，在党委、办事处的正确领导下，街道上下认真学习贯彻党的十八大及十八届三中全会精神，围绕市委、市政府建设“区域性中心城市”的总体目标，努力打造城市品质卓越的中心城区、生态环境优美的宜居家园、高端品牌集聚的商贸中心、专业市场繁荣的物流枢纽、现代要素活跃的创业基地、文化资源富足的活力名城，圆满完成了全年各项目标任务，有力推动了经济社会又好又快发展，涌现出了一大批表现突出、成绩优异的先进单位和先进个人。	发文目的、意义
为表彰先进，进一步激发街道各部门各单位和广大干部群众的积极性，在新的一年里创造更加辉煌的业绩，街道党委、办事处决定，对在年度工作中作出突出贡献的先进单位和先进个人进行表彰。授予北关村居等6个居“居级目标考核一等奖”；授予杏西居等7个居“居级目标考核二等奖”；授予西北坛居等13个居“居级目标考核三等奖”；授予滕北社区等3个单位“社区年度工作一等奖”；授予北郊社区等4个单位“社区年度工作二等奖”；授予党政办公室等32个单位“先进单位”称号；授予高强等74名同志“先进个人”称号；授予山东三圣实业有限公司等10个单位“招商引资暨重点项目建设突出贡献单位”称号；授予国家级食品安全检测中心及专供市场建设工作组等5个工作组“重点项目建设帮扶先进工作组”称号；授予招商分局等10个单位“优化重点项目建设环境先进单位”称号；授予滕北社区等15个单位“城市创卫暨城乡环卫一体化、美丽乡村工作先进单位”称号；授予东北坛居等7个单位“居级规范化管理先进单位”称号；授予周庄居等10个单位“居级道路建设先进单位”称号；授予信访办公室等11个单位“平安建设暨信访稳定先进单位”称号；授予陈秀双等12名同志“机关干部大调研活动优秀奖”称号。	承启语衔接主体 决定的具体内容
希望受到表彰的先进单位和先进个人要谦虚谨慎、戒骄戒躁、再接再厉、再铸辉煌。街道各级各部门和广大干部群众要以先进单位和先进	结语

（续上表）

文种	要素评析
个人为榜样，开拓创新、锐意进取，为加快建设“区域性中心城市”，打造美丽幸福的新北辛而努力奋斗！	
附件：北辛街道2013年度先进单位和先进个人名单	附件
中共北辛街道委员会北辛街道办事处	发文机关
2014年1月29日	成文日期
总评：正文首先写出决定的目的与意义，然后说明决定的具体事项。 （注：本文摘自 http：//www. tengtv. com/news/show－24627. html，内容有改动）	

1.2.8　强化训练与拓展训练

1. 强化训练

请根据下列材料，代学校草拟一份相关的文件，文种自定。

五四青年节期间，某大学学生会组织学生开展帮助附近社区孤寡老人的活动。他们利用课余时间为孤寡老人买生活用品、做清洁、读报纸、按摩等。这一活动在该校已坚持了10年，虽然每年都换一批新学生，但此活动已成为该校的优良传统。最近，学院决定授予该批学生“雷锋班”的光荣称号。

2. 拓展训练

请按照下列结构思路写一篇拟发表在当地报纸上的奖惩性决定。

标题：××关于给予×××表彰的决定

正文：基本事实；评价事实的性质与意义；写明表彰决定和具体项目；提出学习号召和希望。

1.3　命令（令）

1.3.1　概念

命令（令）是指法定的领导机关或领导人对下级发布的一种具有强制执行效力的指挥性公文。命令（令）适用于公布行政法规和规章、宣布施行重大强制性措施、批准授予和晋升衔级、嘉奖有关单位和人员。

1.3.2　分类

根据适用范围和作用，命令（令）可划分为发布令、行政令、奖惩令和撤销令。

（1）发布令。依照有关法律规定，发布行政法规和规章时使用。

（2）行政令。发布施行重大强制性行政措施时使用。

（3）奖惩令。它是嘉奖令和惩戒令的合称，嘉奖或惩戒有关单位或人员时使用。

（4）撤销令。撤销下级机关不适当的决定时使用。

除上述命令外，还有特赦令、动员令、戒严令和通缉令等。

1.3.3 特点

（1）严肃性。命令（令）所涉及的事项，有的是发布行政法规和规章，有的是宣布施行重大行政措施。运用命令奖惩的有关单位或人员，往往能在全国或某一地区产生较大影响。

（2）权威性。命令（令）文种与其他公文有着根本的不同，是因为制发主体有着严格的限定。《中华人民共和国宪法》和《中华人民共和国各级人民代表大会和地方各级人民政府组织法》规定，只有全国人大常委会及委员长，国家主席，国务院及国务院总理，国务院各部委、部长或主任，地方各级人民政府和各级人大才有权力发布命令（令）。党的领导机关可以和同级人民政府联合发布命令（令），但是必须采用行政公文的形式。就法院来讲，命令（令）仅适用于授予司法警察警衔、奖励有关人员等事项。

（3）强制性。上级机关发布命令（令），下级机关无论是否同意，无论有什么困难或问题，都必须无条件地执行。“令出必行”，违反或抗拒执行命令（令），必受惩处。在国家机关所有的行政公文中，命令（令）是最具有强制性的。

1.3.4 内容要素

命令（令）一般由标题、正文、签发者、成文日期等要素构成。

（1）标题。标题一般有三种方式：由“发文机关 + 事由 + 文种”构成，如“中华人民共和国国务院关于发行新版人民币的命令”；由“发文机关或领导人职务 + 文种”构成，如“中华人民共和国主席令”；由“事由 + 文种”构成，如“关于在我国统一实行法定计量单位的命令”。

（2）正文。以发布令、行政令、嘉奖令、戒严令为例：发布令正文包括“发布机关 + 发布对象 + 发布决定 + 执行要求”；行政令正文包括“引语（一般用来阐明发令的原因，说明发令的根据，提示发令的目的及意义） + 主体部分（写明发令机关所提出的将要实施的重大强制措施的具体内容） + 结语（写对命令的执行要求，包括生效实施时间等内容）”；嘉奖令正文包括“嘉奖原因 + 嘉奖内容 + 号召希望；戒严令正文包括引语（阐明戒严的原因，指出戒严的目的，说明戒严的根据） + 主体部分（具体说明采取的非常性措施）。”

（3）签发者。签发者应是发文权力机关或发文权力机关的最高领导人。发文权力机关的最高领导人虽然用的是个人名义，但他代表着权力机关，具有与权力机关相同的法定效力。

（4）成文日期。指签发的日期，成文日期放置文末。

1.3.5 写作要求及注意事项

（1）命令是具有最高权威性和强制力的文种，必须严格按照法定权限制发文件，不能越权行文。

（2）命令所针对的事项必须是重要问题或重大事件，一旦发布，就要求不折不扣地执行，没有商量的余地。因此，撰写命令时，要斟酌是否确需发布命令，防止小题大做，更不能随意发号施令。

（3）正文的写作要求表意必须十分准确，切忌模棱两可；语言庄重严肃，简洁精练；正确运用禁令语言。令行与禁止相辅相成，前者规定应该做什么和怎样做，后者规定不准做什么和不准怎样做。

（4）要明确规定命令的生效施行日期，确保行文时效。

1.3.6 格式与结构模板

标题 文号 正文 …… 签发者 成文日期

1.3.7 范文及要素评析

文种	要素评析
中华人民共和国国务院令 《事业单位人事管理条例》已经2014年2月26日国务院第40次常务会议通过，现予公布，自2014年7月1日起施行。 附件：《事业单位人事管理条例》 总理 李克强 2014年4月25日	发布机关+文种 发布对象、发布机关 施行时间 签发者 成文日期
总评：这是一篇发布令。正文的发布对象、发布机关、发布决定、执行要求等内容要素齐全，语言简洁，结构完整，格式规范。 （注：本文摘自 http：//www. baidu. com/link）	

1.3.8 强化训练与拓展训练

1. 强化训练

依据下文情境描述，请以某县人民政府的名义，拟写一份赞扬李清江的嘉奖令。

宁夏西海固地区某县王团镇地处偏远山区，常年干旱。该镇梁作沟小学教师李清江，在北京某师范学校毕业后，毅然离开繁华的京城，到地处偏远山区的梁作沟小学任教，一干就是15年。山区地广人稀，有的学生家距学校较远，李清江为了让学生少走路、少浪费时间，就在离学校5公里处增设了一个教学点，为此，李清江每天要来回走10公里。不论刮风下雨，不论酷暑严寒，15年来，他从未缺过一节课，在同类小学中，他教过的学生的成绩一直名列前茅。15年来，他为该镇中学输送了一批又一批合格优秀的小学毕业生，受到人们的好评。为此，该镇人民政府决定授予他“优秀教师”称号，并奖励他奖金10 000元，但他将这笔钱用到了校舍的维修上，没花一分钱在自己身上。经媒体报道后，他的事迹传遍了西部地区。

2. 拓展训练

请将下列“令”的混乱格式、内容及标点符号调整为规范的文本，如有残缺的内容请添加齐全。

第八十五号××市人民政府令市长张明欣2014年7月23日“××市计算机信息系统安全管理办法”已经2014年7月22日人民政府第56次常务会议审议通过现予发布自2014年9月1日起施行。

1.4 公报

1.4.1 概念

公报是用于公开发布重要决定或者重大事件的公文文体。

1.4.2 分类

按照内容和用途，可分为会议公报、事项公报和联合公报。

（1）会议公报。是用以报道重要会议或会谈的决定和情报的公报。这种公报一般于党和国家政府高级别会议使用。

（2）事项公报。党和国家政府的高级领导机关用以发布重大情况、重要事件的文件。高层行政机关向人民群众公布重大决策、重要事项或重大措施时有时也沿用此类公报。

（3）联合公报。这是一种特殊用途的公报，用以发布国家之间、政党之间、团体之间经过会议达成的某种协议。

1.4.3 特点

（1）重大性。公报的发布机关级别很高，或者是以中央的名义，或者是以国家的名义，或者是以中央政府的名义。公报所涉及的内容，应是党内外、国内外普遍关心和瞩目的重大事件或重要决定。

（2）公开性。公报是公之于众的文件，无须保密，一般也没有主送机关、抄送机关，而是普告天下，一体周知。

（3）新闻性。公报的内容都是新近发生的事件或新近作出的决定，属于人民群众关心、应知而未知的事项，要求制作和发布迅速、及时，因此又具有新闻性特点。

1.4.4 内容要素

公报一般由标题、成文日期、正文构成。

（1）标题。公报的标题常见的有三种形式。第一种是只写文种，如《公报》；第二种由会议名称和文种构成，如《2015中共经济工作会议公报》；第三种是联合公报，由发表公报的双方或多方国家的简称、事由、文种构成，如《中华人民共和国和美利坚合众国关于建立外交关系的联合公报》。

（2）成文日期。用括号在标题之下正中位置注明公报发布的年、月、日，也可以称为题注。值得注意的是，成文日期可以在“题注”处，也可以在落款处，两处选一处即可。

（3）正文。正文包括开头、主体、结尾三部分。①开头。即前言部分。事项公报要求用最鲜明、最精练的语言概述事件的核心内容，即何时、何地、发生了什么重大事件；会议公报要求概述会议的名称、时间、地点、参加人员等；联合公报要求概述公报的来由，即在何时、何地、谁与谁举行了什么会谈或谁对谁进行了什么性质的访问等。②主体。公报的核心部分，要求把公报的内容完整、系统、有序地表述清楚。常见的有三种写作形式：第一种是分段式，即每段说明一层意思或一项决定；第二种是序号式，多用于内容复杂、问题较多的公报；第三种是条款式，多用于联合公报。③结尾。事项公报和会议公报一般没有结尾，称为秃尾现象；联合公报要在正文之后写明双方签署人的身份、姓名、日期和签署地点。

1.4.5 写作要求和注意事项

（1）会议公报因发布目的的不同而有不同的写法，不可千篇一律。

（2）事项公报必须由党和国家政府的高级领导机关或指定的机构发布，一般机构不得随意向全国发布任何事项。

（3）联合公报一旦涉及对外关系，其发布应遵循法定的审批手续和途径。其内容涉及各方的观点和承诺，行文要十分准确和庄重。

1.4.6 格式与结构模板

标题

（成文日期）

正文

……

发文机关

（成文日期）

1.4.7 范文及要素评析

文种	要素评析
中国作家协会公报	发布机关 + 文种
中国作家协会重点作品扶持办公室共收到 2014 年度重点作品扶持项目推荐选题 373 项。经专家论证和书记处审核，确定 110 项选题入选：长篇小说 45 项，报告文学、纪实文学 30 项，诗歌 6 项，散文 4 项，理论评论 9 项，儿童文学 6 项，网络文学 10 项。其中，“中国梦”主题专项 32 项，“抗日战争胜利 70 周年”专项 11 项。 现予公布。	发布机关、发布事项
中国作家协会	发文机关
2014 年 7 月 4 日	成文日期
总评：这是一篇事项公报。正文的发布机关、发布事项等内容要素齐全，语言简洁，结构完整，数据翔实，格式规范。 （注：本文摘自 http：//www. chinawriter. com. cn/news/201407 - 07/210162. html）	

1.4.8 强化训练与拓展训练

1. 强化训练

中美在1972年2月28日签订了三个联合公报，请在网上找到并阅读其文。

2. 拓展训练

在网络上找到《2014年中央经济工作会议公报》，阅读并找出强调决议性的词语。

1.5 公告

1.5.1 概念

公告是向国内外宣布重要事项或者法定事项时使用的公文。

1.5.2 分类

根据性质和使用范围，可分为宣布重要事项公告和宣布法定事项公告。

（1）宣布重要事项公告。此类公告由较高级别的国家领导机关发布，发送对象是国内外，有时通过新华社用媒体的形式向国内外发布。宣布的内容是重要、重大事项，如宣布“我国将向太平洋发射运载火箭试验”。

（2）宣布法定事项公告。此类公告由较高级别的国家领导机关发布，发送对象是国内外，有时通过新华社用媒体的形式向国内外发布。宣布的内容是法定事项，如公布宪法、国家领导人选出结果等。

1.5.3 特点

（1）发文机关的特定性。公告的发文机关仅限于国家最高权力机关、最高行政机关及其工作部门。

（2）事项的规定性。公告所宣布的事项是国内外极为关注的重大事项，所宣布的内容是能够向国内外公开的重大决定。并不是任何公务事项都可向国内外公告。

（3）内容的严肃性。宣布的事项体现着国家及其权力机关的威严，它的使用要考虑在国内外可能产生的政治影响。

（4）告知的广泛性。公告向国内外发布，其告知的范围相当广泛。

（5）传播的新闻性。公告不用“红头文件”下发，而是通过新闻媒介公开发布。

1.5.4 内容要素

公告一般由标题、正文、发文机关和成文日期构成。

（1）标题。标题的形式有三种：第一种由“发文机关＋事项＋文种”组成，如“中国人民银行关于国家货币出入境限额的公告”；第二种由“发文机关＋文种”组成，如“中华人民共和国中央军事委员会公告”；第三种只写出文种“公告”即可。

（2）正文。正文是公告的核心部分，一般包括因由、事项和结语。因由要求用简练的语言写出公告的依据、原因、目的；事项要求明确写出公告的具体决定和要求；结语一般用“现予公告”、“特此公告”等专门用语，以体现公告的庄重性和严肃性。

（3）发文机关。发布公告的机关要写全称，如机关名称已在标题中出现，则落款处可省略。

（4）成文日期。要用阿拉伯数字写全年、月、日。有时日期写在了标题的下方，落款处即可省略。

1.5.5 写作要求和注意事项

（1）切忌望文生义，以为“公告”就是公开告知有关事项，造成文种使用混乱，把公告当作“启事”、“声明”、“广告”使用，例如声明某人与本单位无关，或揭露有人冒充某种身份行骗等。

（2）切忌大文小用，“公告”代行“通告”，以为凡是公布性事项，事无巨细都用“公告”，例如街道告知居民领取物价补贴时使用了“公告”。

特别提示： 有的公告是属于专业性的或向特定对象发布的，如经济、商业类的招标公告；按国家专利法规定公布申请专利的公告；按国家民事诉讼法规定，法院递交诉讼文书无法送本人或代收人时，可以发布公告间接送达，是向特定对象发布的，这些均不属于党政机关公文。

1.5.6 格式与结构模板

标题

正文

……

结语

发文机关

成文日期

1.5.7 范文及要素评析

文种	要素评析
中华人民共和国财政部公告 根据国家国债发行的有关规定，财政部决定第二次续发行2014年记账式附息（十三期）国债，已完成招标工作。现将有关事项公告如下： 一、本次国债计划续发行280亿元，实际续发行面值金额280.10亿元。 二、本次续发行国债的起息时间、票面利率等要素均与2014年记账式附息（十三期）国债相同，即起息日为2014年7月3日，票面年利率为4.02%，按年付息，每年7月3日（节假日顺延，下同）支付利息，2021年7月3日偿还本金并支付最后一次利息。经招标确定的续发行价格为99.84元，折合年收益率为4.17%。本次续发行的国债从招标结束后至9月5日进行分销，从9月10日起与之前发行的同期国债560.2亿元合并上市交易。	发布机关+文种 导言：发文根据 承启语 公告事项

（续上表）

文种	要素评析
其他事宜按《中华人民共和国财政部公告》（2014 年第 1 号）规定执行。 特此公告。 中华人民共和国财政部 2014 年 9 月 3 日	结语 发文机关 成文日期
总评：这是一篇宣布重要事项公告。正文的发文根据、重要事项等内容要素齐全，语言简洁，结构完整，数据翔实，格式规范。 （注：本文摘自 http：//gks. mof. gov. cn/redianzhuanti/guozaiguanli/gzfxzjs/201409/t20140903_1135297. html）	

1.5.8 强化训练与拓展训练

1. 强化训练

假设在全国招收少年飞行学员，请代我国某机关向全国发布一篇相关公告。

2. 拓展训练

代替某机关拟写《国家 × × 总局关于企业所得税若干问题的公告》正文的“因由”部分。

1.6 通告

1.6.1 概念

通告是党和国家机关、社会组织、人民团体、企事业单位在一定范围内向公众或有关方面公布周知或者应当遵守某些事项时使用的文体。

1.6.2 分类

根据性质和使用范围，可分为法规性通告和知照性通告。

（1）法规性通告。指政府有关部门公布的，确保某一重要事项执行的，让有关单位和人员遵守的，具有一定法规性和行政约束力的通告。撰写中语气包含强制性的“必须”、“严禁”、“不得”等词语。

（2）知照性通告。这类通告一般内容单一，篇幅短小，对公众约束力很小。它包括两类，即工作性通告和事项性通告。它仅告知一些行业性的事务工作或临时性事项。如迁址通告、停水停电通告、禁止机动车辆在某地段通行的通告，某工程指挥部请行人绕道而行的通告等。此类通告语气平缓，告知有关单位和人员应遵守或周知的事项，撰写语气包含着希望理解、支持和协作的意思。

1.6.3 特点

（1）局部性。通告内容要求被一定范围内的人们或特定的人群普遍知晓，以使他们了解有关政策法令，遵守某些规定事项，共同维护社会公务管理秩序。

（2）法规性。通告常用来颁布地方性的法规，这些法规一经颁布，特定范围内的部门、单位和民众都必须遵守和执行。

（3）实务性。有的公文只是告知某事，或者宣传某些思想、政策，并不指向具体事务；通告则是一种直接指向某项事务的文种，实务性比较突出。

（4）行业性。通告具有鲜明的行业性特点，是针对其所负责的那一部分业务或技术事务发出的通告。因此，行文中要时常引用本行业的法规、规章，常使用本行业的专门术语。

1.6.4　内容要素

通告一般由标题、正文、发文机关和成文日期构成。

（1）标题。通告的标题有四种构成形式：第一种是“发文机关＋事由＋文种”，如“沈阳市地方税务局关于开展地方税务登记的通告”；第二种是“发文机关＋文种”，如“中国人民银行通告”；第三种是“事由＋文种”，如“关于依法维护城市新区建设征地拆迁秩序通告”；第四种只是以文种“通告”作标题。

（2）正文。通告的正文包括开头、主体和结语三部分内容。开头主要交代通告的缘由、根据和目的，然后用“通告如下”转入主体部分；主体要求明确写出通告的具体内容、通告事项的要求和实施措施；结语一般另起一行，用“特此通告”专门用语作结。

（3）发文机关。在标题中有发文机关名称的，落款处可以省略，只写年、月、日。

（4）成文日期。写在发文机关之下，也可将发文日期的年、月、日写在标题下方正文上方，两处写上其中一处即可。日期要使用阿拉伯数字。

1.6.5　写作要求和注意事项

（1）在标题中有发文机关名称的，落款处可以省略发文机关名称，否则，一定要写明发文机关名称。

（2）要把好政策关，发布的通告不能与党和国家的方针政策相抵触，不能制定违背国家现行政策规定的“土政策”。

（3）通告可以用来处理带有一定专业性的公务，因此拟写通告要使用专业术语，但要尽量选择大多数人熟悉的行业用语。

（4）通告一般见诸媒体，可以张贴，也可以以文件的形式下达。

1.6.6　格式与结构模板

标题

正文

……

结语

发文机关

成文日期

1.6.7 范文及要素评析

文种	要素评析
武汉市公安局交通管理局 关于二环线水果湖隧道交通管理的通告	发布机关 + 文种
为充分发挥二环线水果湖隧道交通功能，保障交通安全畅通，根据《中华人民共和国道路交通安全法》等法律法规的规定，现将二环线水果湖隧道交通管理事项通告如下：	导言：发文目的与根据 承启语
一、二环线水果湖隧道每周日 00：00 至 05：00 临时封闭进行维护，禁止机动车通行。 二、需通行施工路段的机动车，可绕行天鹅路、八一路、珞狮北路等相关道路。 三、机动车驾驶人应服从交通警察及现场管理人员的指挥，按照交通标志的指示通行。 四、违反本通告的，公安机关交通管理部门将依照《中华人民共和国道路交通安全法》等有关法律、法规的规定，予以处罚。 五、本通告自 2014 年 8 月 31 日起实行。	通告事项
特此通告。	结语
武汉市公安局交通管理局	发文机关
2014 年 8 月 22 日	成文日期
总评：这是一篇知照性通告。正文的发文目的与根据、通告事项等内容要素齐全，语言简洁，结构完整，数据翔实，格式规范。 （注：本文摘自 http：//www. whjg. gov. cn/tabid/68/InfoID/2695/frtid/72/Default. espx）	

1.6.8 强化训练与拓展训练

1. 强化训练

根据下列所给材料，以××市交通局的名义拟写一份通告。

为了加快 202 国道××至××县路段的改造扩建工程进度，确保施工质量，决定从 2014 年 9 月 2 日零时起至 2014 年 10 月 31 日晚上 12 时止，对 202 国道××至××县路段实施全封闭施工，车辆途经上述路段时需绕道通行。

2. 拓展训练

（1）南江路街道两旁的公用电话亭遭严重破坏，玻璃门被砸、器材被偷。为防止此类现象发生，请以该市公安局、电信局的名义，拟写一份通告。

（2）××市内某路段要进行 5 个月的扩修。请以本市交通局的名义撰写一份通告。要求：按上述通告格式模板上机拟写该文，具体内容自拟，如材料不足可根据需要自行扩充。

1.7 意见

1.7.1 概念

意见是发文机关对重要问题提出见解和处理办法时使用的公文。

1.7.2 分类

按性质和内容分，有规划性意见、实施性意见和工作性意见。

（1）规划性意见。这类意见类似于“计划”中的规划、纲要等。不同之处在于，计划有较强的约束力，一经会议通过或由上级批准，在其所涉及的范围内是开展工作和进行监督、检查的依据；而意见只是参考性意见，具体执行时有较大的灵活性。

（2）实施性意见。是指在实施政策、法规性文件时，就如何贯彻会议或上级文件精神而提出的原则性要求。

（3）工作性意见。是就某一时期或某一方面工作提出大体构想的意见，供有关单位实施工作时参考和借鉴。

1.7.3 特点

（1）灵活性。意见的行文方向可以是下行文、上行文和平行文。下行文，即由上级直接把意见发给下级贯彻执行；上级将下级发来的意见转发给下级，也是下行文。上行文，即下级把意见上报给上级，也可按请示性公文的程序办理。这类意见对上级领导有参考、研究、帮助决策的作用。如果能解决、处理好重大问题，并被采纳，受文的上级机关就会批转、转发其所属单位贯彻执行。平行文，提出的意见仅供对方参考。

（2）指导性。意见虽然在文种的字面含义上没有指示、批复那样具有明显的指导色彩，似乎只是对某一工作提出些意见供参考，可实际上它也是指导性很强的一种文体。之所以不采用指示等指导色彩强的文种行文，主要有下列一些原因：一是为体现党政分开的原则，党的机关在涉及政务时不宜采用指示等文种；二是有关部门虽然对下级同类部门有业务指导权，但并没有行政领导权，采用指示显然没有采用意见合适；三是意见的内容业务性强、规划性强、组织性强，而这些内容采用较生硬的文种不如采用意见这样较委婉的文种合适。尽管如此，意见对受文机关来说，仍然有较强的约束性，下级机关要遵照执行。

（3）针对性。针对当前工作中出现的某些新情况、新问题，提出需要有针对性的处理办法与解决措施，具有普遍的指导意义。

（4）原则性。意见通常不是具体的工作安排，而是从宏观上提出见解和意见，要求受文单位结合具体情况，参照文件中提出的精神来办理。下级机关在落实意见时，根据自身客观情况，有着比较大的灵活处理的余地。

1.7.4 内容要素

意见一般由标题、成文日期、主送机关、正文、结语或附注和发文机关构成。

（1）标题。意见的标题有三种常见写法。第一种是由“发文机关 + 主要内容 + 文种”构成，如“中共辽宁省委辽宁省人民政府关于《关于中国教育改革和发展纲要》的实施意见”；第二种由“主要内容＋文种”构成，如“关于提高县以上党和国家机关党员领导干部民主生活会质量的意见”；第三种是由“发文机关＋时间＋内容＋文种”构成，如“辽宁省交通局2014年工作意见”。

（2）成文日期。成文年、月、日要使用阿拉伯数字写在标题之下，放于圆括号之中。有时也可放置在文末。

（3）主送机关。有两种情况：一是需要转发的意见，没有主送机关这一项；二是直接发布的意见，要有主送机关，主送机关的排列方法与一般公文相同。

（4）正文。正文由发文缘由、意见条文、执行要求构成。发文缘由是意见的开头部分，主要写出发布意见的背景、根据、目的、意义等，但不要求面面俱到。文字根据具体情况可长可短，然后以“现提出以下意见”、“特制定本实施意见”等过渡性语句转入下文。意见条文是意见的主体，要把对重要问题的见解或处理办法一一写明。如果是规划性意见，内容繁多，可列出小标题作为各大层次的标志，小标题下再分条表述。每一小标题下列出若干条文；如果是内容较单纯集中的工作意见，主体部分直接列条即可，不必再设小标题。执行要求是有些意见需要对贯彻执行提出的一些要求，可以列入条款，也可在正文最后单独写一段简练的文字予以说明，如无必要，此项可省略。

（5）结语或附注。用简短的语句作出说明，如“本意见由县财政局与县房管局共同负责解释”、“此件公开发布”。

（6）发文机关。写明发文机关单位全称。标题中包括发文机关的，此处即可省略。

1.7.5 写作要求和注意事项

在行文方向上，意见可以是上行文、平行文，也可以是下行文。

（1）作为下行文，一般是上级机关对重大问题、重要事项、重要工作提出指导性、指示性的意见，对重要工作部署作出安排。在文字表述上一般就某重大问题有分析、有指导性意见，指导性意见应有一定理论高度。提出解决办法的措施要切实可行。

（2）作为上行文，一般是下级机关对重大问题提出的见解、解决问题的办法作为建议，请求上级机关批转、转发。在文字表述上应把重点放在解决问题的办法、措施上。

（3）作为平行文，一般是涉及两个及其以上单位部门之间且要表达自己对某一问题的意见和见解，这类意见和见解，要带有商榷、建议的意思，还要提出解决的办法。

1.7.6 格式与结构模板

标题

主送机关

正文

……

附注

发文机关

成文日期

1.7.7 范文及要素评析

文种	要素评析
国务院关于进一步推进户籍制度改革的意见	发布机关 + 主要内容 + 文种
各省、自治区、直辖市人民政府，国务院各部委、各直属机构：	主送机关
为深入贯彻落实党的十八大、十八届三中全会和中央城镇化工作会议关于进一步推进户籍制度改革的要求，促进有能力在城镇稳定就业和生活的常住人口有序实现市民化，稳步推进城镇基本公共服务常住人口全覆盖，现提出以下意见。	发文缘由 承启语
一、总体要求 （一）指导思想。以邓小平理论、“三个代表”重要思想、科学发展观为指导，适应推进新型城镇化需要，进一步推进户籍制度改革，落实放宽户口迁移政策。统筹推进工业化、信息化、城镇化和农业现代化同步发展，推动大中小城市和小城镇协调发展、产业和城镇融合发展。统筹户籍制度改革和相关经济社会领域改革，合理引导农业人口有序向城镇转移，有序推进农业转移人口市民化。 （二）基本原则。 ——坚持积极稳妥、规范有序。立足基本国情，积极稳妥推进，优先解决存量，有序引导增量，合理引导农业转移人口落户城镇的预期和选择。 ——坚持以人为本、尊重群众意愿。尊重城乡居民自主定居意愿，依法保障农业转移人口及其他常住人口合法权益，不得采取强迫做法办理落户。 ——坚持因地制宜、区别对待。充分考虑当地经济社会发展水平、城市综合承载能力和提供基本公共服务的能力，实施差别化落户政策。 ——坚持统筹配套、提供基本保障。统筹推进户籍制度改革和基本公共服务均等化，不断扩大教育、就业、医疗、养老、住房保障等城镇基本公共服务覆盖面。 （三）发展目标。进一步调整户口迁移政策，统一城乡户口登记制度，全面实施居住证制度，加快建设和共享国家人口基础信息库，稳步推进义务教育、就业服务、基本养老、基本医疗卫生、住房保障等城镇基本公共服务覆盖全部常住人口。到2020年，基本建立与全面建成小康社会相适应，有效支撑社会管理和公共服务，依法保障公民权利，以人为本、科学高效、规范有序的新型户籍制度，努力实现1亿左右农业转移人口和其他常住人口在城镇落户。 **二、进一步调整户口迁移政策** （四）全面放开建制镇和小城市落户限制。在县级市市区、县人民政府驻地镇和其他建制镇有合法稳定住所（含租赁）的人员，本人及其共同居住生活的配偶、未成年子女、父母等，可以在当地申请登记常住户口。 （五）有序放开中等城市落户限制。在城区人口50万至100万的城市合法稳定就业并有合法稳定住所（含租赁），同时按照国家规定参加城镇社会保险达到一定年限的人员，本人及其共同居住生活的配偶、未成年子女、父母等，可以在当地申请登记常住户口。城市综合承载能力压	具体意见

（续上表）

文种	要素评析
小的地方，可以参照建制镇和小城市标准，全面放开落户限制；城市综合承载能力压力大的地方，可以对合法稳定就业的范围、年限和合法稳定住所（含租赁）的范围、条件等作出具体规定，但对合法稳定住所（含租赁）不得设置住房面积、金额等要求，对参加城镇社会保险年限的要求不得超过3年。 （六）合理确定大城市落户条件。在城区人口100万至300万的城市合法稳定就业达到一定年限并有合法稳定住所（含租赁），同时按照国家规定参加城镇社会保险达到一定年限的人员，本人及其共同居住生活的配偶、未成年子女、父母等，可以在当地申请登记常住户口。城区人口300万至500万的城市，要适度控制落户规模和节奏，可以对合法稳定就业的范围、年限和合法稳定住所（含租赁）的范围、条件等作出较严格的规定，也可结合本地实际，建立积分落户制度。大城市对参加城镇社会保险年限的要求不得超过5年。 （七）严格控制特大城市人口规模。改进城区人口500万以上的城市现行落户政策，建立完善积分落户制度。根据综合承载能力和经济社会发展需要，以具有合法稳定就业和合法稳定住所（含租赁）、参加城镇社会保险年限、连续居住年限等为主要指标，合理设置积分分值。按照总量控制、公开透明、有序办理、公平公正的原则，达到规定分值的流动人口本人及其共同居住生活的配偶、未成年子女、父母等，可以在当地申请登记常住户口。 （八）有效解决户口迁移中的重点问题。认真落实优先解决存量的要求，重点解决进城时间长、就业能力强、可以适应城镇产业转型升级和市场竞争环境的人员落户问题。不断提高高校毕业生、技术工人、职业院校毕业生、留学回国人员等常住人口的城镇落户率。 **三、创新人口管理** （九）建立城乡统一的户口登记制度。取消农业户口与非农业户口性质区分和由此衍生的蓝印户口等户口类型，统一登记为居民户口，体现户籍制度的人口登记管理功能。建立与统一城乡户口登记制度相适应的教育、卫生计生、就业、社保、住房、土地及人口统计制度。 （十）建立居住证制度。公民离开常住户口所在地到其他设区的市级以上城市居住半年以上的，在居住地申领居住证。符合条件的居住证持有人，可以在居住地申请登记常住户口。以居住证为载体，建立健全与居住年限等条件相挂钩的基本公共服务提供机制。居住证持有人享有与当地户籍人口同等的劳动就业、基本公共教育、基本医疗卫生服务、计划生育服务、公共文化服务、证照办理服务等权利；以连续居住年限和参加社会保险年限等为条件，逐步享有与当地户籍人口同等的中等职业教育资助、就业扶持、住房保障、养老服务、社会福利、社会救助等权利，同时结合随迁子女在当地连续就学年限等情况，逐步享有随迁子女在当地参加中考和高考的资格。各地要积极创造条件，不断扩大向居住证持有人提供公共服务的范围。按照权责对等的原则，居住证持有人应当履行服兵役和参加民兵组织等国家和地方规定的公民义务。	

（续上表）

文种	要素评析
（十一）健全人口信息管理制度。建立健全实际居住人口登记制度，加强和完善人口统计调查，全面、准确掌握人口规模、人员结构、地区分布等情况。建设和完善覆盖全国人口、以公民身份号码为唯一标识、以人口基础信息为基准的国家人口基础信息库，分类完善劳动就业、教育、收入、社保、房产、信用、卫生计生、税务、婚姻、民族等信息系统，逐步实现跨部门、跨地区信息整合和共享，为制定人口发展战略和政策提供信息支持，为人口服务和管理提供支撑。 **四、切实保障农业转移人口及其他常住人口合法权益** （十二）完善农村产权制度。土地承包经营权和宅基地使用权是法律赋予农户的用益物权，集体收益分配权是农民作为集体经济组织成员应当享有的合法财产权利。加快推进农村土地确权、登记、颁证，依法保障农民的土地承包经营权、宅基地使用权。推进农村集体经济组织产权制度改革，探索集体经济组织成员资格认定办法和集体经济有效实现形式，保护成员的集体财产权和收益分配权。建立农村产权流转交易市场，推动农村产权流转交易公开、公正、规范运行。坚持依法、自愿、有偿的原则，引导农业转移人口有序流转土地承包经营权。进城落户农民是否有偿退出“三权”，应根据党的十八届三中全会精神，在尊重农民意愿前提下开展试点。现阶段，不得以退出土地承包经营权、宅基地使用权、集体收益分配权作为农民进城落户的条件。 （十三）扩大基本公共服务覆盖面。保障农业转移人口及其他常住人口随迁子女平等享有受教育权利；将随迁子女义务教育纳入各级政府教育发展规划和财政保障范畴；逐步完善并落实随迁子女在流入地接受中等职业教育免学费和普惠性学前教育的政策以及接受义务教育后参加升学考试的实施办法。完善就业失业登记管理制度，面向农业转移人口全面提供政府补贴职业技能培训服务，加大创业扶持力度，促进农村转移劳动力就业。将农业转移人口及其他常住人口纳入社区卫生和计划生育服务体系，提供基本医疗卫生服务。把进城落户农民完全纳入城镇社会保障体系，在农村参加的养老保险和医疗保险规范接入城镇社会保障体系，完善并落实医疗保险关系转移接续办法和异地就医结算办法，整合城乡居民基本医疗保险制度，加快实施统一的城乡医疗救助制度。提高统筹层次，实现基础养老金全国统筹，加快实施统一的城乡居民基本养老保险制度，落实城镇职工基本养老保险关系转移接续政策。加快建立覆盖城乡的社会养老服务体系，促进基本养老服务均等化。完善以低保制度为核心的社会救助体系，实现城乡社会救助统筹发展。把进城落户农民完全纳入城镇住房保障体系，采取多种方式保障农业转移人口基本住房需求。 （十四）加强基本公共服务财力保障。建立财政转移支付同农业转移人口市民化挂钩机制。完善促进基本公共服务均等化的公共财政体系，逐步理顺事权关系，建立事权和支出责任相适应的制度，中央和地方按照事权划分相应承担和分担支出责任。深化税收制度改革，完善地方税体系。完善转移支付制度，加大财力均衡力度，保障地方政府提供基本公共服务的财力。	

（续上表）

<table>
<tr><th>文种</th><th>要素评析</th></tr>
<tr><td>五、切实加强组织领导
（十五）抓紧落实政策措施。进一步推进户籍制度改革，是涉及亿万农业转移人口的一项重大举措。各地区、各有关部门要充分认识户籍制度改革的重大意义，深刻把握城镇化进程的客观规律，进一步统一思想，加强领导，周密部署，敢于担当，按照走中国特色新型城镇化道路、全面提高城镇化质量的新要求，切实落实户籍制度改革的各项政策措施，防止急于求成、运动式推进。各省、自治区、直辖市人民政府要根据本意见，统筹考虑，因地制宜，抓紧出台本地区具体可操作的户籍制度改革措施，并向社会公布，加强社会监督。公安部、发展改革委、教育部、民政部、财政部、人力资源社会保障部、国土资源部、住房城乡建设部、农业部、卫生计生委、法制办等部门要按照职能分工，抓紧制定教育、就业、医疗、养老、住房保障等方面的配套政策，完善法规，落实经费保障。公安部和发展改革委、人力资源社会保障部要会同有关部门对各地区实施户籍制度改革工作加强跟踪评估、督查指导。公安部和各地公安机关要加强户籍管理和居民身份证管理，严肃法纪，做好户籍制度改革的基础工作。
（十六）积极做好宣传引导。全面阐释适应中国特色新型城镇化发展、进一步推进户籍制度改革的重大意义，准确解读户籍制度改革及相关配套政策。大力宣传各地在解决农业转移人口及其他常住人口落户城镇、保障合法权益、提供基本公共服务等方面的好经验、好做法，合理引导社会预期，回应群众关切，凝聚各方共识，形成改革合力，为进一步推进户籍制度改革营造良好的社会环境。</td><td></td></tr>
<tr><td>国务院
2014 年 7 月 24 日
（此件公开发布）</td><td>发文机关
成文日期
附注</td></tr>
<tr><td colspan="2">总评：这是一篇实施性意见。正文的发文缘由、具体意见等内容要素齐全，语言简洁，结构完整，格式规范。
（注：本文摘自 http：//www. chinanews. com/gn/2014/07 – 30）</td></tr>
</table>

1.7.8　强化训练与拓展训练

1. 强化训练

请在相关书籍或网络上找到规划性意见、实施性意见和工作性意见各一篇，比较其内容之间的逻辑关系。

2. 拓展训练

根据标题“雨溪市关于加快发展旅游业的意见”，写出该文的导言部分，篇幅在 100 字以内。

1.8 通知

1.8.1 概念

通知是用于批转下级机关、转发上级机关和不相隶属机关的公文，发布规章，传达要求下级机关办理和有关单位需要周知或共同执行的事项，任免和聘用干部的一种公文。

1.8.2 分类

根据性质和使用范围的不同，通知可分为批转与转发性通知、指示性通知、发布性通知、会议性通知和任免性通知等。

（1）批转与转发性通知。这种类型的通知包括上级机关批转下级机关公文或者转发上级机关、同级机关和不相隶属机关公文等几种情况。

（2）指示性通知。又称指挥性通知，一般用于上级机关要求下级机关执行某种精神或办理某项工作，对下级机关的工作作出指示和要求，具有强制性、指挥性和决策性。

（3）发布性通知。是向各有关方面告知周知事项时使用的通知。如发布规章或规定、宣布该规章或规定的执行标准和有效性，向有关单位和人员通知要办理的具体事项的通知。如会议通知、节假日放假通知、变更组织或刊物名称通知、成立或撤销某个机构的通知等，不具有强制性。

（4）会议性通知。主要用于告知有关单位和与会人员届时参加会议的通知。

（5）任免性通知。是上级机关任免下级机关工作人员或聘用干部时所发出的通知。这种通知一旦发出就生效，知照性强。

1.8.3 特点

（1）广泛性。是指通知使用范围的广泛性，即不受发文单位级别、性质的限制，无论国家大事还是单位小事，都可使用通知的形式发布。受文对象既可以是国家机关，也可以是普通群众。

（2）双重性。是指行文功用的双重性。通知作为下行文使用时，一般会对受文对象提出需要知晓、执行或办理的事项，具有指挥、指导的作用；通知作平行文使用时，受文单位是平级单位或不相隶属单位，通知内容则主要起知照作用。

（3）时效性。是指执行通知的时效性。通知事项往往要求在规定时间内办理、执行或知晓，不容拖延。有些通知如会议通知等，只在特定的时间里才有效，会议结束即失去效力。

1.8.4 内容要素

通知一般由标题、主送机关、正文、附件、发文机关和成文日期构成。

（1）标题。通知的标题大多有三种形式。第一种是由“发文机关 + 事由 + 文种”组成的完全式标题，如“国务院关于发布《国家行政机关公文处理办法》的通知”。第二种是由“事由 + 文种”组成的标题，如“关于搞好春节期间消防安全工作的通知”。第三种单独用文种“通知”做标题，根据需要，可在文种“通知”前，加程度词“紧急”、“重要”等。发布批转与转发性通知，应在标题中表明其性质，如“国务院批转国家统计局关于建立国家普查制度改革统计调查体系请示的通知"，"国务院办公厅转发国家教育司关于高校教师工资制度改革意见的通知"。

（2）主送机关。指通知的主要受理机关，也叫收文机关或受文机关，顶格写在标题之下正文之前，后加冒号。主送机关名称应当使用全称或者规范化简称、统称。

（3）正文。由开头、主体和结尾三部分组成。开头主要交代通知缘由、根据；主体说明通知具体事项；结尾提出执行要求。如果是会议性通知，结尾处还要附上发文单位的联络信息。有的通知在文尾还要写上结语，即文种的专门用语，如"特此通知"等。不同种类的通知，正文也有不同写法。

第一类，批转与转发性通知的正文，由通知缘由，对批转、转发文件的评价，执行要求等部分构成。批转、转发对象，要写清原公文名称和原发文机关。批转意见实际上就是通知本身，主要写明对所转公文的态度、意见、执行要求。后面所附被批转或转发的文件，作为通知的具体内容。

批转通知有时对所批转的公文表明态度和执行要求之后，还另起一段，针对所批转、转发公文的内容作进一步的阐发，或指出此项工作的意义，或指出执行重点，或提出注意事项，或结合本系统、本部门的实际情况作补充。

第二类，指示性通知的正文由"通知缘由 + 通知的具体事项 + 执行要求"三部分组成。要用概括的语言说明发布通知的背景、依据、目的及意义，然后用承启语"特作如下通知"、"现将有关事项通知如下"等转入通知事项部分。通知的具体事项要用明确的语言说明指导思想、原则规定、工作任务、基本措施、注意事项等。执行要求要写明通知的具体事项从何日起开始执行，或用"以上通知，望认真执行"等惯用语作结。

第三类，发布性通知的正文，由"通知缘由、目的 + 通知的具体事项"两部分构成。发布性通知正文要写明通知事项，如设置、调整、合并机构的通知正文，要写明机构设置、调整、合并的目的和依据，写清新机构的名称、任务、组成人员、办公地址及其他相关内容。撤销机构的通知正文，要写明撤销的原因，撤销的决定者，主管工作的转接、交接情况等。

第四类，会议性通知的正文应简要介绍召开会议的原因、根据、目的；写明会议报到和召开的时间、地点；需要携带何种证件，会议召开多久；写明会议参加者、联系人；若不是保密的会议，还应写明会议内容、议程、议题及需要准备的材料等。

第五类，任免性通知的正文应写明何机关、何会议决定何人担任或免除何职务。

（4）附件。写清附属公文正文的材料，位置在正文下隔一行，前空两格。

（5）发文机关。在正文右下方写明发文机关名称，重要的通知需要发文机关盖章。

（6）成文日期。成文日期在发文机关下方，采用规范的阿拉伯数字。

1.8.5 写作要求及注意事项

通知种类较多，拟写中有几点要求：

（1）通知的事项细节不仅要具体明确，还必须符合客观实际，语言要准确简洁，行文要条理清晰，以便于受文者正确理解通知精神。

（2）通知的拟写和传递要及时、快捷，不可拖沓，以免影响公务的办理。

（3）要注意公文通知与日常通知的区别。公文通知是国家党政机关的正式文件，内容多为重大事项或重要行为，必须严格按照公文的拟写程序、审批程序、发文程序处理。日常通知是机关里日常使用的普通应用文，内容多为一般性事务，由事项主管部门书写发布即可。

（4）“发布”、“转发”、“批转”三者之区别。

第一，原文渠道上的区别。“发布”的原文制作和来文渠道是本机关。如“××省政府关于发布《××省行政执法过错责任追究暂行办法》的通知”，这个办法的来文渠道是某省政府本身；又如“××市政府办公室关于发布××市长在××工作会议上的讲话的通知”，此讲话的起草和整理者是制发通知的本市市政府办公室。“转发”的原文制作和来文渠道是上级机关、不相隶属机关和下级有自主行文权的机关。如“××省政府办公厅转发《国务院办公厅关于进一步加强自然保护区管理工作的通知》”（原文制作单位系上级机关）；“××县政府转发《××市经贸委关于严禁到企业检查评比的通知》”（原文制作单位系不相隶属机关，这个机关的公文具有借鉴价值，如没有大的区别，不需要大的改动，可直接转发本县各部、单位参照执行；如有所区别，可在转发通知中提出参照执行的具体意见）；“××省政府办公厅转发《××省民政厅关于在全省发行‘××风采’福利彩票意见的通知》”（原文制作单位系所属下级单位，这个单位有自主行文权，可就每项工作独立行文。但为了引起各部门、各单位的高度重视和促进落实，由其上级机关转发，即提高了行文规格）。“批转”的原文制作和来文渠道是下属职能部门。下属职能部门立足本职、放眼全局，为某项工作和事业提出具有全局性的建议、请示、意见和报告，而此部门就这些建议、请示、意见和报告又无直接行文权，必须报上级机关批准、转发到有关部门和单位贯彻落实。如某县供电局在农村电网改造中，需要得到各乡镇、城建、交通、林业部门的配合，供电局对这些单位没有直接行文权，就拟出一个意见——《关于做好农村电网改造工作的意见》，经县政府批准后予以转发——《××县人民政府批转县供电局关于做好农村电网改造工作意见的通知》，要求各乡镇、各部门贯彻落实。

第二，公文用途上的区别。“发布”有两种用途。一是用于解决公文文种缺编问题。在法定的公文种类中，没有纲要、政策、规定、办法等文种，不能直接行文，只能用“关于发布《××纲要、政策、规定、办法……》的通知”形式发出，要求下级机关贯彻、执行，如“国务院关于发布《中国妇女发展纲要和中国儿童发展纲要》的通知”；另一个用途是解决各级领导的重要讲话发文问题，各级机关整理的领导的重要讲话，需要发至有关单位学习和贯彻，可用“发布××讲话的通知”形式发出。“转发”有两个用途。一个是转发上级机关和不相隶属机关的公文，可以理解为某机关在接到上级机关和不相隶属机关的公文时，如果认为该公文对本地、本机关及全局具有指导、借鉴意义，可以用转发的形式发文至本机关下属的部门、单位，并可在行文中结合实际提出本机关具体贯彻落实的意见和要求；另一个用途是用于以本机关的名义转发下级部门的公文，以提高公文的规格和效力。“批转”有两个步骤，先批后转。“批转”先批准下级机关、部门的公文，然后转发，如果没有批准，那就不存在转发。批转类公文所适应的下级机关公文是下级机关（部门、单位）就公文涉及的问题没有独立的行文权或超出本部门职权范围，必须经领导部门批准后方可实施。

1.8.6 格式与结构模板

标题 主送机关 　　正文 …… 　　附件　　　　　　　　　　发文机关 　　　　　　　　　　　　　　成文日期

1.8.7 范文及要素评析

文种	要素评析
关于做好2014年度公路运输出疆棉现场核查工作的通知	事由+文种
各出疆棉所有权人：	主送机关
根据新疆维吾尔自治区财政厅《关于印发〈出疆棉运费补贴操作细则〉的通知》（新财建〔2013〕42号）有关规定，交易市场于2014年9月1日在中国棉花信息网建立“2014年度出疆棉运费补贴”专栏，开始接受2014年9月1日起通过公路运输出疆棉花的现场核查和网上申报，有关流程和注意事项按照《全国棉花交易市场关于规范出疆棉申请公路运输费用补贴审核监管有关事项的通知》（2013年第10号）和《关于做好2013年度出疆棉花运费补贴申报工作的通知》（新财建〔2014〕247号）的规定执行。	导言：发文根据 通知事项
特此通知。	结语
全国棉花交易市场	发文机关
2014年9月4日	成文日期
总评：这是一篇发布性通知。正文的通知事项具体，内容要素齐全，语言简洁，结构完整，格式规范。 （注：本文摘自 http：//www. cottonchina. org/news/pubzmb. php？ articleid = 170171）	

1.8.8 强化训练与拓展训练

1. 强化训练

（1）××厅拟将《××省民政厅财务管理办法》印发给各处、室，请代××省民政厅拟写这份文件的标题。

（2）××市人民政府拟在全市范围内开展政风政纪大检查，请代该市拟写此公文的标题。

2. 拓展训练

根据所给材料，按照上述格式模板上机拟写一份通知，如材料不足，可根据需要自行扩充。

××市写作协会决定于2015年12月29日至30日在本市友谊馆召开一年一度的年会，

12 月 10 日发出会议通知。会议的内容是：研究和决定协会明年的工作安排问题；交流论文。会期为 2 天，报到和开会地点为××市友谊宾馆。要求每位会员于会前半个月交来相关学术论文一篇，会务费自理。

1.9 通报

1.9.1 概念

通报是党和国家机关、社会组织、人民团体、企事业单位在一定的范围内，用以表彰先进、批评错误、传达重要情况时所使用的文体。

1.9.2 分类

根据内容和功用，可分为表彰性通报、批评性通报、情况性通报。

（1）表彰性通报。选择先进集体或先进个人，予以通报表彰，以期给人们树立学习的榜样，激发人们的积极性。此类通报着重介绍先进典型中值得人们学习、效法的事迹，分析其精神实质，然后发出号召，提出要求或如何学习先进的意见。

（2）批评性通报。选择犯有错误的集体或个人典型，予以通报批评。此类通报着重叙述错误典型的问题或错误事实，分析其产生的原因和危害性，然后作出处理决定，指出人们应当从中吸取教训，引以为戒。

（3）情况性通报。将某一方面的重要情况，或者上级领导机关和会议的重要精神，予以通报，以引起下级机关或有关方面的注意和重视，及时采取必要的措施，更好地开展工作。此类通报，一般要求讲清“精神”、“情况”或“问题”，阐述有关道理，对下级机关工作有指导和借鉴作用。

1.9.3 特点

（1）告知性。通报的内容常常是把现实生活当中一些正反面的典型或某些带倾向性的重要问题告诉人们，让人们知晓和了解。

（2）指导性。通报主要用来传达重要情况、沟通信息、互通情报、交流经验，起倡导、警戒作用，给人们以启迪与诱导，引导人们作出正确选择。

（3）教育性。通报的目的不仅仅是让人们知晓内容，它更主要的任务是让人们知晓内容之后，从中接受先进思想的教育，或警戒错误，引起注意，接受教训。这一目的不是靠指示和命令方式来达到的，而是靠正、反面典型的带动，真切的希望和感人的号召力量，使人们真正从思想上确立正确的认识，知道应该怎样做和不应该怎样做。

（4）广泛性。通报的内容要求具有普遍的教育、指导意义和作用，材料要求准确、典型，立场、态度、观点要鲜明，语言要朴实、生动和简练。

1.9.4 内容要素

通报一般由标题、主送机关、正文、发文机关和成文日期构成。

（1）标题。标题一般有三种形式：一是“发文机关＋事由＋文种”，如“广西壮族自治区人民政府关于防城港市、北海市人民政府对破坏森林资源重大案件查处不力情况的通报”；二是“事由 + 文种”，如“对上半年纪律整顿情况的通报”；三是只写文种“通报”，这种标题是在通报内容比较简单、不作为正式文件发布、在机关内部使用的标题。

（2）主送机关。写被通报者的名称，在第二行顶格书写，后加冒号。

（3）正文。正文是通报的核心部分，一般有原因或依据、事项、处理意见、经验教训、要求及希望、号召等内容。正文的写法应视通报内容的实际情况而定，常规写法是：首先，写明制发通报的缘由。其次，写明通报的事项，比如可贵的精神、主要经验等，通常采用分段、分层逐步深入叙述和分析的表达方法。最后，写明有关的态度和决定，比如属于表彰性的通报，可以写明给予表彰的荣誉称号或奖励；属于批评性的通报，可以写明应该吸取的教训，提出希望要求；属于情况性的通报，一般无此类结尾。

（4）发文机关。在正文之后右下方写明发文机关全称。

（5）成文日期。成文日期在发文机关下方，采用规范的阿拉伯数字。

1.9.5 写作要求及注意事项

（1）通报不需要结语，这是通报与其他文种的区别。

（2）情况性通报不同于表扬性通报和批评性通报，有时采用“秃尾”形式。

（3）告知范围较小时，一般用纸质形式张贴出来；相反，可采用各种媒体发布。

1.9.6 格式与结构模板

标题

主送机关

正文

……

发文机关

成文日期

1.9.7 范文及要素评析

文种	要素评析
梁河县2014年高考情况通报	发文机关 + 事由 + 文种
2014年，在县委、县政府的正确领导下，通过社会各界的大力支持，以及全县教育工作者的辛勤工作和广大考生的努力进取，全县普通高考整体成绩有了明显提升，本科上线率取得较大突破，现将相关情况通报如下：	引言：发文意义 承启语
一、基本情况 2014年全县普通高考参考人数565人，比去年增加64人。其中，文史类338人，比去年增加18人；理工类227人，比去年增加46人。 **二、2014年高考情况** （一）2014年500分以上考生40人，其中，文史类27人，理工类13人，最高分589（2013年最高分563分）。	通报事项

（续上表）

<table>
<tr><th>文种</th><th>要素评析</th></tr>
<tr><td>（二）2014 年本科上线 271 人，其中，一本 7 人，二本 134 人，三本 130 人，本科上线率 47.96%。
（三）2014 年专科上线 288 人，其中，一专 73 人，二专 215 人，专科上线率 50.97%。
（四）2014 年实际参考学生 565 人，总上线 559 人，总上线率 98.93%。
三、对比 2013 年情况分析
（一）2014 年 500 分以上考生 40 人，比 2013 年增加 31 人。其中，文史类增加 21 人，理工类增加 10 人。
（二）2014 年本科上线人数 271 人，比 2013 年增加 62 人。其中，一本与上年持平，二本增加 28 人，三本增加 34 人，本科上线率比 2013 年增加 5.6 个百分点。
（三）2014 年专科上线 288 人，比 2013 年增加 6 人。其中，一专增加 37 人，二专减少 31 人。

附表：2013 年与 2014 年高考情况比较
<table><tr><th>年份</th><th>500 分以上人数</th><th>本科上线</th><th>专科上线</th><th>总上线人数</th></tr><tr><td>2013</td><td>9</td><td>209</td><td>282</td><td>491</td></tr><tr><td>2014</td><td>40</td><td>271</td><td>288</td><td>559</td></tr></table>
梁河县招生考试委员会
2014 年 6 月 25 日</td><td>发文机关
成文日期</td></tr>
<tr><td colspan="2">总评：这是一篇情况性通报。正文的通报事项具体，内容要素齐全，语言简洁，数据翔实，结构完整且规范。
（注：本文摘自梁河教育信息网，格式有改动）</td></tr>
</table>

1.9.8 强化训练与拓展训练

1. 强化训练

根据下面所提供的材料，以××矿务局机修厂的名义，拟写一份通报。表彰吴×的先进事迹，并号召全厂青年工人向他学习。

××矿务局机修厂工人吴×，只有初中学历，但他了解到当今社会对文化技能的要求越来越高，于是利用业余时间进行自学。经过多年的努力，他已获自学考试大专机电专业毕业文凭，并利用所学的知识技能，改进了部分机械和工具，大大提高了生产效益。被该厂选为革新能手。

2. 拓展训练

根据所给材料拟写相应的文种，按照上述格式模板上机拟写一份通报，如材料不足，可根据需要自行扩充。

××大学就××系学生××擅自逃课 10 天，严重违反学校纪律，给予警告处分一事制发文件，以使全校师生周知。

1.10 报告

1.10.1 概念

报告是机关单位向上级机关汇报工作、反映情况、提出意见或者建议以及答复上级机关询问的陈述、说明性文体。

按有关制度规定，下级机关常常向上级报告，这是半主动半被动行文；下级机关凭自己的自觉性和责任感及时向上级机关报告有关工作和情况，提出合理化的建议或重要意见，这是主动行文；答复上级机关询问，这是被动行文。不管是哪种形式，报告都是下级机关向上级机关达情献策的重要上行文。报告在拟写方面存在这样一些情况：汇报工作，大多为事后行文，也有事中行文，而无事前行文；反映情况，多为事中行文或事后行文，而无事前行文；答复询问，多为事中行文或事后行文。

1.10.2 分类

根据内容、性质和功用的不同，报告可分为工作报告、情况报告、建议报告、答复报告和报送报告等。

（1）工作报告。是向上级机关或重要会议汇报工作情况的报告。它主要用以总结工作情况，反映某一阶段、某个方面贯彻落实政策、法令、批示的情况。工作报告内容较全面，包括基本情况概述、经验总结、存在的问题、工作中的不足之处及今后的改进措施或工作的具体打算。

（2）情况报告。是指用于向上级机关反映工作中的重大情况、特殊情况和新动态等的报告。这种报告便于上级机关根据下级情况，采纳合理化意见和建议，及时采取措施，指导工作。

（3）建议报告。是指根据工作中的情况动向和存在问题，向上级机关提出相关建议的报告。建议报告重点是反映意见，不是反映情况。因此必须处理好情况与建议的关系，说明情况是为提出建议打好基础，建议必须在说明情况的基础上提出。

（4）答复报告。答复报告是对上级机关所询问的问题经过调查研究后作出答复的报告。

（5）报送报告。是以报告的形式，向上级呈报文件、物件的报告。

1.10.3 特点

（1）内容的真实性。报告的内容或是对本单位所做工作的回顾和总结，或是反映情况、答复上级机关询问，都要实事求是，不能弄虚作假。

（2）表述的概括性。报告是以叙述和说明为主要表达方式的文种，它的叙述和说明是概括性的，不必详述过程，只要求作粗线条的勾勒。偶有议论多限于夹叙夹议。力求篇幅短小精悍而又有分量。

（3）行文的单向性。报告是下级机关向上级机关汇报工作，一般不要求回复，属于单向行文。

（4）沟通的双向性。报告是事中或事后行文，虽不需要批复，却是下级机关取得上级机关支持和指导的桥梁，也是上级机关获取信息、了解下情的渠道。

1.10.4 内容要素

报告一般由标题、主送机关、正文、发文机关和成文日期构成。

（1）标题。报告的标题常见的形式有两种，一种是“发文机关 + 事由 + 文种”的形式，如“民政部关于抗灾救灾工作情况的报告”；另一种是“事由 + 文种”的形式，如“中国宏观经济分析报告”等。

（2）主送机关。主送机关可以是一个，也可以是多个，是发文机关的直属上级机关。标题之下顶格书写，后用冒号。主送机关有时也可省略。

（3）正文。报告正文的结构一般由开头、主体和结语组成。①开头（即导语）。交代报告的缘由和根据，概括说明报告的起因、缘由或说明报告的目的、意义、根据和主旨，它承接标题中的事由，落笔入题。写作时，文笔要集中、概括、直接，然后用“现将有关情况报告如下”转入下文。②主体。这是报告的核心部分，用来说明报告事项。一般包括两方面内容，一是工作情况及问题，二是进一步开展工作的意见。一般要围绕主旨展开陈述，写明情况、措施与结果、成效与存在问题；有些还要写经验或教训、意见或建议、打算或安排。不同类型的报告的正文中，报告事项的内容可以有所侧重，如工作报告是在总结情况的基础上重点提出下一步工作安排意见；建议报告的重点应放在建议的内容上；答复报告则根据真实、全面的情况，按照上级机关的询问和要求回答问题；报送报告，只需要写清楚报送材料（文件、物件）的名称、数量即可。③结语。报告的种类不同，一般都有不同的专门用语，应另起一段来写，如工作报告和情况报告的结束语常用“特此报告”；建议报告常用“以上报告，如无不妥，请批转各地执行”；答复报告多用“专此报告”；报送报告则用“请审阅”或“请收阅”等。

（4）发文机关。一般情况下，要求在正文右下方署上机关单位名称或主要负责人姓名。如果标题中有发文机关名称，这里就不再署名。要加盖单位公章或主要负责人印章。

（5）成文日期。署名下方写全年、月、日，采用规范的阿拉伯数字。

1.10.5 写作要求及注意事项

（1）主旨鲜明，重点突出。报告的内容，一般涉及的面宽而且复杂，很容易写得篇幅较长而又重点不够突出，泛泛而谈。这就要求在拟写时围绕主旨组织材料，详略得当，重点突出，观点鲜明，条理清楚，简洁深刻。

（2）材料要真实，要遵循实事求是的原则。向上级机关汇报工作应该本着实事求是的态度，如实汇报。无论是成绩还是失误，都应该全面、真实地反映，不能只报喜不报忧，也不能夸大和虚构。上报的公文应该在调查研究、全面掌握本单位情况的基础上拟写。

（3）严格使用文种，尤其应当注意不要与请示混用。报告事项不得夹带请示事项，否则会因报告不需批复而影响请示事项的处理和解决。

特别提示：有些专业部门使用的报告文书，例如“调查报告”、“审计报告”、“咨询报告”、“立案报告”、“评估报告”、“毕业项目报告”等，虽然标题也有“报告”二字，但其含义、性质与党政机关公文中的报告完全不同，因此，上述“报告”均不属于党政机关公文的范畴，而是属于专业类报告。

1.10.6 格式与结构模板

标题
主送机关 正文 …… 发文机关 成文日期

1.10.7 范文及要素评析

文种	要素评析
关于贯彻落实全市党政领导干部大会精神的报告	事由＋文种
按照哈督决字〔20××〕12号督察通知的要求，现将我局贯彻落实全市党政领导干部大会精神的有关情况汇报如下：	导言：发文根据 承启语
一、高度重视，迅速贯彻落实会议精神	报告事项
全市党政领导干部大会之后，我局迅速行动，于8月21日召开了党组扩大会议，传达贯彻了全市大会的精神，按照市委盖如垠书记重要讲话的要求，结合质监部门的职能和工作现状，就如何进一步解放思想、开拓创新，强化服务理念，提高工作效能，为我市经济和社会又好又快发展创造良好环境进行了认真研讨，制定了具体措施。8月25日，召开全系统主要领导干部大会，传达学习了全市党政干部大会精神，对市委盖如垠书记提出的“优化经济发展环境”要求进行了深入研讨，对照现状找差距、制定措施抓整改，就如何立足质监职能服务经济发展进行了动员和部署。同时，局党组决定，从8月31日起，由局领导带队，组成7个检查组，利用一周时间深入9个分局、10个县（市）局和9个直属单位进行调研督办，重点督导检查市委盖如垠书记重要指示精神和马力实局长讲话要求的贯彻落实情况、各单位改善经济发展环境的措施制定情况和年初确定的各项工作目标任务的进展情况，确保将全市会议精神和市委盖如垠书记重要指示以及马力实局长提出的要求传达贯彻到基层，落实到实处，切实加强和改进质监系统的服务，为进一步改善我市经济发展环境做贡献。	
二、结合现状，深入查找差距与不足	
我局的主要职能是对全市生产领域的食品安全、特种设备安全和产品质量、计量、标准化实施有效监管，承担着行政许可审批、行政执法监察、产品质量检验检定和社会服务等多项职能，与社会和经济发展联系紧密，与民生息息相关。近年来，我局坚持实践和落实科学发展观，自觉服从服务于全市中心工作，大胆创新、不断探索，转变了工作作风，提高了服务效率和质量，为我市经济和社会发展作出了一定的贡献，但	

（续上表）

文种	要素评析
按照新一届市委班子提出进一步改善经济发展环境的要求还有不小的差距。 一是在思想观念上还不能完全适应我市经济发展的要求。少数干部还存在思想观念、工作方法与科学发展的要求和营造良好经济发展的形势任务不相适应的地方，思想解放不够，观念更新不足，缺乏掌握和运用政策的灵活性，缺少一种承担风险的勇气和魄力。 二是在行政执法上还存在个别人员执法素质不高、执法程序不规范和多头执法的问题。主要是执法与服务摆位还有偏差，野蛮执法、粗暴执法等不文明执法现象还时有发生；在日常监管中，经常会出现重复执法、交叉执法和多头检验检测的问题，给企业的生产经营活动带来不便；执法人员对自由裁量权的掌握和运用差别还较大，还时常出现同案不同罚的问题。 三是在服务态度上还存在服务意识不强，办事效率偏低的问题。有的工作人员服务态度不热情，办事不高效，常常为一件简单的事情让企业跑几次才能得到解决；还有的工作人员对服务经济发展热情不够、动力不足，对企业缺少真正的指导帮扶。 四是在检验检定上还存在检验频次过多、检验时间过长等问题。有的检验机构一定时间内反复多次到同一企业抽样检测，增加了企业负担；还有的检验机构检验的时间过长，影响了企业的正常生产。 **三、制定措施，加强和改进工作** 针对上述问题，我局按照市委盖如垠书记的指示精神，从服务经济发展和企业发展的实际出发，认真研究加强和改进工作的措施办法，努力为企业的发展提供宽松的环境，为哈尔滨的经济发展营造良好的氛围。 一是进一步解放思想，增强大局意识。牢固树立服从服务于全市中心工作的大局观念，工作中大胆创新，在不违背大原则的情况下灵活掌握和运用政策，主动、超前、精心地为全市保增长、促发展提供更快捷、更全面的服务。具体做到“五个必须”：必须适应新一届领导班子风格，跟上节奏，打破常规，超前工作，只争朝夕；必须树立全市一盘棋、全局一盘棋的思想，把优化经济发展环境放在首位来抓；必须不打折扣地解决好全系统在服务大局、服务企业、监督执法、检验检测、行政许可方面存在的问题，摈弃狭隘的部门利益和眼前利益；必须从践行科学发展观的高度来认识改善经济发展环境的重要性，紧紧围绕市委、市政府的思路来开展工作；必须从质监系统的制度上、体制上、机制上进一步探索和改进我们的工作，加强薄弱环节的建设。 二是深化服务职能，促进经济发展。将工作的重心立即转移到服务经济发展上来，更新服务理念、强化服务手段、明确服务重点、拓宽服务领域，用发展的理念解决好为企业服务敢于承担责任的问题。国家禁止的坚决管住，法律允许的全力支持，国家没有明文规定的敢闯敢试，切实为企业提供高效便捷的服务；加强政务公开，向社会提供更多的政府信息资源，方便企业和群众办事；进一步减少工作环节，压缩工作时限，提高服务效率和质量；窗口服务人员做到精神状态饱满、服务态度热	

（续上表）

文种	要素评析
情，业务工作“一口清”，一次把企业要办理事项的要求交代清楚，减少反复的环节，并实行下限收费为企业减负。 三是更新执法理念，创造宽松环境。树立科学的监管观，寓监管于服务之中，既严格执法体现法律法规权威，又以民生为重管教相济，对违法行为轻微的，或没有造成后果又主动纠正的一般性违规行为，能整改的先指导，能教育的不处罚，能轻罚的不重罚，促使企业守法经营；减少到企业检查的频次，原则上每年去同一企业常规检查不超过两次，并实行不涉及大的原则问题，首犯不罚和不举报不检查制度；研究制定执法部门和检验检定机构统一检查企业的办法，有效地整合标准、计量、食品、特种设备、检验检定资源，组成联合执法检查组，实行现场办公，有效地解决多重监管检查问题。 四是加强队伍建设，树立良好形象。健全教育培训和考核机制，在全系统持续深入开展教育培训和考核工作，强化依法行政意识，规范行政执法行为，促进执法队伍的执法能力、执法水平和整体素质提高，寓执法于服务之中，通过执法更好地为企业发展服务；完善监督制约机制，主动把行政执法工作置于党委、政府和上级主管部门的行政监督之下、置于纪检监察部门行业监督之下、置于新闻媒体的舆论监督之下、置于特约监督员和服务对象的社会监督之下，促进行政执法的阳光操作和规范运行，树立良好的质监形象。	
特此报告。	结语
哈尔滨市质量技术监督局	发文机关
××××年8月27日	成文日期
总评：这是一篇答复性报告。正文的报告事项具体，内容要素齐全，语言简洁，结构完整且规范。 （注：本文摘自 http：//zwgk. harbin. gov. cn/auto336/auto381/200911/t20091130_50892. html，内容有改动）	

1.10.8 强化训练与拓展训练

1. 强化训练

从媒体上找到一则关于“重大火灾事故”新闻，自拟标题，拟写一份报告。

2. 拓展训练

××省人民政府就2014年夏季抗洪救灾情况向国务院汇报。要求：按上述报告格式模板上机拟写该文，如材料不足可根据需要自行扩充。

1.11 请示

1.11.1 概念

请示是下级机关向上级机关请示对某项工作或问题作出指示和答复或者批准时使用的上行文种。

1.11.2 分类

根据行文目的，可将请示分为指示性请示、批准性请示、批转性请示三类。

（1）指示性请示。常用于对涉及上级的指示、决定以及在施行有关政策、法令过程中，遇到一些不太清楚或需要变通执行的地方，请求上级机关给予明确的指示或作出相应的解释。

（2）批准性请示。它是指下级机关需要办理和解决自己无法办理或解决的事项和问题，请求上级给予帮助或解决时所使用的请示。

（3）批转性请示。它是指职能部门就自己分管业务范围内出现的新情况、新问题所提出的解决办法和措施，因职权所限而不能自行向有关地区、部门发出指令性文件，需请求上级机关审定批准后转发有关方面执行时使用的请示。

1.11.3 特点

（1）一文一事性。请示遵循一文一事原则，一份请示只能请求指示或批准一件事或解决一个问题。

（2）事前行文性。任何请示事项需在得到上级机关批准后才能付诸实施，不可“先斩后奏”或“边斩边奏”。

（3）请求批复性。请示行文的目的性非常明确，即要求上级机关对请示的事项作出明确的指示和批准，要用祈请的语气进行请求。

（4）行文单向性。请示只能是下级机关向上级机关行文，请示的问题是自己无权作出决定和处理的事情。

1.11.4 内容要素

请示一般由标题、主送机关、正文、附件、发文机关、成文日期和附注构成。

（1）标题。请示的标题一般有两种构成形式：一种是“发文机关 + 事由 + 文种”的形式，如“××市人民政府关于××××的请示”；另一种是“事由 + 文种”的形式，如“关于春节期间禁止燃放烟花爆竹的请示”。

（2）主送机关。请示的主送机关是负责受理和答复该文件的机关，只能是一个，即收文和办文的上级主管机关，不能多方请示。如果主送机关以外的上级也需要了解请示的内容，可用“抄送”形式在文后注明。

（3）正文。正文一般由开头、主体和结语构成。①开头。交代请示的缘由，它是请示事项能否成立的前提条件，也是上级机关批复的根据，原因讲得客观、具体，理由讲得合理、充分，上级机关才能及时决断，予以有针对性的批复。②主体。主要说明请示事项，它是向上级机关提出有关问题要求上级指示或批准，有的要求提出解决问题的建议和意见，供上级机关参考。提出的请示，要符合有关方针、政策，要切实可行，不可矛盾上交。请示事项要写得具体、明确、条项清楚，以便上级机关给予明确批复。③结语。结尾写明请示要求，多用祈请式语句，如“当否，请批示”、“妥否，请批复”、“以上请示，请予审批”、“特此请示，望批复”、“以上意见如无不妥，请批转执行”等。

（4）附件。一般批转性请示要有附属材料，位置在正文下方隔一行署名上方，前空两格。

（5）发文机关。请示单位和日期应写在请示结语之下，在右下方署上请示单位名称，如标题已写明发文机关，则正文右下方可不再署名。要加盖单位公章。

（6）成文日期。写明成文日期的年、月、日，要写规范的阿拉伯数字。

（7）附注。附注是指对正文的某些内容或有关事项、要求的注解与说明，如需要解释的名词术语，或者是公文发送范围和阅读、传达对象等。如有附注，应用3号仿宋体字，居左空2字，加圆括号标注在成文日期下一行。如为请示文件，则应在该处注明联系人的姓名和电话。联系人一般以本机关经办处室负责人为宜。

1.11.5　写作要求及注意事项

（1）请示必须遵循一文一事的原则，以便上级机关及时答复。

（2）请示必须事前行文，不可事后行文。

（3）必须按级请示，不能越级行文。如有特殊情况，需要越级请示，也应当抄送直属的上级机关。

（4）不能多头请示，不能主送领导者个人。

（5）用语要谦恭，通常用习惯用语作结。

1.11.6　格式与结构模板

标题

主送机关

　　正文

……

　　附件

发文机关

成文日期

（附注）

1.11.7　范文及要素评析

文种	要素评析
关于调整五处乡镇土地利用总体规划的请示	事由＋文种
南阳市人民政府：	主送机关
随着我市招商引资工作的深入发展，我市拟对北兴县江门镇等五处乡镇土地利用总体规划进行局部调整，以适应新引进项目对建设用地的需求。	导言：发文原因、打算
这次调整规划的原则是：北兴县规划建设用地指标不变，耕地占用指标不变，基本农田保护面积不变，土地利用分区面积不变，只对建设用地布局和土地利用分区布局作相应调整。规划调整详细情况见附件。	请示事项
当否，请批复。	结语
附件：	附件
1.《北兴县规划与国土资源局所作的说明》	

（续上表）

文种	要素评析
2.《北兴县江门镇土地利用总体规划图》 北兴县人民政府 2014年9月8日	 发文机关 成文日期
总评：这是一篇批准性请示。正文的请求事项具体，要素齐全，语言简洁，结构完整，格式规范。（注：本文摘自 http：//www. docin. com/p－345613579. html，内容有改动）	

1.11.8 强化训练与拓展训练

1. 强化训练

找出下文错误之处：

举办××户外运动用品洽谈会的请示

××市经济贸易委员会：

为了扩大我公司××户外运动用品的知名度、美誉度，推广全国，繁荣市场，满足消费者需求，拟于在××市举办××户外运动用品洽谈会。洽谈会共设×××个展位，共××平方米，展团由我公司及生产厂家派人组成，经费自理。

特此请示

通达户外运动用品公司

2014年2月20日

2. 拓展训练

北方大学拟筹建一个容纳120个座位的语音室，但资金尚缺60万元，准备向省教育厅请示拨款。

要求：按上述请示格式模板上机代该学院拟写一份请示，如材料不足可根据需要自行扩充。

1.12 批复

1.12.1 概念

批复是上级机关答复下级机关来文所提出的请示事项的答复性公文。批复适用于答复下级机关请示事项。

1.12.2 分类

根据内容、性质的不同，批复可分为审批性批复和指示性批复两种类型。

（1）审批性批复。主要是针对下级机关的批准性请示和批转性请示的公务事宜，经审核后所作的审批答复，如关于机构设置、人事安排、项目设立、资金划拨等事项的审批。

（2）指示性批复。主要是针对方针、政策性问题进行答复。这类批复，不只是对请示机关提出的请示事项的答复，而且批复的指示性内容在其管辖范围内具有普遍的指导和规范作用。另外，授权政府职能部门发布或修改行政法规和规章的批复，也属于指示性批复。

1.12.3 特点

（1）行文的被动性。批复依赖下级机关的请示而被动行文，任何批复都是针对请示作出的。

（2）内容的针对性。针对性体现在两个方面：一是批复内容必须紧扣请示的内容，请示什么事项就批复什么事项，批复的内容直接针对请示的内容；二是批复的主送机关是请示的下级机关，即谁请示就给谁批复，涉及的有关单位必要时可抄送，但要有一定范围。

（3）效用的权威性。批复是上级机关领导意图和领导权威的具体体现，应当概括地说明方针、政策以及执行中的注意事项，对下级机关具有行政约束力。有了批复，下级机关就必须执行上级机关的批复意见。

（4）态度的明确性。批复的内容要具体明确，不能含糊其辞，不能模棱两可，要避免导致请示单位不知如何处理。

1.12.4 内容要素

批复一般由标题、主送机关、正文、附件、发文机关和成文日期构成。

（1）标题。批复的标题有多种构成形式：第一种是“发文机关＋事由＋文种”的形式，如“国务院关于同意辽宁省××××请示的批复”；第二种是“事由＋文种”的形式，如“关于解决城镇户口管理工作中几个问题的批复”。在标题下一般要标明发文字号。

（2）主送机关。批复的主送机关是指与此批复相对应的请示的来文机关。对于授权性的批复，主送机关应当是被授权发布施行行政法规和规章的下级机关。

（3）正文。主要说明批复事项。应当根据国家的方针、政策、法令、法规和实际情况，针对请示的内容给予明确的肯定（或否定）的答复或具体的指示，一般不进行议论。也有的批复，在批复事项后面概括提出希望和要求，进一步强调批复的主旨。正文是批复的核心部分，内容比较单一，一般由引语、主体和结语三部分组成。①引语。批复的开头通常要引述下级机关的请示来文作为批复的依据，引述的方法有：结合请示的日期和文号引述，如“××××年××月××日××号来文收悉”；结合来文日期和来文名称引述，如“××××年××月××日《关于……的请示》收悉”；结合来文日期和请示事项引述，如“××××年××月××日关于……问题的请示收悉”。一般的批复依据要简明扼要，态度明确。②主体。说明批复的具体事项。应当根据国家的方针、政策、法令、法规和实际情况，针对下级机关请示的问题和事项给予明确具体的指示，表示肯定或否定的态度。一般用“经研究”、“经会议决定”、“现批复如下”作领起语，然后表述批复的事项。内容简单则直接阐述，内容较多要分条列项逐一写明。③结语。批复内容的收尾，常用“此复”、“特此批复”等专门用语作结束语，有时也可省略，答复完自然结束。

（4）附件。批复如有附属材料，则在日期下方标明。

（5）发文机关。写明批复机关单位全称。标题中如果已包括发文机关，则正文右下方可省略。要加盖公章，以此作为下级机关执行的依据。

（6）成文日期。成文日期写明年、月、日，要用阿拉伯数字。

1.12.5 写作要求及注意事项

（1）批复的态度要鲜明，语气要肯定。无论审批性批复还是指示性批复，上级机关的态度要明朗，不能模棱两可，以免使下级机关无所遵循。

（2）要有指导性。批复只用于对有隶属关系的下级机关来文请示作出答复，由上级机关制发，约束下级机关的行动，具有一定的指导性和约束性。

（3）注意行文的针对性。下级机关请示什么事项，上级机关就针对所请示的问题表明肯定或否定的态度。

（4）批复要一文一批，不能几个请示合并批复，要做到言简意赅，庄重周严，以充分体现批复的权威性。

（5）时间要及时。批复是因下级机关的请示而行文，凡下级机关能够向上级机关行文请示的，说明事关重要，时间紧迫，急需得到上级机关的指示和帮助，所以上级机关应当及时批复，否则就会贻误工作，甚至会造成重大损失。

1.12.6 格式与结构模板

标题 主送机关 　正文 …… 发文机关 成文日期

1.12.7 范文及要素评析

文种	要素评析
××部关于职业病诊断与鉴定有关问题的批复	事由 + 文种
××省卫生厅：	主送机关
你厅《关于贯彻职业病诊断与鉴定管理办法有关问题的请示》（×卫发〔2014〕14号）收悉，经研究，答复如下：	发文依据 承启语
一、职业病诊断鉴定专家库成员应当具有职业病诊断资格。 二、申请开展职业病诊断的医疗卫生机构，应当具有“三名以上”与所申请的诊断项目相适应的有资格的诊断医师。职业病诊断机构组织开展诊断工作时，可以根据需要，聘请其他单位有资格的职业病诊断医师参与诊断，受聘的医师参与诊断结论的讨论，并在《职业病诊断证明书》上署名。 三、有关的“证书”等印刷品，由各省按照我部规定的统一格式自行印制。 四、我部目前正在研究制定职业病诊断医师的管理规定，有关职业病诊断医师管理的具体问题将在规定中予以明确。	批复事项
此复。	结语（发文机关省略）
2014年8月2日	成文日期

（续上表）

文种	要素评析
总评：这是一篇指示性批复。正文的批复事项具体，要素齐全，语言简洁，结构完整，格式规范。（注：本文摘自 http：//www. chinalawedu. com/news/1200/22598/22621/22909/2006/3/zh120723834171360028128－0. html，内容格式有改动）	

1.12.8 强化训练与拓展训练

1. 强化训练

找出下文错误并加以改正。

关于南山乡人民政府建筑砖瓦厂的批复

南山乡人民政府：

你乡 2014 年 5 月 25 日关于建筑砖瓦厂的请示收悉。经研究，现答复如下：

改革开放以来，农村盖房使用砖瓦量确实明显增加，因此各乡纷纷兴建了砖瓦厂。据调查，我县已经有 40% 的农户盖了新房；约 30% 的农户近年内不拟盖新房，砖瓦需求量相对趋于缓和。其余拟盖房户所需砖瓦的数量，我县现有砖瓦厂的产量完全可以满足。因此，凡申报新建砖瓦厂的请求一律不予同意，以免供过于求。

特复批示

北河县人民政府

2014 年 5 月 24 日

2. 拓展训练

根据下面所提供的材料，以相反的行文“身份”拟写两份相应的公文，即请示和批复。

市级重点工程西丰湖水库防汛改造工程自开工以来，各项工作进展顺利，现已完成小青河滩区和西丰湖区周边的 120 户群众的搬迁安置工作；完成小青河滩区建筑土石方 99 万立方米、河堤 156 米。汛期即将到来，为加快该工程建设，需要准备充足的建筑材料，但是由于市场上建材价格上涨，市财政局已划拨的 213 万元专款已远远不能满足工程建设的需要，为此，承担此项目工程建设的青河县人民政府拟请青河市财政局求援，再增拨专项资金 1 920 万元，以求顺利完成防汛改造工程建设，确保西丰湖两岸及周边人民群众生命财产的安全。

1.13 议案

1.13.1 概念

议案是指议会中由个人或集体议员提出，并付诸表决提议的文体。议案也适用于各级人民政府或人大代表按照法律程序向同级人民代表大会或者人民代表大会常务委员会提请审议事项。

1.13.2 分类

议案这种公文比较特殊，根据提出方式，可分为由各级人民政府提出的提请审议事项的议案和由提案人（人民代表）提出的建议、批评和意见性的议案。

（1）由各级人民政府提出的提请审议事项的议案。按照我国《宪法》、《全国人民代表大会组织法》、《国务院组织法》、《地方各级人民代表大会和地方各级人民政府组织法》、《全国人民代表大会常务委员会议事规则》、《全国人民代表大会议事规则》等有关法律的规定，有权向全国人民代表大会提出议案的是全国人民代表大会主席团、全国人民代表大会常务委员会、全国人民代表大会各专门委员会、国务院、中央军事委员会、最高人民法院、最高人民检察院；有权向全国人民代表大会常务委员会提出议案的是全国人民代表大会委员长会议、国务院、中央军事委员会、最高人民法院、最高人民检察院、全国人民代表大会专门委员会；有权向地方各级人民代表大会提出议案的是地方各级人民代表大会主席团、常务委员会，各专门委员会、本级人民政府。

（2）由提案人（人民代表）提出的建议、批评和意见性的议案。这类提案人有人数要求：全国人民代表大会30名以上的代表；全国人民代表大会常务委员会10人以上联名；地方各级（省、市、县）人民代表大会10人以上联名；乡镇人民代表大会5人以上联名。

1.13.3 特点

（1）作者的法定性。议案的作者只能是法定机关和符合法定人数的人民代表。政府机关的各个直属机构和工作部门以及其他组织或个人均无权提出议案，也不能使用议案这一文种。

（2）内容的特定性。要依照国家法律规定的职权范围行文。如果该事项的审议权属于同级人大及其常委会，则必须将其作为议案提出；如果该事项可在政府职权范围内处理，则不必提出议案。

（3）内容的单一性。一事一案，即一个议案只写一个内容。

（4）规定的时效性。议案必须在人民代表大会规定的时间内送交，否则不能列为议案。

（5）议案建议的可行性。所提议案要科学合理，有被政府采纳实施的可能性。

1.13.4 内容要素

（1）各级人民政府提出的提请审议事项的议案一般由标题、主送机关、正文、（附件）、签署和签署日期构成。①标题。第一种是“发文机关 + 内容 + 文种”，如“国务院关于提请审议《中华人民共和国对外贸易法（修订草案）》的议案”；第二种通常由“会议全称 + 议案”组成，标明提案人的身份和文体种类，如“第十届全国人大三次会议关于制定《村民委员会议事规则（条例）》的议案”。②主送机关。本级人大会议，一般为某次人大会议。③正文。由案由、案据、方案组成。案由是指提出该议案的理由，就是为什么要提出该议案、人大通过该议案的必要性；案据是指提出该议案的理论和事实根据，该议案的合理性、可行性等；方案就是议案必须有解决问题的具体办法。具体方案是议案的核心内容，是要交付表决的内容。④附件。附属材料。有时这项可省略。⑤签署。签署机关名称，要写全称。⑥签署日期。写明成文日期，使用规范阿拉伯数字。

（2）提案人（人民代表）提出的议案一般由标题、署名、正文、签署人和签署日期构成。①标题。一般采用文章式标题，如“发展新型农村合作医疗，构建和谐社会主义新农村”。②署名。各位代表一并署名在标题之下。③正文。一般由案由、案据、方案组成。案由是指提出该议案的理由，就是为什么要提出该议案、人大通过该议案的必要性；案据是指提出该议案的理论和事实根据，该议案的合理性、可行性等；方案就是议案必须有解决问题的具体办法。具体方案是议案的核心内容，是要交付表决的内容。④签署人。写全签署人姓名。⑤签署日期。写明成文具体时间，使用规范阿拉伯数字。

1. 13. 5 写作要求及注意事项

（1）所提问题比较重要且已具备解决条件，人大会议审议的应当是具有全局性、影响力大的事项，能议而不能决的不能提出。

（2）注意提出的权限和时限,在各级大会的审议权限范围内，在大会规定的截止日期前。

（3）要熟悉办理程序，以便操作顺畅。

1. 13. 6 格式与结构模板

标题 政府名称或提案人姓名 正文 …… 签署 签署日期

1. 13. 7 范文及要素评析

文种	要素评析
关于加快社会信用体系配套法制建设的建议（议案） 全国人大代表 王凤英 概要："诚实守信"是中华民族的传统美德，也是西方社会现代契约文明的重要组成。而近年来，社会信用缺失的不和谐音却极大影响了我国社会经济发展，甚至影响着国家的对外形象和软实力。建议借鉴西方成熟的信用管理经验，结合我国国情进行创新，推进我国社会信用体系配套法制建设，建立完备的社会信用监管法律体系；增强法律对信用缺失行为的惩处力度；明确各方监管责任，确保信用执法过程的公平公正；加强社会信用管理的创新建设，创造国家信用体系正常运转的法律环境。大幅提升个人和法人的失信违法成本，从根本上消除"不诚信有红利"的社会环境，使全社会（包括法人和个人）在各领域的行为回到诚实守信的正道上来，提升国家综合竞争力。	事由＋文种 议案人姓名 导言：议案意义
背景：信用制度体系建设落后于社会经济发展的需要 随着社会经济的快速发展，社会信用体系建设备受重视。《中共中央关于完善社会主义市场经济体制若干问题的决定》提出建立健全社会信用体系，形成以道德为支撑、产权为基础、法律为保障的社会信用制度，是建设现代市场体系的必要条件，也是规范市场经济秩序的治本之策。	背景 正文

（续上表）

文种	要素评析
党的十八大报告提出，深入开展道德领域突出问题专项教育治理，加强政务诚信、商务诚信、社会诚信和司法公信建设。 2014年1月15日，李克强总理主持召开国务院常务会议，部署加快建设社会信用体系、构筑诚实守信的经济社会环境。会议原则通过了《社会信用体系建设规划纲要（2014—2020年）》，并要求，构建信息共享机制，在保护涉及公共安全、商业秘密、个人隐私等信用信息的基础上，依法使各类社会主体的信用状况透明、可核查，让失信行为无处藏身。 这些都为我们国家信用体系的建设打下良好的基础。但是随着中国经济的快速发展，我国的社会信用体系建设呈现一定的滞后性，缺少相应的法律保障。再加上国内信用监督机制不健全、失信成本过低等因素，社会信用缺失的状况屡有发生，如恶意拖欠和逃废银行债务、逃骗偷税、制假售假、非法集资等屡禁不止，已经成为阻碍市场经济体制完善、制约经济社会持续协调发展的重大问题。 由于历史条件和原有体制等因素的影响，我国的企业和个人缺乏信用意识与信用观念，社会信用体系的基础十分薄弱，建立和完善社会信用体系是一项艰巨的任务，还有很长的路要走。 但我国经济持续健康发展的客观要求和国际竞争格局的变化，迫切要求我们必须从现在开始，加快信用体系建设。 **问题：社会信用体系配套法制建设滞后导致信用监管成难题** 随着我国市场经济的发展和逐渐成熟，企业之间的信用交易已成为现代市场流通的基本特征之一，信用经济的雏形开始形成。社会对信用工具的需求越来越大。与此同时，各类信用交易规模迅速扩大，信贷消费和刷卡结算已成为消费人群的新时尚。然而，当前我国社会诚信缺失问题也日益突出，商业欺诈、制假售假、虚报冒领、恶意透支等现象时有发生，而这其中重要的一环就是监管不力，为信用缺失泛滥打开了缺口。 （1）建设社会信用体系的相关立法不完善。为了加强社会信用体系建设，我国已出台不少相关法律法规，但仍存在立法不全问题，致使对不少信用缺失问题整治无法可依。由于相关的法律法规和失信惩罚机制不健全，使得很多企业对诚信经营的重要性认识不足，导致企业对产品质量把控不严、掺假造假行为、品牌信誉度低下、售后保障服务缺失等不良现象屡有发生。 另外，信用缺失的企业善钻法律漏洞，并且获取了短期的经济效益，给社会带来了极大的负面效应。例如，针对恶意欠薪问题，我们国家已有相关立法，但是恶意欠债问题，至今没有引起法制部门的注意，致使恶意欠债问题十分严重。在立法不全方面，例如我国的《食品卫生法》不包括养殖过程，《产品质量法》不包括初级产品等。 （2）已有立法对信用缺失的惩罚力度不够。对信用缺失造成的问题本来应该给予严厉打击，目前我国在不少方面虽有立法，但惩罚力度明显不够。现有的诚实守信的法律法规不足以对社会或企业的各种失信行为形成强有力的法律约束，对一些失信案件的处理不能得到应有的经济和道德惩罚。	

（续上表）

文种	要素评析
因此，守信者得不到有效激励，失信者得不到应有惩罚。企业进行信用风险管理得不到信息和服务的支持，信用风险无法有效地化解和转移。最终必然导致企业大量账款无法及时收回、坏账过高、拖欠成风和整个市场经济秩序严重紊乱。目前我国市场上出现的其他秩序混乱现象，如制假贩假、坑蒙拐骗、逃税骗税、走私骗汇等违法犯罪行为，归根到底也是对失信行为的法律惩处力度不够。 （3）社会信用体系法制建设执法不严。改革开放30多年来，我国的法制建设取得长足发展，但执法与司法方面的问题仍然客观存在，成为导致我国现行法律信用缺失的重要原因。对社会信用缺失的惩罚，即使有的已经有立法，但在执行过程中执法不严现象十分突出。如在对很多地方偷偷排污、违法违规的污染企业的处理中，讲情的、找关系的、打招呼的等各种现象都会出现，而在地方保护主义的庇护下，最终导致以情代法、以钱代法、以政代法、以言代法，使大事化小、小事化了，最后不了了之。 综上所述，目前社会信用体系配套法制建设的滞后，严重制约了信用交易规模的扩大和信用管理行业的发展，甚至影响了我国扩大内需和对外开放政策的执行，可以说，社会信用体系配套法制建设已到了迫在眉睫的地步。 **目标：完善社会信用体系建设，提高社会经济运行效率** （1）完备的法律法规和国家标准体系，是社会信用体系建设的保障，因此，首要目标是建立完备的社会信用监管法律体系，避免惩处社会信用缺失现象时无法可依的尴尬现状。 （2）通过社会信用体系配套法制建设，对企业、个人失信行为进行明晰界定，同时明确监管责任，确保信用执法过程的公平公正。 （3）建立全国范围信贷征信机构与社会征信机构并存、服务各具特色的征信机构体系，最终形成体系完整、分工明确、运行高效、监管有力的社会信用体系基本框架和运行机制。 （4）加强配套法规建设只是完善社会信用体系的方法，最终目标则是通过法律层面的约束与道德层面的提倡，形成人人自律、人人守信的社会风尚。 **建议：建立完善的社会信用体系配套法制管理** 在法律的重要作用日益凸显、法治已经成为当代社会主旋律的时代背景下，社会信用的维系和提升需要法律的保障。社会各领域信用的缺失与我国信用法制建设存在缺陷有着密切联系。古人说，治乱世，用重典。当前社会各领域的信用严重缺失，只有通过加强法制，才能得到根本有效的扭转。在此建议： （1）全国人大制定《中华人民共和国信用管理法》，并以此为基础修订、完善相关的法律法规。市场经济是建立在法律基础上的信用经济，目前，针对个人、企业和政府信用的管理，全国人大和得到授权的政府机关出台过多部法律法规，但在这个法律体系中尚缺少一部基本法，使得法律体系不够严密，不同法规之间也有相悖之处，影响了信用法治社	

（续上表）

文种	要素评析
会建设。具体表现是，我国尚未制定一部专门针对个人信用的法律，也缺少针对企业信用的基本法律法规，以及针对政府信用的制度规范。 全国人大应根据在市场经济运行过程中暴露出来与信用有关的问题，对现有法律法规进行修改或调整。在相关诚信立法中要加大对违法违规行为的处罚力度，提高失信成本；同时，还应该增强法律的执行力，对失信企业能在最短的时间进行法律惩罚。只有这样，才能真正有效地打击心存侥幸的失信者。 （2）建立全国统一的征信系统和信用信息使用法律保障机制。建议政府以推进落实《社会信用体系建设规划纲要（2014—2020年）》为契机，以社会成员信用信息的记录、整合和应用为重点，建设覆盖全社会的征信系统。目前我国除人民银行的征信系统外，工商部门这几年建立起来的企业经济户口信息库为建立企业社会信用提供了很好的基础数据库，可以考虑对企业的信用信息由专业化的独立的征信机构依法采集、调查、整理，并结合政府职能部门对企业动态监管的相关信息进行全面的整理评价，建立起企业社会信用数据库。 在建立征信系统、推动信用信息在全国范围互联互通的同时，应制定相应的法律来维护和使用数据库内的信用信息，为规范信息共享建立法律保障，充分发挥信用信息对失信行为的监督和约束作用。 （3）借鉴西方成熟的信用社会制度经验，结合中国实情适度创新，并制定具体的执行举措，从根本上消除“不诚信有红利”的社会环境。以1860年美国纽约布鲁克林成立第一家信用局为标志，西方国家建立信用制度已有150多年的历史，形成了较为完备的征信系统和信用体系，这其中也有较为成熟的社会信用法律制度与管理方式，自然可以为我国社 会诚信建设所借鉴、批判和吸收，进行中国化的改造。作为企业文化核心要素，“诚信”在长城汽车股份有限公司内得到贯彻推行，也成为“哈弗”品牌建设的重要支点。但有些企业并不注重诚信建设，失信行为非常常见。对于这种情况，欧美等国外发达国家会对有不良信用记录的企业设置信用警示，同时利用信用共享提高不良信用企业运营成本，即通过外部的强制性措施促使企业重视诚信建设，加强信用自律，奠定法制建设的自觉意识基础。 因此，建议我国政府建立失信约束和惩罚机制，对社会信用体系加强法制监管。政府相关部门应大力监督对外公开的有关信用信息是否真实有效，保护公平公正，对失信违法的行为应严惩。在此背景下，通过推行社会信用管理法治模式，以加强社会征信立法与强化社会信用执法等方式来维系和保障社会信用，已经成为社会和谐发展的内在需要。 （4）大幅提升个人和法人的失信违法成本，使全民在各领域的行为回到诚实守信的正道上来。首先，要建立“失信成本”远远高于“守信成本”惩治机制，通过增大失信行为的法律成本和经济成本，改变“可以从失信中获利”的惯性思维，将失信者淘汰出局或让失信者得不偿失。其次，国家职责部门应牵头搭建有权威性的信用曝光平台，注重消费者对企业的信用评价，弘扬宣传诚信企业，揭露失信企业。最后，加大对	

（续上表）

文种	要素评析
该类案件宣传力度，通过对失信行为的揭露、传播、预警，让失信者付出沉重代价，让守信者获益，在社会上营造守信光荣、失信可耻的舆论氛围。 （5）建议政府进一步加强政务诚信建设，不断提高领导水平。按主体不同，社会诚信可分为政务诚信、商务诚信、个人诚信三部分，其中政务诚信在社会信用体系中处于核心地位。这是因为政府不仅是社会信用制度的制定者、执行者和维护者，也是公共信用的示范者。如果政府不讲诚信，企业诚信就难以做到，个人诚信就更无从谈起。通过加强政务诚信建设，不断提高领导水平，并以此推动企业建立和完善内部信用管理体系，并以诚信经营作为企业文化的基础组成成分，切实提升企业和个人的信用能力，完善社会诚信建设。 （6）国家加强社会诚信建设，培育信用文化和信用道德。法律制度和道德是相互依存、相互促进的。国家在建设社会信用的法律体系的同时，还应该加强社会信用的道德建设，将诚信视为社会和谐稳定的基础条件之一，在全社会大力倡导诚信为本、操守为重，加强诚信法制建设，加大对失信行为的惩戒力度，广泛形成守信光荣、失信可耻的氛围。	
总评：这是一篇由人民代表提出的议案。正文建议具体、切实可行，论证有力，格式规范。 （注：本文摘自 http：//auto. people. com. cn/n/2014/0306/c1005－24542662. html，内容格式有改动）	

1.13.8 强化训练与拓展训练

1. 强化训练

在某人大网站上找到一篇议案，分析其背景材料与议案之间的合理性。

2. 拓展训练

替某人大代表拟写一份关于环境保护方面的议案。

1.14 函

1.14.1 概念

函是正式的或官方的书信，是党政机关、人民团体、企事业单位间商洽和联系工作时使用的一种文体。

函的内容大多简明直接，形式短小精悍，行文灵活多样。函作为公文中唯一的一个平行文种，其适用的范围相当广泛。在行文方向上，不仅可以在平行机关之间行文，也可以在不相隶属的机关之间行文，还包括向上级机关或者下级机关行文。在适用内容方面，它除了主要用于不相隶属机关之间相互商洽工作外，也可以向有关主管部门请求批准事项，向上级机关询问具体事项，还可以用于上级机关答复下级机关的询问或请求批准事项，以及上级机关催办下级机关有关事宜，如要求下级机关函报报表、材料、统计数字等。

1.14.2 分类

按照内容的不同，函可分为商洽函、问答函、请批函、告知函等。

（1）商洽函。商洽函用于平行机关或不相隶属机关之间商洽工作，如联系参观、培训、学习、业务指导、请求帮助支持、干部人事调动等。

（2）问答函。问答函是询问函和答复函的合称。问答函用于机关或部门之间相互询问和答复问题。有不明确的问题向有关机关和部门询问，用询问函；回答对方询问事项则用答复函。询问函不包括以商洽工作、请求主管部门批准为主而附带有要求回答的函。否则，答复函与商洽函、请批函就会混淆。另外，下级机关答复上级机关的询问，如涉及的内容重大，应以“报告”行文，不能用“函”。

（3）请批函。请批函用于向平行或不相隶属机关的有关主管部门请求批准事项。

（4）告知函。告知函亦即通报函，是将某一活动或事项告知对方。这种函类似于知照性通知，由于没有隶属关系，用“通知”不妥，所以宜用“函”。告知函不要求对方回复。

1.14.3 特点

（1）使用的广泛性。函的使用不受级别高低、单位大小的限制，收发函件的单位均以比较平等的身份进行联系。上至国务院，下至基层组织、企事业单位、社会团体都广泛地使用函。

（2）行文的多向性。函可以上行，也可以下行，但大多数函只作平行文使用。

（3）用语的谦敬性。不论什么类型的函，用语都要注重谦恭有礼，尊重对方，力求得到对方更多的理解和支持。函是最注重使用文言词汇的公文，也是公文中最富有文学性的文种。

1.14.4 内容要素

由于函的类别较多，从制作格式到内容表述均有一定的机动灵活性。下面主要介绍规范性公函的结构、内容和写法。

公函一般由标题、主送机关、正文、发文机关和成文日期构成。

（1）标题。标题一般有两种形式，一种是“发文机关＋事由＋文种”的形式，如“辽宁省办公厅关于××质量问题的函”；另一种是“事由＋文种”的形式，如“关于××进口问题的函”。正式的函，要标注发文字号。

（2）主送机关。主送机关即受文并办理来函事项的机关单位，于文首顶格写明全称或者规范化简称，其后用冒号。受文对象不明确时，主送机关可省略。

主送机关只能写一个，即请求给予答复或批准的机关。

（3）正文。一般由开头、主体、结尾构成。①开头。主要写明发函的缘由。一般要求概括交代发函的目的、根据、原因等内容，然后用“现将有关问题说明如下”、“现将有关事项函复如下”等承启语转入下文。如果是复函，缘由部分一般首先引叙来函的日期、标题、发文字号，然后再交代内容根据，用以说明复函发文的缘由。②主体。这是函的核心内容部分，主要写明询问、商洽、请求或答复的事项。一般情况下，函的事项部分内容单一，即一函一事，行文要直陈其事，无论是洽谈工作、询问或答复问题，还是向有关主管部门请求批准事项等，都要用简洁得体的语言把需要告知对方的问题、意见叙写清楚。如果是复函，还要注意答复事项的针对性和明确性。③结尾。一般用礼仪性语言，向对方提出希望和请对方协助解决某一问题、请对方及时复函、请对方提出意见或请主管部门批准等。发函用“盼复”、“即请函复”，复函用“此复”、“特此函复”等。有的函也可以不用结束语，如便函，可以像普通信件一样，使用“此致、敬礼”。

（4）发文机关。写明发文机关全称，并加盖公章。

（5）成文日期。写明成文日期，使用规范阿拉伯数字。

1.14.5 写作要求及注意事项

（1）行文简洁明确。拟写函，文字应简短明快，表述要具体明确。

（2）用语要把握分寸。无论是平行机关还是不相隶属机关的行文，都要注意语气平和有礼，不要仗势压人或强人所难，也不必逢迎恭维、曲意客套。至于复函，则要注意行文的针对性，答复的明确性。

（3）函有时效性的问题，特别是复函应该迅速、及时。像对待其他公文一样，要及时处理函件，以保证公务活动的正常进行。

（4）注意公函和私函的区别。公函谈公务，主要内容常用标题揭示；而一般私函谈的是个人私事，无标题。

1.14.6 格式与结构模板

标题

主送机关或个人

正文

……

发文机关

成文日期

1.14.7 范文及要素评析

文种	要素评析
2014年夏季人才交流大会邀请函	事由+文种
为进一步实施人才强市战略，更好地发挥人才市场配置人才资源的主渠道作用，满足我市企事业单位对人才的需求，	导言：发文目的
镇江市人力资源和社会保障局定于2014年7月12日（周六）在苏南人力资源市场举办“镇江市2014年夏季人才交流大会”。现将有关事项通知如下：	承启语
一、主办单位 镇江市人力资源和社会保障局 **二、承办单位** 镇江市人才服务中心、苏南人力资源市场 **三、时间地点** 时间：2014年7月12日（周六）8：30—12：00 地点：江苏省苏南人力资源市场（镇江市运河路100号） **四、媒体支持** 《京江晚报》、《镇江日报》、《镇江壹周》、人才在线 www.hrol.cn	邀请事项

（续上表）

文种	要素评析
五、参会对象及规模	
参会对象：主要包括2014年应届优秀毕业生和社会各类在职人才	
大会规模：拟设展位130个	
六、参会办法	
用人单位凭组织机构代码证、营业执照副本（或相关成立的批复、文件）的复印件及加盖单位印章的人才需求信息表，向镇江市人才服务中心预约展位，并可通过登陆镇江人才在线 www. hrol. cn 进行网上预订。为充分保证用人单位招聘信息的发布效果，企业报名截止日期为2014年7月9日，展位有限，额满即止。	
七、收费标准	
（一）每个展位费用400元（含信息费），所有用人单位需在2014年7月11日前将展位费缴纳至镇江市人才服务中心（用人单位可汇款、网上支付，汇款或支付后请致电确认）。	
（二）为了给用人单位提供宣传自身形象的机会，本次大会诚征大会独家冠名单位。	
八、提供服务	
（一）在镇江市人力资源和社会保障局网、江苏人事人才公共服务网、镇江新闻网及镇江高校网站发布单位需求信息。	
（二）为每个招聘单位提供两份午餐、两瓶矿泉水。	
九、联系方式	
咨询电话：××××－×××××××××	
联系人：陈××、葛×	
传真：××××－×××××××××	
预定地址：苏南人力资源市场2楼大厅（4、6号柜台）	
网址：www. hrol. cn	
账户信息：	
户名：镇江人才市场　开户行：江苏银行镇江环城支行	
账号：（略）	
镇江市人才服务中心 2014年6月25日	发文机关 成文日期
总评：这是一篇告知函。正文的告知事项具体，要素齐全，语言简洁，结构完整，格式规范。 （注：本文摘自 http：//www. hrol. cn/zhicheng/zhicheng－show. php？id＝16&cid＝1007&type_id＝94，内容格式有改动）	

1. 14. 8　强化训练与拓展训练

1. 强化训练

广东省人事厅向广东省财政厅申请公务员培训经费，请代广东省人事厅拟写这份公文的标题。

2. 拓展训练

找出下文错误并加以改正。

商洽委托代培韩语秘书人员的函

本知大学文学院：

本集团公司新近上岗的韩语秘书缺乏专门的韩语能力，业务素质亟待提高。据报载，贵院将于今年开办韩语秘书培训班，系统讲授韩语、秘书业务、公关礼仪、文书写作等课程。这个培训项目为我集团公司新上岗的韩语秘书提供了一个难得的在职进修机会。为能尽快提高本集团公司韩语秘书的从业素质，我们拟选派 6 名在岗秘书委托贵院代培，随该班进修学习。有关代培费用及其他相关经费，将按时如数拨付。

是否慨允，恳请函复为盼。

天开集团公司

2014 年七月二十日

1.15 纪要

1.15.1 概念

纪要是一种记载和传达会议基本情况或主要精神、议定事项等内容的规定性公文。纪要适用于记载会议主要情况和议定事项，实际上指的是会议纪要，本节内容均以会议纪要为例。

会议纪要是根据会议的主要精神及会议原始记录整理而成的。会议纪要具有高度概括性，可以作为一种历史凭证，供有关人员查阅。可以上呈下达，可以根据纪要精神要求下级机关贯彻执行；可以作为文件向上级机关报告，让上级机关了解下属单位的工作情况。有的纪要还可以在媒体上公开发表。

1.15.2 分类

根据会议类型的不同，会议纪要可分为工作会议纪要，研讨、座谈会议纪要等类型。

（1）工作会议纪要。可以分为专题工作会议纪要和例行办公会议纪要。专题工作会议是为了解决或协调工作中的某些实际问题而召开的会议，记载这种会议的讨论情况和议定事项的文字材料，就是专题工作会议纪要。这种会议纪要约束性很强，具有明确的指示性。例行办公会议纪要是根据机关研究日常工作、日常事务的会议拟写的，由于定时办公，会议内容较杂，在形成纪要时要把作出的决定和决议按重要程度逐项或分若干部分进行概述。专题工作会议纪要约束性很强，具有明确的指示性。

（2）研讨、座谈会议纪要。侧重于研究讨论、汇集情况、交流经验，带有研究探索的性质，学术性会议用得最多，带有较强的专门性、专题性。纪要除表明发言人的姓名、身份或职务外，还要对会议的结论加以阐述，具有一定的说理性。

1.15.3 特点

（1）内容的纪实性。会议纪要要如实反映会议内容，人为拔高就会失去其内容的客观真实性，违反纪实的要求。

（2）内容的概括性。会议纪要必须围绕会议主旨及主要成果来整理、提炼和概括，以简洁精练的文字高度概括会议的内容和结论。既要反映与会者的一致意见，又可兼顾个别有价值的看法。某些会议纪要，还要有一定的分析说理。

（3）称谓的特殊性。会议纪要一般采用第三人称写法。由于会议纪要反映的是与会人员的集体意志和意向，常以“会议”作为表述主体，“会议认为”、“会议指出”、“会议决定”、“会议要求”、“会议号召”等就是称谓特殊性的表现。

1.15.4 内容要素

会议纪要一般由标题、正文、发文机关、成文日期和文尾构成。

（1）标题。会议纪要的标题通常由“会议名称＋文种”构成，如“沈阳市××现场经验交流会纪要”，“城市经济体制改革试点工作座谈会议纪要”等；也有的由“发文机关＋会议名称＋文种”构成，如“××集团公司提高销售额度会议纪要”，“省经贸委关于企业扭亏为盈会议纪要”。

（2）正文。会议纪要正文由导言、主体和结尾构成。①导言。导言概括交代会议的名称、时间、地点、主持人、参加人员、主要议程、会议形式、会议议题以及会议的主要成果，然后用“现将本次会议研究的几个问题纪要如下”或“现将会议主要精神纪要如下”等语句转入下文。这项内容主要用以简述会议基本概况，文字必须十分简练。②主体。主体是会议纪要的核心内容，包括会议所讨论、研究的问题，对过去工作的评价及会议所作出的决定。主要记载会议具体情况和会议结果，写作时要紧紧围绕中心议题，把会议的基本精神，会议形成的决定、决议准确地表达清楚，对于有争议的问题和不同意见必须如实反映。在主体部分，通常使用“会议指出”、“会议认为”、“会议经过充分商议，作如下决定”等惯用语。不同类型的会议纪要，主体部分在写法上各有不同。a. 综合式会议纪要，将会议讨论、研究的问题综合概括起来。这种方法适用于所讨论、研究的问题比较集中，看法比较统一，参加人数不多的中、小型会议。主体内容则侧重于突显会议的指导思想，全面介绍会议的基本情况。b. 条款式会议纪要，把会议所讨论、研究的问题进行分类，将同一性质的问题归纳在一起，然后列出条款进行一一阐述。这种写法适用于大型会议，这类会议参加人数较多，讨论、研究问题比较复杂，运用这种方法易于写出比较全面的会议纪要。c. 记录式会议纪要，按顺序把每个人发言的主要内容记录下来，与会议记录很相似，优点是及时、真实地反映发言者的意见及会议进程，缺点是系统性不强。这三种形式都抓住会议纪要的特点，即从“要”字上做文章，简明扼要，在原始记录的基础上，选取精华，加以归纳总结，使会议的主要精神充分地体现在纪要中，让人看后一目了然。③结尾。一般是向受文单位提出希望和要求，以便让有关机关、单位更好地贯彻执行。有的则没有这部分，主体内容写完，全文即告结束，要视具体情况而定。

（3）发文机关。发文机关署名只用于办公会议纪要，写明召开会议的机关单位名称。一般会议纪要则不需要署名，不加盖公章。

（4）成文日期。在署名之后写上日期，一般是会议通过的时间或领导人签发的时间，使用阿拉伯数字拟写年、月、日。如果标题下居中位置已标明，此处可省略。

（5）有的会议纪要还有文尾，就是说，如果会议纪要作为公文发布或上呈下达，务必按党政机关公文的格式要求注明抄送范围。

1.15.5 写作要求及注意事项

（1）详尽占有材料。为使会议纪要能忠实反映发言者的本意，拟写者应该自始至终参加或列席会议，以便掌握会议的全部情况。同时，拟写者应该全面搜集会议的各种文件资料，以便使会议纪要的内容更加完整、准确。

（2）要突出重点。会议纪要不是对会议所有情况有闻必录，而是就会议的重要情况和研究解决的重大问题、决策意见，摘其要点进行整理，概括出会议的主要精神。概括要全面，要如实反映会议内容。不得随意取舍，不得以偏概全，不能是自己赞同的就多写，不赞同的就略写或不写。表述要做到重点突出，条理清晰，文字简练，不要写成流水账。

（3）会议纪要报送上级时，会议主办单位需另拟一份报送报告，与会议纪要一并报上。

（4）注意与会议记录的差别。会议纪要以会议记录为基础和依据，表现会议的主要内容。会议记录则是如实记录。另外，会议记录只作为机关单位内部存查使用的文书，不对外公布；会议纪要则在一定范围内公布传达，作为正式行政公文使用。

1.15.6 格式与结构模板

标题 正文 …… 发文机关 成文日期

1.15.7 范文及要素评析

文种	要素评析
江西奈尔斯西蒙斯赫根塞特中机有限公司 **工作会议纪要**	发文机关＋事由＋文种
一、会议主持人 姜× **二、参会人员** 邱××、周××、李××、熊××、周××、程××、郎××、黄××、季××、罗××、肖××等部门负责人及市场、销售、服务部员工（出差人员除外） **三、会议地点** 办公楼第一会议室 **四、会议时间** 2014年2月6日上午9：00 **五、会议内容纪要** （一）广州动车不落轮车床招标事件通报 2013年末，公司在广州动车不落轮车床招标工作中出现重大失误，造成设备竞标工作被动局面，这是由于市场部员工齐亮和部门经理熊建春工作失职、工作粗心造成的，公司对这起严重的工作事故将作出严肃的处理。今后绝不允许再出现类似事件。市场存在严重的管理问题：部门经理没有敏感的市场嗅觉，对市场营销工作和形势缺乏清醒的认识和思考，对市场销售工作没有意见、建议和想法，日常管理粗放。部分员	正文具体内容

（续上表）

文种	要素评析
工缺乏主动工作精神，缺乏钻劲，缺乏与客户打成一片，交真正朋友和好朋友的意识，工作依赖他人、依赖领导现象严重。 为此，要求： （1）我们的大堤别人在挖洞，为不让自己的堤坝毁于一旦，我们要有高度的警觉性，市场、销售、服务及安装调试人员，对用户听到、看到、想到的，要求在第一时间内向部门或姜总报告，因为这些信息有的对公司市场营销非常重要。 （2）亡羊补牢，为时不晚，现各部门工作都要围绕市场营销、服务工作来开展，服务工作在任何时候都要排在第一位，对服务工作要大牌的人员，公司坚决不留情，对用户的要求，公司全体员工要在第一时间给予积极响应和回复，不能因我们的工作失误而造成问题。市场、销售人员要在用户中树几个铁哥们，和他们建立起血浓于水的关系，要建立这种关系，重要的是要花时间，对客户的工作要求一定要满足。 （3）动车市场对公司来说非常重要，一旦动车市场缺口被其他设备制造厂打开，对公司来说就是一个大的悲剧和灾难，最终导致的就是价格战。所以我们要牢牢守住这块市场，一个订单也不能丢。另外，对市场营销中遇到的不正常事件，要问几个为什么，不要轻易相信。 （4）年后上班后，公司中层以上干部及市场、销售人员（包括内勤人员）每天晚半个小时下班，综合管理部做好考勤。 （5）对外打交道，要多长个心眼，奇怪、不正常的事情要多核实，市场竞争中，什么手段都会使出来，不要轻易相信他人。 （6）市场、销售、服务部人员，要求下午继续开会，回顾以前的工作，采取措施，有洞的补洞，无洞的加固，会议内容要向姜总汇报。服务队伍要以老带新，加强监督管理，如何带好服务队伍，部门管理者要想想办法。 （二）生产进度和工作要求 设计开发部： 8011C、8011D、2087 机床图纸本月底发放，设计人员要加班加点完成设计和图纸审核发放工作。 制造部： …… 质量部： …… 装配部： …… 服务部： …… 销售部、市场部： …… （三）姜总要求 （1）要守住动车不落轮车床市场，这是个战略问题，全体员工要振作起来；认真对待、做好每一件事，要团结协作，全公司像一盘棋，要说到做到。	

（续上表）

文种	要素评析
（2）市场部一定要将广州、贵阳订单承接的事做好。 （3）服务部要做好方方面面的工作，提出措施，落实责任人。 （4）新年里公司将举全公司之力，做好市场营销工作，通过努力，不存纰漏。 （5）各部门经理要加强执行力，要说到做到、实实在在。	
江西奈尔斯西蒙斯赫根塞特中机有限公司 2014 年 2 月 6 日	发文机关 成文日期
总评：这是一篇工作会议纪要。正文的工作事项具体，要素齐全，结构完整，格式规范。 （注：本文摘自 http：//wenku. baidu. com/link？url = dcdBzeEfzhDKEbO _ VgvxLNbqutljOFxezq GX-qOAraMGG_XyVxU tbeSeVJisGHShkuDVw27nvx_41sbLxb4bl_bMvQDyJ5Ttw_ssLAILule，内容格式有改动）	

1.15.8 强化训练与拓展训练

1. 强化训练

在媒体上找到一份会议记录，改写为会议纪要。

2. 拓展训练

请总结本节会议纪要与 2.8 节会议简报的区别，在网络上找一篇会议简报改写为会议纪要，内容自行增加。

1.16 相近（临）文种的比较

1.16.1 决议与决定的区别

（1）形成程序不同。决议必须经过重大正式会议讨论并表决通过，要以会议的名义发布；而决定则对此项要求不那么严格，既可由会议讨论通过，也可在领导班子职权范围内，由领导机关或领导个人作出，以机关名义发文。

（2）内容不同。决议的内容多是比较重大的、有关全局的原则性问题；决定涉及的内容单一、事件较小、事项具体。

（3）使用范围不同。决议使用范围比决定相对窄一些，它一般正式公布；而决定不一定公布，可直接告知相关人员。

1.16.2 公告与通告的区别

公告与通告均面对广大公众发布，受文对象不确指，无须“主送机关”。但二者在下列三方面有明显区别：

（1）内容属性不同。公告用于“向国内外宣布重要事项或者法定事项”，兼有消息性和知照性等特点；通告的内容是“在一定范围内应当遵守或周知的事项”，具有鲜明的执行性和知照性。

（2）告知的范围不同。公告面向国内外的广大读者、听众，告知面广；而通告的告知面则相对较窄，只是面向“一定范围内的”有关单位和人员。

（3）权力机关不同。公告通常是在党和国家高级领导机关宣布某些重大事项时才用，新华社、司法机关以及其他一些政府部门也可以根据授权使用公告；通告则适用于各级行政机关和企事业单位，只在一定范围内公布。

1.16.3 通告与通知的区别

（1）受文对象不同。通告一般不按隶属系统逐级下达，而是直接面向内容所涉及的人员；通知要按管理或隶属系统逐级下达。

（2）受文对象身份不同。通告的告知对象大都是自然人，而不是法人（如机关、团体等）；通知则恰恰相反。

（3）组织实施文件内容的单位不同。通告组织实施文件内容的是发文机关以及文中所指定的单位；通知的内容是由受文单位来组织实施的。

（4）内容不同。通告的内容不涉及国家秘密；通知常有涉密问题。

1.16.4 奖惩性通报与奖惩性决定的区别

（1）内容侧重不同。奖惩性通报用于表扬先进人物、先进事迹，推广典型经验，用以推动和改进工作，或对严重错误行为和不良倾向进行批评，引起有关单位的警觉，以吸取教训，改进工作；而决定“适用于对重要事项或重大行动作出安排”，奖惩性决定是用以对有突出贡献或成绩的单位和人员实施奖励，或对违反纪律、犯有错误的单位和人员实施处分的公文。

（2）行文目的不同。通报是一种宣传性的公文，无论是表彰先进，还是批评错误行为，都不是最终目的，其最终目的是号召人们学习先进，或警诫人们避免某类错误行为。因此，最后的“要求”部分是通报的落脚点。显而易见，通报的事项一定要典型，即要具有一定的代表性，或是选择代表时代发展的先进事例，或是反映当前社会上某一错误倾向；而奖惩性决定是一种决策性公文，它是根据奖惩办法来决定行文的，“奖惩结论”是决定的落脚点，是其根本目的。因此写作时必须明确写出何级机关，依据什么政策和法规，给予何种奖励或处分。

（3）产生的过程和处理方式不同。通报一定要由行政机关作出；决定除行政机关行文外，还可由会议作出。

1.16.5 议案与提案的区别

（1）性质不同。议案是对人民代表大会提出的；提案是对政协会议提出的。人民代表大会是国家权力机关，人大代表才有权力提出议案，“人大代表依法履行议案和建议提出权”，人大议案具有法律的约束力，起到法律监督作用，承办单位必须执行；而人民政协是统一战线组织，政协委员提案是民主监督的一种形式，没有法律的约束力。

（2）产生的过程和处理方式不同。人大议案须由法律规定的单位以及一个代表团或者达到法定人数的代表提出，经过人民代表大会或人大常委会审议后表决通过；政协提案是由参加政协的各党派、人民团体、专门委员会、委员个人或委员联名提出，经政协的工作机构提案审查委员会或者提案委员会审查立案。

（3）内容不同。人大议案必须是属于人民代表大会职权范围内的；政协提案的内容范围较宽。

（4）提出时间不同。人大代表议案一般只在大会期间提出；政协委员提案既可在会议期间提出，也可在休会期间提出。

1.16.6 请示与批复的关系

（1）针对性。批复是针对下级机关的请示事项，有请示就必有批复。

（2）单一性。上级一个批复文件不能同时答复下级同一机关的两个请示。

1.16.7 报告与请示的区别

（1）具体目的不同。请示属于呈批性公文，侧重于提出问题，请求指导、指示、批准；报告属于呈阅性、陈述性公文，侧重于汇报工作、反映情况、陈述意见或者提出建议。

（2）内容含量不同。综合性报告大多涉及多个事项，即使是专题报告也往往涉及一个事项的几个方面，内容含量大、篇幅较长的报告比较常见；而请示则强调一文一事。

（3）行文时机不同。报告既可以写在工作开展之前，也可以写在工作进行当中或完成之后；请示必须写在事前，不能先斩后奏。

（4）处理结果不同。请示属于“办件”，指上级机关应对下级请示及时予以批复；报告属于“阅件”，对报告来说，如有答复，上级机关一般要以批转形式予以答复，但不是件件都予以答复。

1.16.8 请批函与请示的区别

请批函与请示都有“请求批准”的意愿，但二者的适用对象不同。请批函的对象是无隶属关系的主管部门，属平行文；请示的对象是有隶属关系的直接上级，属上行文。所谓有关主管部门，指对请批的事项有决定权和批准权的部门，主管部门多是政府职能部门。

1.16.9 批复函与批复的区别

批复函是用于回复不相隶属机关请批函提出的事项，属于平行文；批复则是用来批准答复下级机关请示事项的，属于下行文。

1.16.10 批复和复函的区别

（1）行文关系不同。批复是上级机关向下级机关答复用文，属于下行文。复函一般是向不相隶属机关答复用文，属于平行文。

（2）行文内容有差异。批复大多是对重大原则和政策性问题作出批示、答复；复函多用于对一般事项的回复。

1.16.11 函与信的区别

（1）性质不同。函是公文，也称为公函，由党政机关、人民团体、企事业单位间在处理公务时使用；信是普通应用文，由普通群众在处理个人事务时使用。

（2）制发者不同。函由党政机关、人民团体、企事业单位制发；信一般由个人制发，但也有由单位机关制发的，如用于慰问的慰问信、用于祝贺的贺信、公开发表的公开信等，实际上只要它们用于公务活动中，也应纳入广义的公函范畴。

（3）范围不同。函的使用者不多，信的使用者相当广泛。

（4）语气不同。函比较庄重、严肃；信比较随意。

（5）格式不同。函使用公文格式处理；信使用一般信的格式。

（6）写作要求不同。函一事一函；信没有此要求。

1.16.12 会议记录与会议纪要的区别

（1）作用不同。会议记录是讨论发言的实录，属于原始资料；会议纪要是在会议记录的基础上，对会议的主要内容及议定的事项，经过摘要整理的、需要贯彻执行或公布于报刊的、具有纪实性和指导性的文件。

（2）性质不同。会议记录属一般应用事务文书；而会议纪要属于法定行政公文。

（3）功能不同。会议记录一般不能公开，无须传达或传阅，只作第一手资料存档；会议纪要通常要在一定范围内传达或传阅，有的会议纪要的内容还要求贯彻执行。

（4）形成时间不同。会议记录在会议期间完成；会议纪要在会议之后并依托会议记录形成。

（5）详细程度不同。会议记录是实录，比较详细；会议纪要只需择摘要点。

1.16.13 意见与决定的区别

意见和决定都可用于向下级机关部署、布置工作。其区别在于：意见通常是针对重要事项或新情况、新问题的见解与处理办法，具有方向性、指导性，是告诉下级机关应当按照什么原则、朝着什么方向去做；决定用于部署重要事项或者重大行动，是对带有全局性的某一方面工作或某项重大行动，统一思想认识，确定工作方针，提出措施要求，有较强的权威性。

1.16.14 公文报告与非公文报告的区别

非公文报告常用的有实习报告、实训报告、社会调查报告、市场调查报告、市场预测报告、可行性研究报告、开题报告、结题报告、毕业项目报告、财务审计报告、咨询报告、立案报告、立项报告、评估报告等。

（1）作者不同。公文报告的作者一定是组织单位，属于法定的党政机关公文范畴；非公文报告的作者既可以是组织单位，也可以是个人，不属于法定的党政机关公文范畴。

（2）报告事项不同。公文报告的事项一定是公务；非公文报告的事项既可以是公务，也可以是个人事务。

（3）内容倾向不同。公文报告的政治性、政策性较强；非公文报告的专业性、行业性较强。

2

事务文书

2.1 启事

2.1.1 概念

启事，是机关、企业、团体或个人就某些需要公众知晓或帮助的事情，公开而广泛地加以宣传或说明时使用的一种应用文体。作为一种求知性和求助性的应用文体，启事除具有招示文体的一般特点外，还有非强制性和非约束性的特点，即阅读或接受对象可以参与启事所需求的事，也可以不参与，因为其内容不具法令性和政策性。

启事可发表在媒体或张贴在公共场合。

2.1.2 分类

启事的种类很多，根据内容和用途，可分成征招类、告知类和寻找类启事。

（1）征招类启事，是为了求得公众的配合与协作。如招生、招聘、招标、招工、招领、征稿、征婚、换房等启事。

（2）告知类启事，是为了开展工作和业务，把某些事项公之于众，以便让公众知晓。如迁移、解聘、遗失、作废、辨伪、更名、更期、开业、停业、竞赛、讲座等启事。

（3）寻找类启事，是为了求得公众的响应和协助。如寻人、寻物、招领等启事。

2.1.3 内容要素

启事一般由标题、正文、署名和日期构成。

（1）标题。启事的标题在第一行居中，常用大号字书写。其写法有以下几种：第一种，由“事由＋文种”构成，这是最常见的，如“寻人启事”；第二种，由“事主＋文种”构成，如“本刊启事”；第三种，只用文种“启事”；第四种，只写事由，如“征婚”；第五种，由“事主＋事由＋文种”构成，如“复印社迁址启事”。

（2）正文。正文的内容大致包括书写启事的目的、依据、内容或具体事项、要求、通信信息（联系单位名称或个人姓名、地址、电话号码、邮政编码、网址、电子邮箱）等。正文要求根据启事内容而定，有的启事需要写得具体详尽，如“寻人启事”；有的则要写得简单概括，如“招领启事”。

（3）署名。在正文右下方，标明单位名称或个人姓名，如果标题或正文中已有单位名称或个人姓名，也可不另行署名。如果正文中没有交代联系方式，则应在署名之后写清。如果启事是组织单位所写，应在署名处加盖公章，以增加启事的可信度。

（4）日期。在署名下面写启事的日期，用阿拉伯数字写全年、月、日。

2.1.4 格式与结构模板

标题 正文 …… 署名 日期

2.1.5 范文及要素评析

范文 1

文种	要素评析
南华高级中学招聘教师启事	事主＋事由＋文种
南华高级中学隶属于××市教育局，是一所民办公助的全日制完全中学。因办学发展的需要，需向社会公开招聘各科教师若干名。	目的、依据
一、学科：语文、数学、英语、物理、生物。 二、招聘条件：有较强的教育、教学能力，大学本科及以上学历，年龄在40周岁以下，高级、特级教师年龄可适当放宽。 三、待遇：凡被聘用者，可办理正式调动手续，家属工作、子女入学问题由学校协助安排。 四、年薪和待遇从优。 五、报名办法：凡有意者，请将个人简历、学历证书、职称证书、身份证等复印件，近期照片两张，在2014年7月10日前寄往本校人事科。 初审合格者，通知面试试讲。	具体事项
联系地址：本校人事科 联系人：吴老师　赵老师 电话：××××××× 网址：××××××××××	通信信息
总评：这是一篇征招类启事。招聘启事的要素齐全，内容完备，通信信息翔实。	

范文 2

文种	要素评析
××日报××记者站迁址启事	发文机关＋事由＋文种
本报驻××记者站于即日起迁入新址办公。	事项
新址：××市××路××号××大厦×楼×座××××房间 邮编：110005 新闻热线：×××××××× 传真：×××××××× 电话总机：××××××××	通信信息
××日报××记者站	署名
2014年5月26日	日期
总评：这是一篇告知类启事。该迁址启事的要素齐全，内容完备，通信信息翔实。	

范文 3

文种	要素评析
寻人启事	事由 + 文种
孙佳佳，女，40 岁，身高 1.56 米。东北口音，痴呆。齐耳短发，皮肤微黑。穿黄色羽绒服，运动黑裤，黑布棉鞋。2014 年 12 月 27 日在南大街走失，有知情者请与其丈夫李海丰联系。	事项
电话：×××－×××××××××。有重金酬谢！	通信信息
联系人：李海丰	署名
2014 年 12 月 30 日	日期
总评：这是一篇寻找类启事。该寻人启事内容要素齐全，信息完备。	

2.1.6 强化训练与拓展训练

1. 强化训练

沈新太阳能安装公司老址拆迁，需要让新老客户知晓，请按下面格式模板填写一份公司迁移启事。

沈新太阳能安装公司迁址启事

××公司将于××××年××月××日迁入××开发区××路×号新址办公（可乘××路或××路汽车在××站下车）。现将有关事项通告如下：

地址：××开发区××路×号

邮编：××××××

传真：××××××××

办公室电话：××××××××

人事部：××××××××

销售部：××××××××

财务部：××××××××

安装部电话：××××××××

维修部电话：××××××××

特此告知。

××公司办公室

××××年××月××日

2. 拓展训练

请找一份规范的招标公告改写为招标启事，内容上进行相应的删减。

2.2 海报

2.2.1 概念

海报是主办单位向公众报道举行文化、娱乐、体育等活动的一种事务文书。

海报是向公众介绍和发布有关电影、电视、戏剧、体育比赛、报告会、展览会等消息的招贴，是广告的一种。海报一般张贴在公共场所，重要的海报也可以在报刊上登载，在电台上广播或在电视上播映。

2.2.2 分类

海报从内容上分，有演出海报、电影海报、文艺活动海报、体育比赛海报、报告会海报、讲演海报、比赛海报、展览海报等。

海报从形式上分，有文字类海报和美术类海报。

下面只介绍文字类海报。

2.2.3 内容要素

海报一般由标题、正文、署名和日期构成。

（1）标题。标题的形式通常有两种：一种是直接使用“海报”或“好消息”之类的词语；另一种则是根据海报的内容，拟写文章式标题。

（2）正文。正文是海报的核心部分，海报的写法不是很固定，一般是在大张纸的上方正中写上“海报”两字，字体要稍大些，下面写明是什么活动，举行活动的时间、地点、参加方式等。如果是售票或发票，还要写明买票、领票的时间、地点，如果是文化类、体育类表演，要注明表演单位。海报的语言要求形象生动，简明扼要，既有鼓动性，又不夸大其词。

（3）署名。在正文右下方写上单位或团体名称。

（4）日期。在署名下面写明启事的日期，用阿拉伯数字写全年、月、日。

海报具有醒目、快速和制作简易的特点，内容要真实准确，语言要生动而富于鼓动性，以便吸引群众。为便于阅读，篇幅要尽量短小。某些海报可根据内容配适当的图案或图画，以增强感染力。海报与广告、启事一样，都具有鲜明的目的性，都注重宣传效果，文字都力求准确、简明。一般来说，广告多用于商业场合，启事用于庄重场合，海报用于热烈场合；广告、海报可采用文图相配合的形式增强宣传效果，启事一般不需装饰。

2.2.4 格式与结构模板

标题

　　正文

……

署名
日期

2.2.5 范文及要素评析

文种	要素评析
海报	文种
为纪念五四运动八十六周年，特邀校友留美博士薄来品先生作学术报告。	目的与事项
主题：知识经济时代的学习策略	主题
时间：5月4日14点30分 地点：校政工大楼大礼堂 欢迎全校师生踊跃参加。	相关信息
××学校学生处 ××学校学生会	署名
2014年4月30日	日期
总评：这是一篇普通文字式海报。内容要素齐全，结构完整，信息翔实。	

2.2.6 强化训练与拓展训练

1. 强化训练

某学院将邀请北京大学某经济学教授到学校作学术报告，请拟写一份美术式海报张贴在告示栏内。

2. 拓展训练

某大学将邀请北京某经济研究所华××研究员到学校作“世界经济发展趋向”的学术报告，请拟写一份美术式海报张贴在告示栏内。

2.3 贺信

2.3.1 概念

贺信是对他人取得的成就、他人获得的职位、组织的成立、纪念日期表示庆贺的文书。

2.3.2 分类

按写信人角度，分为发给组织的贺信和发给个人的贺信两种。

2.3.3 内容要素

贺信一般由标题、称谓、正文、结语、署名和日期构成。

（1）标题。标题通常由文种名构成，如“贺信”，在第一行居中书写。

（2）称谓。第二行顶格书写被祝贺单位的名称或个人的姓名。若是写给个人的，要在姓名后加上相应的敬语，如“同志”、“先生”、“女士”，也可以是职务称谓，如“×××总统先生”，称呼之后要用冒号。

（3）正文。贺信的正文要交代清楚以下三项内容：一是结合当前的形势状况，说明对方取得成绩的大背景，或某个重要会议召开的历史条件；二是概括说明对方在哪些方面取得了成绩，分析其成功的主观、客观原因，若是祝寿的贺信，要概括说明对方的贡献及其优良品质，正文是贺信的核心，一定要交代清楚祝贺的原因；三是表示热烈的祝贺，写出自己祝贺的心情，由衷地表达真诚的慰问和祝福，还要写些鼓励的话，提出希望和共同理想。

（4）结语。写上祝愿的话，如“此致、敬礼”、“祝争取更大的成功”、“祝您健康长寿”等 。

（5）署名。写明发文的单位名称或个人的姓名。

（6）日期。用阿拉伯数字写上年、月、日。

2.3.4　格式与结构模板

标题

称谓

　　正文

……

　　结语

署名

日期

2.3.5　范文及要素评析

文种	要素评析
贺信	文种
××房地产公司全体职工：	称谓
喜闻10月12日是贵公司成立五周年庆典之日，谨此表示热烈祝贺！	缘由及表达祝贺
五年来，贵公司全体职工发扬了艰苦创业、自力更生、增产节约的可贵精神，不仅为我市建成了大批优质高档住宅小区，而且培养了大批房地产专业技术人才，大力地支援了兄弟单位。	祝贺事项
五年来，贵公司在技术力量方面给我司以无私的帮助和支援。为此，我们表示衷心的感谢，并决心以实际行动向贵公司全体职工学习，努力钻研技术，提高产品质量，为达到同行业的先进水平而努力。	彼此关系 表示感谢
最后，祝贵公司全体职工在新一年的项目开发中取得更大的成绩。	祝贺未来
此致 敬礼！	结语
××建材公司	署名
2014年9月2日	日期
总评：这是一封祝贺庆典的贺信。在祝贺该公司五周年之时，发信人表现出了诚恳的态度和真挚的情感。贺信篇幅短小精悍，内容要素齐备，格式规范。	

2.3.6 强化训练与拓展训练

1. 强化训练

A 公司与 B 公司是多年经营电器业务的合作伙伴，在 B 公司成立十周年之际，A 公司向 B 公司发来一封贺信，此贺信要在“十周年庆典”上宣读。请以 A 公司的名义拟写此贺信。

2. 拓展训练

为你所就读大学的某知名教授的寿辰拟写一封贺信。

2.4 感谢信

2.4.1 概念

感谢信是对某个单位或个人的关怀、支援、帮助表示感谢的信。感谢信不仅有感谢的意思，而且有表扬的意思。这种信可以直接给对方或对方所在单位，也可以张贴在对方单位内或所在地的公共场所，还可以交给报纸刊登、电台广播、电视台播映。

2.4.2 分类

按写信人角度，分为发给组织的感谢信和发给个人的感谢信两种。

2.4.3 内容要素

感谢信一般由标题、称谓、正文、结语、署名和日期构成。

（1）标题。一般有两种写法：一种只是文种，如“感谢信”；另一种是在文种“感谢信”前加上定语，旨在说明此信是写给谁的，如“致×××的感谢信”。

（2）称谓。在标题下方另起一行，顶格写上收信单位的名称或个人的姓名，个人姓名之前可加“敬爱的”、“尊敬的”等，之后可加“同志”、“师傅”、“先生”或“女士”等，以表示尊敬或尊重。

（3）正文。在称谓下另起一行，前空两格书写。本部分先具体陈述事由，即对方在什么时间、什么地点、由于什么原因、做了什么事，对自己或单位有什么支持和帮助，事情有什么好的结果和影响，并从中表现了对方哪些好思想、好品德、好风格等；后一部分表示自己或所在单位向对方表示感谢和学习的态度。

总之，写感谢信要注意三个问题：一是叙述对方对自己或本单位的帮助，一定要把人物、时间、地点、原因、结果以及事情经过叙述清楚，便于组织了解和群众学习。二是信中要洋溢着感激之情。在叙述事实的过程中，除了要突出对方的好思想和表示谢意外，行文还要始终饱含着感情，有感而发。感情要真挚、热烈，使所有看到信的人都受到感染。三是写表示谢意的话要得体，既要符合被感谢者的身份，也要符合感谢者的身份。

（4）结语。另起一行，前空两格，写上慰问、鼓励或祝愿的话语，传统的写法为“此致、敬礼”。

（5）署名。签署慰问单位的名称或个人的姓名。

（6）日期。在署名下面写明发信的具体年、月、日。

2.4.4 格式与结构模板

<table>
<tr><td>

标题

称谓
　　正文
……
　　结语

署名
日期

</td></tr>
</table>

2.4.5 范文及要素评析

<table>
<tr><th>文种</th><th>要素评析</th></tr>
<tr><td>

感谢信

各位领导、嘉宾、专家：
　　××××××股份有限公司于2014年5月18日在上海举行了隆重的开业典礼。此间收到全国各地许多同行、用户以及外国公司的贺电、贺函和贺礼；上级机关及全国各地单位的领导，世界各地的贵宾，国内著名的电缆线路专家等也亲临参加庆典，寄予我公司极大的希望，谨此一并致谢，并愿一如既往与各方加强联系，进行更广泛、更友好的合作。
　　此致
敬礼！

××××××股份有限公司
董事长：司马××
总经理：章××
2014年9月8日

</td><td>文种
称谓
事由

表达感谢

结语

署名

日期</td></tr>
<tr><td colspan="2">总评：这是一篇以公司及公司领导名义发的感谢信。此信一般在会上宣读或发表在媒体上。此信内容要素齐全，格式规范。</td></tr>
</table>

2.4.6 强化训练与拓展训练

1. 强化训练

给父母写一封感谢信，感谢二老多年的养育之恩。

2. 拓展训练

上网阅读视频节目《吕侃回家》，以不同的身份，找好角度，拟写一封感谢信。

2.5 慰问信

2.5.1 概念

慰问信是以组织或个人的名义，向有关单位或个人表示慰藉、问候、致意的专用书信。

2.5.2 分类

依据发信人的身份，可分为组织发出的慰问信和个人发出的慰问信。

2.5.3 内容要素

慰问信一般由标题、称谓、正文、结语、署名和日期构成。

（1）标题。一般有两种写法：一种只是文种，如“慰问信”；另一种是在文种“慰问信”前加上定语，旨在说明此信是写给谁的，如“致×××的慰问信”。

（2）称谓。另起一行，顶格写上收信单位的名称或个人的姓名，个人姓名之前可加“敬爱的”、“尊敬的”等，之后可加“同志”、“先生”或“女士”等，以表示尊敬或尊重。

（3）正文。从内容上讲，一般包括三种：一是对取得重大成就或优异成绩的集体或个人表示勉励，二是对由于某种原因而遭到困难和严重损失的集体或个人表示同情和安慰，三是在重要节日或特殊纪念日子之际对有贡献的集体或个人表示慰问。写法是在称谓之下另起一行，前空两格书写。慰问信的内容要根据写信目的和收信对象来确定。有的着重赞扬对方所作出的杰出贡献；有的着重慰问对方在工作中的辛劳，赞颂其奉献精神；有的针对对方遭到的挫折、损失或困难，表示深切的同情；有的是在重要节日或特殊纪念日子之际，对有贡献的集体或个人表示祝贺。不论内容如何，一般都应包括两个板块：一是写慰问信的因由，简略陈述被慰问者所取得的成绩、所遭遇的困难及所欢度的特殊日子等；二是写信人的希望与感受，具体表明对慰问对象的希望、问候、鼓励、关切和祝贺等思想感情。

（4）结语。另起一行，前空两格，再次写上慰问、鼓励或祝愿的话语，常规的是“此致、敬礼”。

（5）署名。签署慰问单位的名称或者个人的姓名。

（6）日期。在署名下面用阿拉伯数字写明发信的具体年、月、日。

2.5.4 格式与结构模板

标题

称谓

　　正文

……

　　结语

署名

日期

2.5.5 范文及要素评析

范文 1

文种	要素评析
致全国环卫工人的慰问信	标题
各省、自治区建设厅，直辖市建委及市容环卫部门、建设工会：	称谓
在××××年环卫工人节到来之际，建设部和全国总工会向工作在环卫战线的广大环卫职工及其家属致以节日的祝贺和亲切的慰问！	慰问
广大环卫职工是“城市美容师”。为了城市的洁净和美丽，他们冬战严寒，夏战酷暑，起早摸黑，爱岗敬业，长年工作在最脏最累的环卫岗位上。正是他们的辛劳和汗水，创造了城市的优美环境，确保了城市公共卫生，赢得了人民群众的赞誉和尊敬。党和政府始终关心和重视环卫工作和环卫职工。不少省（区、市）为了着力改善环卫工人的社会地位，表彰和激励为创建城市现代文明作出重大贡献的广大环卫职工，都设立了环卫工人节，并利用环卫工人节开展丰富多彩的庆祝活动，进一步营造尊重环卫工人的社会氛围，推动城市环境卫生工作的开展。	慰问因由
当前，我国正处于全面建设小康社会、加快推进社会主义现代化和逐步完善市场经济体制的新的历史时期。落实科学发展观和正确政绩观，加快城市环境卫生体系建设，加快行业改制和市场化进程，环卫行业和环卫职工肩负着新的使命，也面临着许多新情况、新问题。各级环卫主管部门、工会组织、环卫协会和社会各界应更加关心和爱护环卫工人，增强尊重环卫工人人格和劳动的意识，弘扬环卫工人的无私奉献精神，为他们创造安全的工作场所，提供必备的劳动保护，依法维护他们的合法权益，认真解决他们在工作和生活中的实际困难，激励广大环卫工人把城市环境建设得更加美好。广大环卫职工要继往开来，与时俱进，肩负起重要的使命，以“清洁城市，造福人民”为根本宗旨，以科技创新和体制创新为动力，深化行业改革，掌握先进技术，不断提高环卫作业的服务质量，努力实践“三个代表”重要思想，不断开创市容环卫工作新局面，为创造更加清洁、舒适、安全、优美的城市人居环境，实现全面建设小康社会的宏伟目标作出更大的贡献。	希望、鼓励
中华人民共和国建设部 中华全国总工会	署名
××××年××月××日	日期
总评：这是一篇写给对城市环境作出突出贡献的环卫工人的慰问信。国家建设部和全国总工会向工作在环卫战线的广大环卫职工致以慰问，着重称颂他们的作用和奉献。语言十分亲切、热情，富有感情色彩。以此能给环卫工人以精神上的力量，还能弘扬全社会尊重劳动、崇尚奉献的良好风气。最后的署名，显示了政府部门对环卫工人的慰问和对劳动的尊重。	

范文 2

文种	要素评析
慰问信	文种
战斗在抗洪抢险第一线的部队指战员、武警官兵、民兵预备役人员、公安干警、广大干部群众：	称谓
连日来，西江、北江上游地区强降暴雨，西江、北江干流流量猛增，水位骤涨，形成了“6·24”特大洪水。洪水来势猛、涨势急、流量大，西江出现了超百年一遇的洪峰流量，北江出现了超五十年一遇的流量，下游各水文站基本达到了超百年一遇的水位，其中，容奇水文站超过了历史最高水位。 汛情就是战斗令。在市委、市政府的统一指挥下，全市党政军民7万多人奔赴抗洪抢险第一线。在抗洪抢险战斗中，各级党委、政府坚强领导，高度负责，科学指挥，保障有力；各区、各堤段的防汛责任人和技术责任人，履行职责，靠前指挥，哪里有险情就出现在哪里，发挥了中流砥柱的作用；驻佛山部队、武警官兵、民兵预备役部队、公安干警发挥了主力军和突击队的作用；全市人民群众关注汛情，全力支持和参与抗洪抢险。在全市军、警、民团结一致和顽强拼搏下，我市取得了抗击“6·24”特大洪水的初步胜利，实现了市委、市政府提出的“全市动员、严防死守、科学组织、确保两江大堤安全”的目标。	慰问因由（事迹经过）
在此，中共佛山市委、佛山市人民政府、佛山市防汛防旱防风指挥部向你们表示衷心的感谢，并致以崇高的敬意和最亲切的慰问！你们在抗洪抢险中始终承担着最艰巨的任务，战斗在最艰险的地方，出现在最危急的关头，充分展示出人民利益重于一切的高度政治觉悟，指挥果断、反应迅速、战无不胜的过硬素质，英勇顽强、连续作战、不怕牺牲的优良作风。在惊涛骇浪面前，你们经受住了严峻考验，谱写了一曲可歌可泣的英雄赞歌，党和人民感谢你们！眼下，洪水水位已降至警戒水位以	慰问对象
下，但主汛期仍未结束，对汛情千万不可低估。希望你们再接再厉，保持高度警惕，继续发扬艰苦奋斗、无私奉献的精神，夺取抗洪抢险全面胜利。	希望、鼓励
市委、市政府号召全市人民向你们学习，继续发扬伟大的抗洪精神，全力以赴做好各项防灾减灾工作，维护社会稳定，共同建设和谐佛山。	号召
中共佛山市委 佛山市人民政府 佛山市防汛防旱防风指挥部	署名（联合）
××××年××月××日	日期
总评：这是一篇给遭到暴雨洪灾的佛山人民的慰问信。中共佛山市委、佛山市人民政府和佛山市防汛防旱防风指挥部向战斗在抗洪抢险第一线的部队指战员、武警官兵、民兵预备役人员、公安干警、广大干部群众致以深切的慰问，着重称颂他们英勇顽强的奉献精神。语言十分亲切、热情，富有感情色彩。以此能给他们以精神上的力量。最后的署名，显示了政府部门对群众的慰问和对其精神的尊重。	

范文 3

文种	要素评析
给兴达员工家属的慰问信	标题
尊敬的员工家属：	称谓
月缺月圆又一秋。值此中秋佳节来临之际，我代表全体员工问候与祝福您及您的家人节日快乐，合家幸福！	问候与祝福
“月到中秋分外明，每逢佳节倍思亲”，在这万家团圆贺中秋的时刻，您的亲人仍然奋斗在工作岗位上，不能与您团聚共享天伦之乐，在此我深表歉意和慰问！	慰问因由
我们始终倡导员工与企业共同发展，你们的亲人在兴达的工作中兢兢业业，认真学习，勇挑重担，不仅在个人能力上取得了很大进步，也为兴达的发展无私地奉献着力量。他们值得你们骄傲和自豪。	切身感受
我们坚信，凭借着一支像您亲人这样的高素质员工队伍，兴达一定会做得更大更强。	希望与鼓励
无论过去、现在和未来，兴达食品集团不断前进的步伐无不包含着你们的支持，谢谢你们！随信寄去月饼一盒，略表心意！	
祝中秋快乐！	二次祝福
兴达食品集团董事长　胡××	署名
2014 年 8 月 15 日（农历）	日期
总评：这是一篇在重要传统节日之际对有贡献员工家属的慰问信。兴达食品集团董事长胡××向职工家属致以慰问，实际上是向职工家属着重称颂职工的作用和奉献。语言十分亲切、热情，富有感情色彩。以此能给广大职工以精神上的力量，而且还能弘扬全社会尊重劳动、崇尚奉献的良好风气。最后的署名是董事长的姓名，显示了对职工的慰问和对劳动的尊重。	

2.5.6 强化训练与拓展训练

1. 强化训练

选择一个传统的节日，给本单位的一位劳动模范写一封慰问信。

2. 拓展训练

利用下一节表扬信的内容，改写为一封慰问信。

2.6 表扬信

2.6.1 概念

表扬信是对某些单位或个人的高尚风格和模范事迹表示颂扬的信件。

此种信件可以是领导机关、群众团体表扬其所属的某一单位以及某一个人的，也可以是群众之间的互相表扬。如果是需要张贴的表扬信，一般用大红纸抄写，张贴在被表扬的单位、个人的所在地或者公共场所；也可以在报纸上发表、在电台里广播、在网络上公开发布，或在授奖大会上宣读。通过表扬好人好事，能够使受表扬者得到鼓舞，对其他人也起到教育作用。

2.6.2 分类

按写信人角度，分为发给组织的表扬信和发给个人的表扬信两种。

2.6.3 内容要素

表扬信一般由标题、称谓、正文、结语、署名和日期构成。

（1）标题。一般有两种写法：一种只是文种，即“表扬信”；另一种是在文种“表扬信”前加上定语，旨在说明此信是写给谁的，如“致×××的表扬信”。

（2）称谓。一般写被表扬的机关、单位、团体的名称或个人的姓名，也有的是写个人的领导机关的名称。如是写给个人的，要在姓名之后加上“同志”、“先生”、“女士”等字样，后边加冒号。如果是直接张贴到某机关、单位、团体的表扬信，可不必再写受文单位。

（3）正文。首先交代表扬的因由，用概括叙述的语言，重点叙述人物事迹的发生、发展、结果及其意义。叙述要清楚，要突出最本质的方面，要让事实说话，不讲空道理；然后在叙事的基础上进行评价、议论，赞颂该人所作所为的道德意义。如指出这种行为属于哪种好思想、好风尚、好品德；最后向对方的单位提出建议，希望对×××给予表扬，表示自己要怎样向对方学习等。

（4）结语。另起一行，前空两格，写上祝愿的话语，常规的写法是传统的“此致、敬礼”。

（5）署名。签署表扬单位的名称或者个人的姓名。

（6）日期。用阿拉伯数字写明发信的具体年、月、日。

2.6.4 格式与结构模板

标题
称谓
正文
……
结语
署名
日期

2.6.5 范文及要素评析

文种	要素评析
表扬信 ××学院领导： 　　8月1日中午，由于我家孩子在家玩火，引发了一场火灾，当时我与我爱人尚未下班。贵校学生周×正巧路过这里，发现了火情，他奋不顾身冲进火海。由于火势猛烈，屋里的烟正浓，周×冲进屋后，房门马上被紧紧地吸住，外面的人进不去。在呼吸困难的情况下，周×临危不惧，	文种 称谓 表扬事由

（续上表）

文种	要素评析
急中生智，打破窗户玻璃，使屋里压力减轻，门得以打开，他将我的老母亲背了出来，避免了一场悲剧的发生。在周×的带领下，大火终于被扑灭。周×同学却被烧焦了头发，烫伤了双手。该同学的英勇表现使所有在场的人赞不绝口。	
周×不顾个人安危，临危不惧，挺身而出，抢救他人的这一高尚行为为我们树立了良好的榜样。我们除了要向周×同学学习外，特写信向贵校建议，请贵校领导将周×的高尚事迹广为宣传，予以表彰。	表态与号召
此致 敬礼！	结语
刘××	署名
2014年9月5日	日期
总评：这是一封个人写给组织的表扬信。正文首先用叙述的语言交代事情的发生、发展过程，用事实突出了事情最本质的一面，其次在叙事的基础上对事情进行评价，赞颂对方所作所为的道德意义。同时，发信人在行文中把自己真诚的谢意蕴于字里行间。结尾处，写了希望学校给予其表扬的真实意思。总的来看，此信以表扬为主，不乏感谢之意。	

2.6.6 强化训练与拓展训练

1. 强化训练

选择同校其他班级的某好人好事拟写一封表扬信。

2. 拓展训练

将上一节2.5中例文2的慰问信改写成表扬信。

2.7 会议记录

2.7.1 概念

会议记录是开会时现场将会议基本情况和会议报告、发言、讨论、决议等内容实时记录下来的文书。

2.7.2 分类

按照记录的方法，可分为摘要式记录和详细式记录两种。

（1）摘要式记录。就是摘其会议要点记录，并不要求把所有与会者的发言都一字不落地记录下来，而是着重记录发言要点以及会议的结论、决定、决议等内容。

（2）详细式记录。就是把所有与会者的发言尽可能全部记录下来，几乎做到有言必录，不能有取有舍，更不能只记录结论，这类记录适合非常重要的会议。

特别提示： 这种两分法只是相对而言，任何详尽的会议记录都不是有言必录。

2.7.3 内容要素

会议记录由标题、正文、签名构成。

（1）标题。标题的写法不一，可只写文种，即“会议记录”；可“会议名称 + 文种”，如“新产品研发会议记录”；也可“单位名称 + 会议名称 + 文种”，如“成发鞋业有限公司新产品研发会议记录”。

（2）正文。正文由“首部 + 主体 + 结尾”构成。首部包括会议名称、会议时间、会议地点、会议主持人、会议出席人、列席和缺席情况、会议记录人签名，以上七项应在主持人宣布开会之前写好。主体为会议内容，包括：①会议议题。如果有多个议题，可以在议题前分别加上序号。②发言人及发言内容。记录每人的发言时都要另起一行，写明发言人的姓名，然后加冒号。③会议决议。决议事项应分条列出。有表决程序的要记录表决的方式和结果。结尾另起一行，写明“散会”并注明散会时间。

（3）签名。会议记录最后一页的右下方写清主持人和记录人姓名，要求手写签名。

2.7.4 格式与结构模板

会议记录

会议议题：×××××××××

时间：××××年××月××日××时××分

地点：××××

出席人：××× ××× ×× ××× ×××……

缺席人：××× ×××

主持人：×××

记录人：×××

主持人发言：

……

与会者发言：

……

散会。（××时××分）

主持人：×××（签名）
记录人：×××（签名）

（本会议记录共××页）

2.7.5 范文及要素评析

文种	要素评析
远大总公司项目开发会议记录	标题
时间：2014 年 2 月 22 日 14 时	时间
地点：公司第二会议室	地点
出席人：各分公司与直属部门的经理（一把手）	出席人
缺席人：第三分公司吕××总经理（出差）	缺席人
主持人：蓝××（总公司副总裁）	主持人
记录人：阚××（秘书）	记录人

（续上表）

文种	要素评析
一、议题：讨论“华玉娱乐城”的兴建立项以及如何开展前期工作	议题
二、讨论发言	讨论发言
第一分公司赵××：该项目的选址应定位在市北新村以北、浑河以南地段，因为……	
第二分公司陆×：该项目应以体育健身为龙头带动其他餐饮娱乐……	
市场部徐总：汇报该项目市场调查与预测的结果。	
财务部梁总：汇报公司的资金状况。	
技术部魏总：汇报建筑项目投标、招标情况。	
策划部莫总：讲述三种关于该项目的前期策划设想，前期的宣传投入应该加大。	
财务部张总：前期宣传投入要慎重，理由有二：……	
市场部齐总：前期宣传投入要慎重，理由有三：……	
建设部孔总：前期投入一定要加大，因为……	
三、会议决议	决议
（一）举手表决，一致通过该项目的选址定在市北新村以北、浑河以南地段。	
（二）举手表决，一致通过该项目第一期投入人民币9 000万元。	
（三）举手表决，一致通过此项目由建设部孔总负责。	
散会（17：20）	散会
主持人：蓝××（签名）	主持人签名
记录人：阚××（签名）	记录人签名
总评：这是一篇简要式会议记录。此会议记录只记录会议要点，没有把所有与会者的发言都一字不漏地记录下来，而是着重记录与会者的发言要点及会议的决议内容。全文内容要素齐全，格式规范。	

2.7.6 强化训练与拓展训练

1. 强化训练

在班级组织一次班会，完成详细式会议记录，要求与会者不少于8人。

2. 拓展训练

将下面这篇会议纪要还原成会议记录，可自拟内容。

××公司产学研讨论会议纪要

时间：2014年8月16日8：30

地点：五楼会议室

主持人：张×

出席人：黄××、张××、陈××、陈××、王××、黄×

列席人：林××、徐×、朱××、梁×、李××、吕××、郑××、李×、张××、董××、夏××、陆××

缺席人：刘××、任×、冯××、范××

一、张×同志传达了全国第二次产学研工作会议精神和2015年全省教育工作要点。要求结合上级指示精神，创造性地开展工作。

二、会议决定，王××同志协助张×同志主持学院行政日常工作。各单位、各部门要及时向分管领导请示、汇报工作，分管领导要在职权范围内大胆工作，及时拍板。如有重要问题需要学院解决，则提交办公会议研究。

三、张×同志重申了会议制度改革和加强管理的问题。张院长强调，院长办公会议是决策会议，负责研究、解决学院办学过程中的重大问题。要形成例会制度，如无特殊情况，每周一上午召开，以确保及时研究问题、解决问题。具体程序是，每周四前，在取得分管领导同意后，将需要解决的议题提交办公室。会议的研究决定，即为学院决策，各单位、部门要认真执行，办公室负责督促检查。

张院长就有关部门反映的教学管理中的若干具体问题进行重申，一定要理顺工作关系，部门与部门之间、机关与分院之间、分院与分院之间一定要做好沟通和衔接工作，互相理解和支持。机关职能部门要注意通过努力工作来树立自己的形象。基层分院要提高工作效率，对没有按时间控制点完成任务的要提出批评。要切实加强基础管理工作，查漏补缺，杜绝教学事故的发生。

四、会议决定，要进一步关心学生的生活问题。责成学生处结合教室管理等工作，落实好学生的勤工俭学任务。将教工餐厅移到二楼，一楼餐厅全部供学生使用，以解决学生就餐拥挤问题。针对校外施工单位晚上违规施工因而影响学生休息的问题，会议责成财务处立即与高教园区管委会反映，尽快妥善解决。

五、会议决定，要规范学生的技能鉴定工作。重申学生毕业之前须取得中级以上技能证书，才能发给毕业证书。由产业园设计中心具体组织学生的报名、培训和考核工作。

六、针对今年的招生工作，会议决定召开一次专题会议，统筹解决招生中的重大问题。

2.8 简报

2.8.1 概念

简报是国家机关、企事业单位、社会团体为汇报工作、交流经验、反映情况、沟通信息、报道动态而编发的内部常用事务文书，也称为“动态”、“简讯”、“摘报”、“工作通讯”、“情况反映”、“情况交流”、“内部参考”等。

2.8.2 分类

简报的种类繁多，按照不同的分类标准，可以划分为很多类型。按时间划分，简报可分为定期简报和不定期简报；按发送范围分，有供领导阅读的内部简报，也有发送较多、阅读范围较广的普发性简报；按内容划分，简报可分为综合性简报和专题性简报，其中专题简报包括工作简报、生产简报、会议简报、信访简报、科技简报、教学简报等。

2.8.3 内容要素

简报由报头、报核、报尾构成。

（1）报头。报头在第一页的上方，约占纸页（A4 纸型）三分之一的位置，下面用横线与正文部分隔开。报头内容包括简报名称、秘密等级、期号、编印（发）单位、印发日期和间隔线。简报名称一般用套红印刷的大号字体，如有特殊内容而又不必另出一期简报时，可在简报名称和期数下面注明“增刊”或“专刊”字样。秘密等级写在左上角，也有的写“内部文件”或“内部资料，注意保存”等字样；期号写在简报名称的下一行正中，用括号标注；编印单位在期号下、间隔线之上居左书写；印发日期写在与编印单位平行的右侧，间隔线之上居右书写；报头与报核用间隔线隔开。

（2）报核。即简报的中间部分，主要结构为“按语 + 标题 + 导语 + 主体 + 结尾”。①按语。部分简报在标题上端加注编者按语，以说明编发这份简报的目的，或对简报中所列事项进行评价。②标题。简报的标题类似新闻的标题，要揭示主题，简短醒目。可分为单标题和双标题两种。单标题将报道的核心事实或其主要意义概括为一句话作为标题，如“教学工作今年重点抓好六件事”。双标题有两种情况，一是正题后面加副题，如“再展宏图创全国一流市场——××农贸市场荣获‘市信誉市场’称号”，前一个标题是正题，概括事实的性质，后一个标题是副题，补充叙述基本事实；二是正题前面加引题，如“尽责社会完善自身——华东师大团委开展‘把知识献给人民’的活动”，前一个标题是引题，指出作用和意义，后一个标题是正题，概括主要报道内容。③导语。导语即简报正文内容的开头，简明扼要地概括全文的主旨和主要内容，给读者一个总的印象。导语一般要交代清楚谁（某人或某单位）、什么时间、干什么（事情）、结果怎么样等内容。一般有提问式、结论式、描写式、叙述式四种写法。④主体。主体即简报的主要内容部分。使用典型的、有说服力的事实材料，把导语的内容加以具体化。⑤结尾。对主体部分进行归纳和概括，或提出希望及今后打算。

（3）报尾。简报的最后一页最下面，用间隔线与报核隔开，间隔线下居左写明发送范围，居右的圆括号内注明简报共印份数。

2.8.4 格式与结构模板

<table>
<tr><td>保密标志

 简报名称
（期号）
编发单位　　　　　　　　　　　　　　　　　　　　印发日期</td></tr>
<tr><td>编者按语
 标　题
　　导语
　　主体
……
　　结尾</td></tr>
<tr><td>发送范围　　　　　　　　　　　　　　　　　　　　（共印份数）</td></tr>
</table>

2.8.5 范文及要素评析

文种	要素评析
内部文件 **潍坊市城市环境综合整治情况简报** 第 14 期（总第 852 期）	报头： 简报名称 期号
潍坊市城市环境综合整治领导小组办公室　　××××年 4 月 2 日	编印单位、日期
——————————————	间隔线
诸城城管局坚持五个结合教育方法 提高队员职业道德水平	报核：标题
诸城市城管局在日常工作中，坚持采用“五个结合”的教育方法，对全体工作人员进行职业道德教育，大大提高了全体工作人员的职业道德水平。	导语
一是集中教育与分散教育相结合。集中教育，就是对队伍集中培训，统一授课。每周二下午组织全体执法人员集中学习，先后聘请教师讲解了《城管执法人员职业道德规范》、新《中华人民共和国城乡规划法》、《行政处罚法》等与城市管理有关的法律法规。分散教育，就是在统一授课的基础上，以中队（科室）为单位，进行分散学习和讨论，既巩固了教育成果，使队员加深了对职业道德规范的理解，又能在工作实践中应用。 二是普遍教育与典型教育相结合。普遍教育就是把队员在日常工作中存在的共性问题，经过调查了解，梳成辫子，结合实际，进行教育。典型教育，就是把职工身边看得见、摸得着的先进人物的先进事迹进行总结，树为典型，全面推广，使队员学有榜样，赶有目标，做到以先进带多数，以多数促先进，既体现了先进性、导向性，又体现了群体性、普及性。 三是软性教育与硬性教育相结合。软性教育就是通过耐心细致的思想政治工作（如谈心、座谈会等形式），把城管行业职业道德规范向队员进行灌输，变成其自觉行动。硬性教育，就是对个别在日常工作中发生违背职业道德行为，并在社会上造成恶劣影响的人员，进行严肃处理，以维护城管队伍形象。 四是长期教育与短期教育相结合。长期教育，就是编制长期教育规划，对教育的指导思想、内容、重点、形式、目的、时间等问题统一规划，形成具体实施方案，并在日常工作中切实贯彻实施，并做到领导人员变更、长期教育计划不变。短期教育，就是在长期规划的指导下，根据形势的发展，灵活制订阶段性教育计划，经队员讨论后，纳入目标管理中，并与评先树优挂钩。 五是队员职业道德与优质服务相结合。城管队伍是一支行政执法队伍，职业道德尤为重要。坚持对队员进行职业道德教育，提高自身修养，使其牢固树立“爱岗敬业、诚实守信、办事公道、服务群众、奉献社会”的职业道德准则，工作中做到在服务中执法，在执法中服务，创优质服务典型。	具体内容
总评：这是一篇专题性简报，即情况简报。该简报围绕着“城市环境综合整治”情况的专题而编发，从五个方面阐发城市环境综合整治的基本情况。	

2.8.6 强化训练与拓展训练

1. 强化训练

以下是一家报纸刊登的关于全国水价工作座谈会的一则报道，请认真研读，并根据这则报道的内容编发一份会议简报，简报主要是刊发张红兵司长在座谈会上的讲话，要求有完整的简报格式（报头、主体和报尾），在主体部分写上按语和标题（讲话内容可用“略”表示）。

全国水价工作座谈会今天圆满结束

11 月 17 日下午，在甘肃省嘉峪关市召开的全国水价工作座谈会在完成所有议程后圆满结束。

下午的会议由水利部经济调节司郑通汉副司长主持，张红兵司长出席了会议并讲话，郑通汉副司长作了会议总结发言。

代表们一致认为，此次全国水价工作座谈会主题明确、重点突出、收获颇丰。此次会议召开得非常及时、意义重大，为全国各地的水价工作者提供了很好的交流机会，是我国水价改革进程中的一件大事。代表们通过学习汪部长对全国水价工作座谈会的指示，深受鼓舞，对今后的水价工作认清了方向、明确了思路、坚定了信心。

2. 拓展训练

将下面这篇简报内容与格式规范化，期数等要素自拟。

中国能华集团公司财务工作会议。在新的《企业会计制度》即将实施、主辅分离逐步开展的形势下，12 月 27 日，中国能华集团公司在办公楼第三会议室召开了中国能华集团 2015 年度财务工作会议，各子公司和分公司总会计师、财务科长、决算人员、审计人员，各指挥部办事处财务主管等 116 人参加了会议。集团公司副总裁兼总会计师周××做了重要讲话。在讲话中，他在认清新的财务形势、树立新的财务理念、完善成本管理机制、规范资金运作、实施新《企业会计制度》、做好财务预算工作、做好审计工作、加强会计基础工作、加强财会队伍建设等方面作出重要指示，为集团公司下一步的财务工作指明了方向。集团公司副总会计师、财会部部长熊××总结了 2014 年度中国能华集团公司财务工作情况，并对下一年度中国能华集团公司的财务工作作出了安排布置，提出了 2015 年度财务工作九个方面的要点：加强内部资金管理，提高信用意识；加大成本管理工作，探索有效的成本管理途径；严格执行财务预算制度，加大对资本运营的监控；做好清产核资工作，为全面执行《企业会计制度》奠定基础；执行《企业会计制度》，完善相关的财务配套制度；结合“主辅分离”，紧缩经费开支；开展财会信息化建设，促进财会管理水平的提高；继续加强财会队伍的建设、提高公司的财务管理水平；加强财会学会建设，充分发挥财会学会的作用。此次财务工作会议全面布置了 2014 年度财务决算编制工作，提出了 2015 年财务预算的编制要求，明确了清产核资的步骤和方法，解答了汇总纳税及清仓退税的有关问题。为下一步做好财务决算编制工作，提高财务预算的编制水平，加强国有资产的监控管理、合理筹划纳税工作、全面实施《企业会计制度》打下了基础，做好了准备。

2.9 计划

2.9.1 概念

计划是国家机关、社会团体、企事业单位和个人等对未来的规划蓝图，是对未来一段时间内的目标和实现目标途径的策划与安排。计划不仅有时间长短之分，而且有范围大小之别。比较长远、宏大的称为“规划”，如“××省经济和社会发展十年规划”；比较短期、具体的称为“安排”，如“××市关于档案管理的工作安排”；比较繁杂、全面的称为“方案”，如“治理煤矿采掘危机，实现良性循环方案”；比较简明、概括的称为“要点”，如“2015 年工作要点”；比较粗略、雏形的称为“设想”，如“关于机构改革的初步设想”；比较深入、细致的称为“计划”，如“2015 年皇都娱乐城工作计划”。

2.9.2 分类

按计划的期限，可分为长期计划、中期计划和短期计划；按计划的内涵性质，可分为战略计划和战术计划；按计划的管理形式，可分为程序性计划和非程序性计划；按计划的实施主体，可分为个人计划和组织计划；按计划涉及的内容，可分为专题性计划和综合性计划。

（1）专题性计划。就专门问题或具体的某个项目而编制的计划。

（2）综合性计划。这是把各种不同而相互关联的内容编制在一起的计划。

2.9.3 内容要素

计划一般由标题、正文、署名和日期四部分组成。

（1）标题。完整的标题包括制订计划的单位名称、计划的期限、内容范围和计划的类别四个要素。标题可分为单行式标题和双行式标题。单行式标题，如“东风市教育厅 2016 年人事改革方案”；双行式标题由正、副标题组成，如“加强医疗健康服务 营造温馨和谐社区——皇姑区社区康复医疗站建设规划”，副标题前要使用破折号，破折号位于主标题下一行，居中，字体比主标题小一号。

（2）正文。正文分为前言和主体两个部分。前言部分一般说明制订计划的总的原则、上级指示和要求、目的和意义及对本身现状的具体分析等，段末往往用承启语过渡到主体。主体部分一般包括指导思想、目标与任务、措施与步骤等内容。

（3）署名。写明制订该计划的个人姓名、单位全称。

（4）日期。用阿拉伯数字写全年、月、日。如果标题中已含有计划的期限，此处也可省略。

2.9.4 格式与结构模板

标题

正文

……

署名

日期

2.9.5 范文及要素评析

范文 1

文种	要素评析
2015 年 ×× 大酒店工作计划	单行式标题
2015 年是酒店争创预备四星级旅游饭店和实现经济腾飞的关键之年。因此，进一步提高员工素质和服务技能是当前夯实内力的迫切需求。根据酒店董事会关于加大员工培训工作力度的指示精神，结合本酒店的实际，我拟在 2015 年度以培养“一专多能的员工”活动为契机，进一步推进员工培训工作的深入，努力做好 2015 年的全员培训工作。	前言
一、指导思想 以酒店经济工作为中心，将培养“一专多能的员工”的主题贯穿其中，认真学习、深刻领会当今培训工作的重要性，带动员工整体素质的全面提高。 **二、酒店的现状** 当前酒店员工服务技能及服务意识与我店四星级目标的标准还有很大的差距，主要体现在员工礼节礼貌不到位、对客人的服务意识不强、员工业务不熟等方面。 **三、当前的目标和任务** 2015 年度的员工培训以酒店发展和岗位需求为目标，切实提高员工对培训工作重要性的认识，积极引导员工自觉学习，磨砺技能，增强竞争岗位、投身改革的自信心。培养一支服务优质、技能有特色的高素质员工队伍，努力使之成为新时期不断学习、不断提高的智能型员工。 **四、培训内容和培训方法** 以各部门为基本培训单位，贯彻营销服务理念和技能相结合的培训原则，组织实施岗位补缺、一岗多能的培训方法。拟在三个方面进行针对性的培训，不断提高员工的岗位技能。 1. 管理人员的专业技能培训 （1）管理工作的全新理念和思路，已成为包括管理人员在内的酒店员工迫在眉睫的知识需求。因此，今年酒店准备加大对管理人员专业知识的培训力度，定期组织由酒店总经理、副总或资深经理人主讲的关于提高管理技能培训课程。 （2）总台、房务中心等是酒店优质服务的重要窗口，旅游外语水平的不足势必影响酒店的经营工作。因此，为提高以上各相关部门员工的外语水平，酒店将于近期开展英语培训。具体计划如下： ① 时间：拟于 2 月份起开始，以 3 个月为一个周期，每周安排两节培训课（共计 24 课时）。 ② 目标：提高员工外语基本会话能力，使其达到能用外语与外宾进行基本的口语交流的水平。 ③ 对象：前厅部全体员工，房务中心、总机员工强制要求参加。其他岗位员工允许自愿报名参加。	主体：具体事项

（续上表）

文种	要素评析
④ 考核：培训期间人力资源部将以小测试的方式进行不间断的考核，借以考察员工外语掌握程度。培训结束后，人力资源部将进行一次大考核，考核主要针对口语进行测试。 ⑤ 激励与处罚机制：A. 激励，对于考试成绩优秀的员工给予工资晋级、设定一定的英语津贴或在年度评选优秀员工时给予优先评选。B. 处罚，对于考核不合格的人员给予补考机会，补考不合格人员将考虑延缓晋级。 （3）员工业务技能培训：以部门为培训单位，部门每月制订员工培训计划（上交人事部）并落实执行，人力资源部负责跟踪监督，并对培训提出合理建议。 2. 新员工入店培训 新员工入店培训是指认知培训（员工手册、酒店概况、服务礼仪、行为规范及服务意识、消防及安全知识、服务技能、酒店知识）。 考核：员工转正考核和员工晋升考核。 新进员工是酒店经济活动中的新生力量，应使之增强素质，磨炼技能，尽快与发展迅速的酒店同步提高。根据“先培训、后上岗”、“边培训、边上岗”的原则，有计划、有步骤地对新进员工进行循序渐进的岗位培训。 培训内容：岗位职责、部门规章制度、员工排班、假期申请、部门组织架构、需要联系的部门及联系电话、部门服务意识及服务标准、业务知识与技能、部门的培训政策与程序、班前班后的交接程序、部门的卫生标准、同事的介绍、操作程序等。 新员工入店培训部门：人力资源部 新员工入店培训每月开展一至两次（具体情况视新员工人数而定），时间安排避开部门营业的高峰期，入店培训以一周为一个周期，每天利用 14：00—16：30 进行培训。 培训后人事部将进行考核，考核结果将作为员工转正的依据。 3. 员工“一专多能”培训 培养“一专多能”型人才是 2015 年本酒店培训工作的主题。合理配置人力资源，培养“一专多能”的复合型人才是我们工作的重中之重。因此，今年我们决定抓好以下三个方面的培训工作。 （1）在一线岗位率先施行同部不同种技能的跟班培训，以加强人才流动，解决应急情况下的缺员问题，同时也为员工全面掌握服务技能、争创“一专多能”的智能型员工提供必要的技能条件。 （2）人力资源部于 1 月份开始分别派人事办公人员到值班经理及各部门各岗位进行跟班实习，加强一线业务技能的培养。 （3）在本部门员工对自身业务熟练的基础上，逐步开展不同部门之间的岗位轮换培训。	
总评：这是一篇综合性计划。标题由单位名称、时限、事由和文种组成。正文由前言和主体两部分组成。前言简要说明了制订计划的主要依据和计划内容。文字表述比较概括。主体写了四部分：一是“指导思想”，二是“酒店的现状”，三是“当前的目标和任务”，四是“培训内容和培训方法”。四方面内容逻辑关系紧密，一环扣一环，是全文的核心。总之，这是一份既综合又具体可行的计划。由于标题中有了单位名称和时限，落款处没有再次出现。	

范文 2

<table>
<tr><th>文种</th><th>要素评析</th></tr>
<tr><td>

××××集团公司 2014 年后备干部培养计划

为选拔和培养优秀中青年作为集团公司后备干部，不断提高干部队伍的综合素质，现结合集团公司的实际，制订后备干部培养计划如下：

一、推荐、培养对象的标准

凡年龄在 35 周岁以下、在集团工作的优秀中青年干部，政治思想坚定，管理能力强，有一定组织协调和领导能力，工作成绩突出，群众威信较高，文化程度在大学本科以上。

二、推荐、培养的原则和程序

按照公开、平等、竞争、择优的原则和关于推荐、选拔后备干部的通知要求，每年定期选拔符合条件的干部，经董事会议讨论通过，在职工大会上进行民主测评，填写推荐表，写出推荐考查材料。

三、培养计划和措施方法

（1）加强后备干部的政治理论学习。要认真学习马列主义、毛泽东思想、邓小平理论和“三个代表”重要思想，坚定马克思主义政治立场和政治观点。按照严格、高标准的要求，提高政治思想觉悟。做到政治上严要求、业务上多培养、生活上要关心。培养年轻干部的正气、才气、灵气、锐气。

（2）提高后备干部的综合素质。引导和培养后备干部广泛学习各种知识，学习先进的管理理念，加强学习和锻炼，不断提高自身综合素质，更好地适应新世纪信息时代集团各项工作的需要。

（3）注重培训和锻炼。做到“重点后备干部重点培养，优秀人才优先培养”，要把有发展潜力的年轻干部放在一定岗位上压担子、给台阶、多锻炼。积极引导他们投身于各种工作实践之中，在实践中提高素质、增强技能、增长才干。

（4）健全干部谈话和教育管理制度。党支部负责人不定期找后备干部谈心，了解他们的思想、工作情况，肯定成绩，指出不足，多鼓励，让后备干部时时自重、自警、自省、自律，达到教育干部、解决问题的目的，帮助后备干部认识工作中的不足，不断提高其综合素质和解决各种问题的能力。

</td><td>

单行式标题
前言
承启语

具体事项

</td></tr>
<tr><td colspan="2">总评：这是一篇专题性计划。标题由单位名称、期限、事由和文种组成。正文由前言和主体两部分组成。前言简要说明了制订计划的主要依据和计划内容，文字相当概括。主体写了三方面：一是“推荐、培养对象的标准”；二是“推荐、培养的原则和程序”；三是“培养计划和措施方法”，即计划的步骤，写明了完成任务及采取的步骤和时间，先做什么，后做什么，提出具体要求。主体层次清楚，表述准确简明，三方面内容逻辑关系紧密，一环扣一环。总之，这是一份具体简明、切实可行的计划。由于标题中有了单位名称和期限，落款处没有再次出现。</td></tr>
</table>

2.9.6 强化训练与拓展训练

1. 强化训练

为自己设计一个项目，并写出实施计划。

2. 拓展训练

请选择一篇规范的“总结”例文，尝试着还原成“计划”，列出提纲即可。

2.10 总结

2.10.1 概念

总结是国家机关、社会团体、企事业单位和个人等通过对过去一阶段工作的回顾和分析评价，判明得失利弊，提高理性认识，用以指导今后工作的一种常用文书。

2.10.2 分类

按照内容，可分为专题性总结与综合性总结。

（1）专题性总结。就专门问题或具体的某个项目而编制的总结。

（2）综合性总结。是把各种不同而相互关联的内容编制在一起的总结。

2.10.3 内容要素

总结一般由标题、正文、署名和日期构成。

（1）标题。总结的标题一般有两种形式：一种是公文式标题；一种是非公文式标题。公文式标题由单位名称、时间、事由、文种组成，如“××有限公司 2014 年度工作总结”；有的只写“工作总结”。非公文式标题要视文稿的内容酌情而定，有的为单行标题，如“保持共产党员先进性教育活动分析评议阶段党性分析报告”等；有的为双行标题，如“××××××学院全面贯彻执行教育方针——开展多种形式的文体活动”，副标题前使用破折号，破折号位于主标题下一行，居中，字体比主标题小一号。

（2）正文。总结的正文由前言、主体、结尾组成。①前言。前言即正文的开头，一般简明扼要地叙述基本情况，交代背景，点明主旨或说明成绩，为主体内容的展开作必要的铺垫。②主体。主体是总结的核心部分，其内容包括具体做法和体会、主要成绩和问题、经验和教训等。一般而言，主体主要采用逻辑结构形式。③结尾。概述全文内容，说明好经验带来的效果，还可提出今后努力方向或改进意见。

（3）署名和日期。如果标题中已含有制文单位名称和总结的期限，则文后不必再出现署名和日期。

2.10.4 格式与结构模板

标题 （署名） 正文 …… 署名 日期

2.10.5 范文及要素评析

文种	要素评析
办公室秘书科2014年度工作总结	公文式标题
过去的一年，秘书科在办公室党组的领导和关心下，全科同志精诚团结，扎实工作，与其他科室密切协作，以办公室的中心工作为核心，进一步明确职能、完善服务，不断改进工作作风，圆满地完成了各项任务。	前言
现将一年来的主要工作及体会总结如下：	承启语
一、工作任务完成情况	第一方面
（一）应急管理工作 （1）应急职守方面。一年来，我们秘书科努力适应新形势，研究新问题，力求化被动办公为主动办公，为领导当好参谋助手。一是从培养基本功入手，要求值班人员大到领导分工、小到领导的每一种联系方式，都要及时主动地去了解和掌握，充分发挥值班人员的主观能动性。二是狠抓制度落实，强化责任意识，积极改进作风，确保工作质量。在人员少、任务重的情况下，有效地保证了机关各部门之间联络的畅通。三是为了落实好值班工作，及时、有效处置重大突发事件，我们集中学习了《市人民政府突发公共事件总体应急预案》和《市人民政府关于重特大突发事件报送程序的意见》，明确了突发公共事件的报送、处理事项，从而使办公室对突发公共事件的处理程序更为规范，工作机制更为合理，提高了政府处置突发公共事件的能力。四是不断完善副市长周六、周日值班接待、副秘书长轮流值班负责信访等制度。五是加强对新进人员的培训工作。下半年，值班室人员变动较大，为使新同志能迅速适应角色、融入值班，我们采取了值班带班制度，由老同志每人带一名新同志参加值班，手把手地教新同志，使新来的同志很快能够独当一面。六是落实值班白班负责制。为了使值班工作能够更好地衔接，避免由于衔接不到位而造成的工作脱节，我们采取了值班白班负责制，值白班人员对值班负总责，进一步加强了工作衔接，提高了工作效率。 （2）综合协调方面。全面加强应急管理规划和体系建设。 （3）后勤保障方面。其一，推进应急平台体系建设。其二，成立应急管理专家组，加强对应急管理工作重要问题的调查研究。其三，做好应急培训管理工作。其四，加强应急救援队伍建设。其五，加强各类应	

（续上表）

文种	要素评析
急资源管理。其六，做好应急处置和善后工作。其七，开展对各类突发公共事件风险隐患的普查和监控，落实安全防范措施。其八，大力开展应急管理培训和科普宣教工作。 （二）周报办理事项评价工作 …… （三）值班工作 …… （四）收发工作 ……	
二、具体的做法与体会 （一）注重学习，不断提高工作人员综合素质，强化其责任心 …… （二）规范工作制度，抓好落实，改变工作作风 ……	第二方面
三、存在问题 一年来，秘书科工作在办公室的领导下，经过全体人员共同努力，取得了一定成绩，得到了领导和同志们的肯定。但是，我们也清醒地看到，与新形势、新任务的要求相比，与办公室领导的工作标准与要求相比，还存在着一定差距。一是服务意识还有待提高，服务方式、服务手段以及对服务内涵的认识还有很多不到位的地方；二是对领导决策提供辅助的作用还不够，主动参与意识不是很强；三是由于秘书科工作较为紧张，工作人员全面系统理论培训亟须加强。	第三方面
总之，在新的一年里，秘书科全体同志将一如既往地与时俱进，勤思善谋，开拓创新，进一步密切配合办公室领导和其他科室的同志，扎实工作，务求实效，努力推动工作再上新台阶，更好地服务市政府工作大局，展示市政府办公室的良好形象，为办公室工作增光添彩。	全文总结
总评：这是一篇综合性总结。标题为公文式。正文包括前言、主体和小结三个部分。前言采用概述式写法，概述了本部门“圆满地完成了各项任务”。主体部分从“工作任务完成情况”、“具体的做法与体会”、“存在问题”三个方面进行全面总结。每个方面又分成若干个细小的问题一一总结归纳。结尾处进行简短的全文小结。这篇总结短小精悍，内容翔实，语言准确，是一篇比较规范的综合性总结。由于标题中有了单位名称和时限，落款处没有再次出现署名和日期。	

2.10.6 强化训练与拓展训练

1. 强化训练

请将上一节“计划”范文1改写成总结，注意开头和结尾的语言措辞。

2. 拓展训练

请将下面这篇交通局局长述职报告改写为个人工作总结。

各位领导，各位同志：

根据中共榆林县委关于党政领导干部实行述职述廉制度的实施意见，结合本系统和本人的工作实际，现将本人履行职责、廉洁勤政的情况向领导和同志们汇报如下，不实之处、不当之处请各位同志监督批评。

一、坚定不移贯彻执行党的方针政策

我深知，党的各项方针政策能否在交通系统贯彻落实，在很大程度上取决于我这个党组书记、局长的水平和能力。我是革命战争年代入党的党员，对党有着深厚的情感，党培养我多年，使我从一个小学民办教师一直成长为一名党的领导干部，我要对党组织负责任。多年来，尤其是近几年我注重了对科学社会主义理论和法律法规的学习，有效地提高了自己的综合工作能力，经过全体党组成员团结奋进、积极工作，保证了党的各项方针政策在交通系统的政令畅通、不折不扣的贯彻落实。我毫不动摇地执行县委的各项决定，并结合本单位的实际，将县委的决定决议落到实处。几年来，交通局始终坚持党的集体领导原则、党的民主集中制原则、党的民主生活会制度和党的廉政建设制度；不定期召开党组会和局长办公会，研究决策交通系统的工作问题。每年召开两次党的民主生活会，总结工作，交流思想，开展批评与自我批评。自己带头执行落实党风廉政建设责任制，从思想上自觉筑牢拒腐防变的防线。带头贯彻执行党的干部政策，始终坚持任人唯贤、知人善任，不搞任人唯亲。目前，交通局领导班子团结协调，关系和谐，全体干部职工齐心奋进，努力工作，心情舒畅，我自己也感到无比自豪和莫大的欣慰。

二、尽心竭力发展榆林的交通事业

我深知一个单位负责人责任的重大。党的方针政策的贯彻落实，一方事业的发展，干部职工生产生活条件的改善都直接取决于主要负责人的实际工作能力和其精力、体力上的付出。对于国省道的改造升级、县乡公路的建设，尤其是近三年的 1 280 多千米的村村通工程，我做了大量的社会协调工作和复杂的群众工作，三年的村村通工程里，我跑遍了所有乡镇的所有路段。同时，我可以负责地说，三年村村通工程参加施工的有 34 支队伍，而我和我的家属并没有参加任何的经济活动。我也从没有接受过他们的宴请和礼金。系统内所有的基建项目不存在暗箱操作，全都是阳光作业，审计决算。旧汽车站的改造，新汽车站的筹建，客运公司的组建，一、二公司的经营与管理，办公楼、家属楼的建设，乡镇交管所的改建等都包含我这个局长的心血和汗水。交通局的固定资产由原来的 450 万元增至 1 281 万元。今年已实现村村通油路，近期又建了候车亭，将实现村村通客车，全县交通环境的优化促进了全县经济的发展。为此，我为作为一个交通人而感到由衷的高兴。

三、廉洁勤政，力争做清白局长

几年来，交通局注重廉政建设，始终坚持做到“四个所有公开”，一是所有的收费项目、收费标准一律向全社会公开；二是所有的执法依据、执法程序、服务项目、行业禁忌、举报电话一律电视公开承诺；三是所有的建设项目一律公开招标，阳光作业；四是所有的设备、办公车辆和较大办公用具的采购一律先考察再派三人以上公开采购。同时，注重职务犯罪的预防工作，与检察院联合成立了检察联络室，经常开展警示教育，加强监督检查。每年村村通实施中，会同检察院与施工单位签订《廉政责任状》，并不断深入施工一线调查走访，有效杜绝了不廉洁行为和违法违纪案件的发生。本人也坚持做到“八个从不”；从不浪费乱花国家的钱；从不用公款搞私事招待；从不因私事报销单据；从不让家属介入参与本单位的工作；各种工程招标前从不让有关人员进家；从不让家属参与项目建设，有时虽接受别人的烟酒，但从不接受任何人送的现金和贵重礼品；在各种资金的支付上，在各项公务的履行过程中，从不刁难对方索吃索喝索要。我经常告诫自己，我农民出身，当了局长，就应该自足，要清白做事，老实做人，保住自己，干好工作，钱是身外物，官是暂时的。同志们之间的友情，自己的心理平衡、心安理得应是永恒的。

四、继续干事创业，带领大家再创辉煌

过去的几年里，交通系统广大干部职工共同努力，使交通事业有了较快发展，但凭我一个入党多年的党员，凭党对我多年的教育培养，凭我个人的素质和秉性，我能够做到不满足交通事业的现状，不满足干部职工目前的工作生活水平，继续努力学习，提高班子和个人的工作能力，扎实苦干，奋力工作，拓宽行业领域，更新管理理念，带领班子全体成员和全体干部职工，以旺盛的工作斗志、顽强扎实的工作精神、十足的工作干劲、务真求实，干事创业，努力创造交通事业更加辉煌的明天。当然，我自己也有一定的缺点和不足，工作上的经验主义、学习主动性不够、个人主义较强、脾气暴躁等都需要下决心克服，也恳请同志们予以帮助。

最后，借此机会，对领导班子各位成员和全体工作人员对我多年来工作的大力支持、信任以及对我本人的关心照顾表示衷心的感谢和崇高的敬意。同时，也恳请各位领导继续关注支持交通事业的发展，监督我的工作，随时提出希望，指出缺点，我将虚心听取，真心改正。

2.11 述职报告

2.11.1 概念

述职报告是担任一定领导职务的干部、专业技术人员或普通职工，向自己的选举任命机构、上级领导、专家组、本单位的职工群众，汇报个人在一定时期内守职尽责和施政情况、德能素质、工作职责履行的自我评述性的文书。

2.11.2 分类

从时间上划分，可分为任期述职报告、年度（时段）述职报告。

2.11.3 内容要素

述职报告一般由标题、称谓、正文、署名和日期构成。

（1）标题。述职报告的标题一般有两种形式：一种是单行标题，如“述职报告”或“在……会议上的述职报告”；一种是双行标题，正题写主题，如“与时俱进，全力以赴向国家级示范性学院冲刺——在××学院教职工大会上的述职报告（2014 年度）”，副标题前使用破折号，破折号位于主标题下一行，居中，字体比主标题小一号。

（2）称谓。称谓是报告者对听众的称呼。称谓要根据会议性质及听众对象而定。称谓放在标题之下正文的开头，有时还要根据需要在正文中间适当穿插着使用。称谓一般采用提行的形式，顶格书写，这一点与普通书信相同。称谓中的称呼排序要讲究，领导在前，普通职工在后，上级领导在前，本单位领导在后，如一篇在教职工大会上述职报告的称谓“尊敬的各位领导，全校教职工同志们”。

（3）正文。述职报告的写法依据报告的场合和对象而定，一般的写法是先写前言，概述述职的目的、意义或本阶段工作总体情况，然后从以下几个方面分别叙述。第一，自己的岗位职责基本情况和对主题的认识。履行职责的基本情况，用平实、简短、精练的文字概括地交代，如时间、地点、背景、事件经过等，引领听众对报告的全貌有一个大致的了解，从而激发听众的兴趣和思考。第二，工作内容和过程概括，这是述职报告的核心，一般以成绩、经验、教训和问题为主，可将总结出来的规律性的认识、主要的经验或教训、主要的成绩或存在的问题用简短概括的文字写出来，目前大多以“德、能、勤、绩”等几个方面规定述职范围，并具有细微的量化指标可供考量。第三，今后需改进的地方，包括目标、措施、要求，此三要素要切实可行，本部分占的篇幅要少一些。最后是全文小结，与导言内容相呼应。

（4）署名。署名要写清自身姓名及单位名称，署名前一般还要写上职务，如果标题之下或导言中已有署名，则落款处可省略。

（5）日期。用阿拉伯数字写全年、月、日。

2.11.4 格式与结构模板

标题
（署名）

称谓
　　正文
……
　　　　　　　　　　　　署名
　　　　　　　　　　　　日期

2.11.5 范文及要素评析

范文 1

文种	要素评析
述职报告	标题
××公司经理　阚××	职务、姓名
各位领导、广大职工同志们：	称谓
2014 年，是我们××电力设备公司在改制以后迎接竞争和新的挑战的一年。一年来，在春阳市电力总公司各级领导的带领下，我们紧密团结××电力设备公司党政班子成员，依靠企业员工的智慧和力量，对内坚持求真务实、埋头苦干的作风，强化生产经营管理，打牢生存根基，努力营造团结向上、奋发有为的企业环境；对外发扬艰苦奋斗的创业精神，努力拓宽市场空间，积极培育有利于企业持续发展的市场体系。下面，我将一年的工作向大家汇报：	前言 承启语
一、主要工作情况	第一方面
自担任经理以来，我感到自己身上责任重大，不敢有丝毫懈怠之心，始终勤勉于政，尽心竭力为职工着想。特别是今年，土建工程大幅度减少，加上产品成本高，利润小，使我厂今年的市场面临很大的阻力。为了能够提高企业的经济效益，为了让职工能够保证开支，我团结全体班子成员，积极寻找市场，想尽一切办法，联系一切亲戚朋	

（续上表）

文种	要素评析
友，并把市场拓展到林业局，尽量承揽更多的工程项目。 为了扩大企业的经营范围，我公司与华北瑞福集团签订了合作协议后，开发了箱式变电站项目，目前已经生产并销售出25台箱式变电站。另外，我们还完成了网通公司的电缆槽道工程、工商局办公楼配电箱工程、小清河检察院办公楼配电箱工程、和顺家园、汇宝小区、运水家园等住宅楼工程。虽然工程量较多，但由于成本高，利润低，市场竞争激烈，今年的产值仍不尽如人意。为了保证职工生产生活的各种开支，我采取各种办法，减少管理性开支，在公司领导的支持和帮助下，今年的各项开支得到了有效保证。今年共完成总产值5 750万元，销售收入2 369万元。	
二、以民主集中制为基础，形成班子强大合力 一是严格执行集体领导和个人分工负责制。工作中，充分体现“集体领导、民主集中，个别酝酿、会议决定”，本人总是引导大家积极发言，尊重大家意见，不将自己的想法强加于人。同时，根据年初工作目标任务，明确班子成员的责任和分工，放手让成员大胆开展工作，尽量展示自我才能。要求我出面协调的，我积极出面协调；工作出现偏差的，我及时进行调整。二是以个人形象带动班子成员。坚持与人为善，待人以诚，心底坦荡，襟怀豁达，努力以人格的力量去带班子。另外，力求做到处理事情不偏不倚，把“正”作为班子的立身之本，一视同仁，不搞亲疏。以各种形式加强班子成员之间的感情沟通，与班子成员多交心谈心、沟通情况、增进理解、增加感情，让班子团结的强大力量带动全厂各项工作的有序进行。	第二方面
三、积极转变工作作风，树立清正廉洁形象 作为企业党风廉政建设第一责任人，我在工作和生活中，进一步增强自律意识和自我约束能力，坚持做到慎权、慎欲、慎微、慎独，坚持做到严于律己、以身作则、以俭为荣，使自己堂堂正正做人、踏踏实实做事、清清白白做官。一是不断加强自身修养。在工作生活中，从小事做起，转变工作作风，坚决抵制不良风气。二是遵守廉洁从政各项规定。与公司签订党风廉政建设、行风工作的责任状。勤奋敬业，增强组织领导能力。我作为一名基层单位的主要领导，应比一般干部更爱岗敬业，勤奋从政，尽职尽责，做到事事处处为人表率，身体力行。 以上成绩的取得与公司党政班子成员的团结协作、全体员工的辛勤付出密不可分。	第三方面
四、不足与需要改进之处 我在做好本职工作的同时，也在反思自己，工作上的不足和问题是今后应该时刻注意和逐步改进的： （1）管理力度不够。认真总结一年来的工作，企业的生产经营管理还有一些不尽如人意的地方，暴露出了我们在质量管理上的盲区，向我们敲响了警钟，出示了黄牌。因此，全面优化管理手段和提高管理水平，成为我2015年提高工作标准，重点努力的目标之一。 （2）与同志们联系和交流的机会较少。加强领导与领导的沟通、领	第四方面

（续上表）

文种	要素评析
导与员工的沟通，员工与员工的沟通，是一个团队成员之间增进了解、化解矛盾、理顺情绪、统一思想、达成共识的有效途径。我在今后的工作中，要在加强与党政班子成员及时沟通的基础上，树立服务意识，多深入基层，多倾听一线工人的心声，努力营造和谐、团结、平等、愉快的工作环境，增强企业的凝聚力和向心力，为生产经营活动顺利开展排除障碍，提供有力的思想保证。 （3）工作方法有时简单，遇到急事时不够冷静，不能十分客观地处理问题。一年来的工作实践，使我深刻体会到，作为一名企业的领导干部，只有深入和全面地思考问题，才能有解决问题的正确方法；只有依靠广大职工的智慧和力量，采取合理的方式，才能从容应对，扭转复杂局面。 （4）学习深度不够。学习是一个人、一个企业、一个国家和一个社会不断前进的智慧源泉。不断地加强学习，切实提高学习的能力，涉猎更多的知识，是现代企业管理者必须具备的基本素质。2014 年，由于事务繁忙，工作紧张，我学习的时间相对减少。今年，我在这方面对自己提出更高的要求，要在学习管理知识、专业技术知识、政治理论知识的基础上，向先进的同行企业学习，把先进的经验和成功的做法应用到实际工作中去，努力为企业改革稳定和发展作出更大的贡献。	
回顾一年来的工作，深感与组织和同志们的期望还有较大差距，如驾驭市场的能力有待进一步提高、关心困难群众利益不够深入。在今后的工作中，我将严格要求自己，以加强执政能力建设来提升工作能力和水平，把所有精力投入到工作中去，为公司的发展作出自己应有的贡献。	全文总结
总评：这是一篇年度述职报告。述职报告的导言用简洁的语言概括本阶段工作总体情况，为报告的下文奠定了基调。任职期间的实绩和经验是述职报告的核心部分。本报告中所写的内容围绕自己所在的岗位职责，如实地向与会的领导和职工汇报自己的工作实绩，分为四个方面：一是主要工作情况；二是以民主集中制为基础，形成班子强大合力；三是积极转变工作作风，树立清正廉洁形象；四是不足与需要改进之处。作者用具体的事例说明自己的成绩，很有说服力。述职过程中，语言分寸掌握得比较合适，表明了自己成绩的取得离不开职工的支持，这样写不会给人争功的感觉。主体部分用条文表述，层次分明。结尾处进行简短的小结，内容上与导言相呼应。	

范文 2

文种	要素评析
述职报告	文种
集团公司第三分公司总经理　边×	职务＋署名
尊敬的各位领导、各位同志们：	称谓
我是怀着对我们企业的深厚感情而工作的。这种感情来自集团公司和第三分公司对我的栽培，来自全体员工对我的信任和支持。我深知带领全体员工促进企业持续长远发展，振兴壮大企业，增加员工收入责任之重大。因此，我一直为此而努力工作着。	前言
现在，我向大会述职，请予以审议。	承启语

（续上表）

文种	要素评析
一、履行职责情况 2011 年至 2014 年，在集团公司领导班子的正确领导下，经过全体员工的共同努力，我们在企业管理、投标揽活、项目管理、文化建设、稳定发展等方面都取得了可喜的成绩，完成企业总产值 3.5 亿元；招揽任务 1.8 亿元；全年人均劳动生产率达到 2.2 万元；员工年均收入 4.34 万元。公司的综合实力增强，社会信誉提高。回顾三年来的工作，主要有以下六个方面： （1）在实际工作中深刻领会党中央确定的各项工作方针的深刻内涵和新时期加强两个“务必”的重大意义，以及“八个坚持、八个反对”的精神实质，把思想和行动统一到党中央的路线方针政策上来，创新发展。 （2）注重企业文化建设，提倡“诚信、情感、责任、程序”八字管理理念，主张“以人为本，守法诚信”，引导广大员工“以企为家，共同发展”。人是生产力中最活跃的因素，是企业振兴发展的源泉和根本动力，只有公司全体员工把聪明才智充分发挥出来，并应用到公司管理与生产经营中去，公司才能发展；只有公司提供宽松敞亮的舞台，员工的人生价值才能够得以施展和实现。因此，我们要依靠员工促进企业发展，就要培育先进的企业文化，引导员工把“诚信、情感、责任、程序”贯穿于整体工作中，发挥才智、敬业爱岗、求真务实、规范操作，通过宣传、培训以及制度建设，强化项目管理，推行“质量、环境保护、职健安全”三位一体标准化作业程序等措施，促进各项目在安全、质量、工期等方面全面兑现对业主的承诺，为公司树立良好的信誉，为共同事业的长远发展打下基础。 （3）加强民主管理，以真诚和友谊建立良好的同事关系和社会关系，风雨同舟。一是从职工关心的“热点”、“难点”、“疑点”入手，深入实际地解决好公司经营管理与改革发展等重大问题，做好领导干部廉洁自律以及有关职工切身利益方面的工作。二是注重维护公司领导班子的团结。大厦之成，非一木之材；大海之润，非一流之归。团结班子成员，形成既有分工又有合作、坦诚相待、合作共事、齐心协力干事业的良好氛围，做到目标一致、职责互补、荣誉共享，重大问题、重大事项都能事前沟通，会前通气，充分听取意见，集思广益，发挥整体合力，改进工作，促进发展。 （4）不急功近利，从长远着眼，坚持理论联系实际，扎实开展管理调研工作。作为公司总经理，我不但要具备这个岗位所需要的一切素质，还要把握各方面的信息，保持对事物发展规律的敏锐感觉，使思想观念与时俱进，把理论知识、市场规律与企业管理实际相结合，才能领导公司不被激烈的市场竞争淘汰。因此，去年我充分运用国家政策、法规，依法开展财务监督、审计监督、质量监督和效能监察。把长线工作与短期的具体工作相结合，深入分析公司管理、项目管理工作中的思想政治、人事管理、机构设置、标准化程序贯彻、合同管理、设备管理等工作的不足，从企业长远发展的角度，初步确定了深化企业管理改革的方案。之所以开展这项工作，是因为我们的项目管理任务逐年增加，但在市场竞争日趋激烈的情况下，项目利润越来越少，改革创新、挖潜增效势在必行。	第一方面：成绩

（续上表）

<table>
<tr><th>文种</th><th>要素评析</th></tr>
<tr><td>（5）高度重视经营开发工作。招揽足够的施工任务是企业开展其他一切工作的前提，如何扩大施工份额，是我们应该不断探索的永恒课题。今年，经与公司班子成员协商，我们决定加大投入，多种渠道、多种方式并行，实行对重点地区、重点项目进行重点追踪，班子成员分片负责的经营方针，并取得了可喜成绩。与此同时，我们不断召开经营开发会议，通过会议引导经营开发工作人员吸取教训、总结经验、调整投标思路和策略、增加责任感，促进经营开发工作能够适应市场变化，以达到提高经营开发管理水平和中标率，拓宽经营范围和施工领域的目的。
（6）始终把思想作风建设摆在第一位。自担任公司总经理以来，我不断提升思想素质，开阔视野，充电扩能，始终把上级和公司广大员工赋予我的权利当作一种责任和义务，坚决贯彻执行党和国家政策、法规以及上级的指示、决定，一切从公司以及广大员工的利益出发，从不以个人私利侵害公司和员工的利益，做到了敬业勤政、廉洁奉公、关心员工疾苦，并以此影响和教育自己的家人。</td><td></td></tr>
<tr><td>二、存在的问题和今后努力方向
总结我个人的工作，离上级的要求与企业发展还有一定差距。表现在政治理论不够丰富、业务知识学习少；表现在我们企业管理行为、员工个人行为与企业经营管理理念之间存在很大的差距；表现在企业管理、项目管理与市场规律不相符；还表现在企业改革之后，即将产生的一系列的其他问题。当然，个人总结难免片面，我诚恳请求大家对我多提意见和建议，以促进企业发展和我个人进步。
事物的发展总是在推陈出新。不充电，个人素质难以提升；不改革，企业难以展开腾飞的双翼。今后我将加强学习，提高思想觉悟、工作能力和管理水平；我将与公司领导班子一起带领全体员工深化企业改革，解决包括企业管理、项目管理、经营开发等在内的一系列问题，促进企业健康长远发展。
在此，我有信心和班子成员一道，广泛采纳大家好的建议，融入我们企业改革的各项管理办法中去，完善经营战略，一心为公、廉洁自律、求真务实、开拓创新、奋发进取，为公司未来夺取更加辉煌的业绩而努力奋斗！</td><td>第二方面：不足</td></tr>
<tr><td>谢谢大家！</td><td>鸣谢</td></tr>
<tr><td colspan="2">总评：这是一篇任期述职报告。述职报告的导言用简洁的语言概括本阶段工作总体情况及态度认识，为报告的下文奠定了基调。三年任职期间的实绩是述职报告的核心部分。本报告所写内容围绕自己所在的岗位职责，如实地向与会的领导和职工汇报自己的工作实绩。主体分为两大模块：一是履行职责情况，即成绩，分头从六个方面阐述；二是存在的问题和今后努力方向。作者使用了传统的写作方法，即“正”、“反”两个方面叙述，并采用条文表述，层次分明。</td></tr>
</table>

2.11.6 强化训练与拓展训练

1. 强化训练

将下面这篇总结改写为班主任的述职报告。

201×级沙工微机班班主任工作总结

光阴似箭，转眼又到了期末，回顾这一学期的班主任工作，在学校领导的关心下，在任课教师的大力支持和配合下，我班各项工作开展顺利，学生学习成绩得到了较大的提高，现将本学期工作总结如下：

本学期在上学期的基础上，着重围绕“提高学生素质，培养学生能力，发展学生个性特长，增强集体荣誉感，加强常规管理，争创文明班集体”的工作目标，制订了详细可行的班级工作计划，并在工作实际中力求实施。

一、专题教育与日常教育相结合，提高学生思想政治素质，培养学生良好的道德品质

在思想上，开展“如何合理有效地学习”、“面对社会激烈的就业竞争，我们该做些什么”等主题班会活动的教育和讨论，使学生明确目标，积极投入到大学生活中。抓住一切机会做好他们的思想工作，为更好地适应激烈竞争的社会大舞台而做好各方面的工作。积极利用班会课、班团活动，进行法制、集体主义、心理健康教育等，让学生更好地了解自我，关心自我，实现自我，发展自我。

在生活中，经常深入了解、关心学生。因为这学期我班学生不住在校内，开学初，我逐个了解学生的住宿情况，做到心中有数。有一天晚上，我班某学生发高烧不愿意去医院，住在东门的宿舍阿姨给我打电话，我立刻打的赶到东门做学生的思想工作，最后，我陪学生到杨舍医院量体温、配药，到很晚才回家。还有一次，我班几名学生在外面租房子住，由于某种原因，房东要求她们当天搬走，她们没地方住，打电话给我，我与苏老师联系之后，问题得到了解决。

二、加强教学管理，改进学习方法，提高学习效果

通过谈话、黑板报宣传等手段，端正学生的学习态度，明确学习目标，努力提高学习效果，争创高及格率。引导学生利用空余时间进行自学，我班现有多名学生参加自学考试（本科）的学习，多名学生已通过了全国计算机等级考试二级，一名同学通过了这学期的××省计算机等级考试二级，其他同学也正准备在明年上半年参加全省计算机等级考试二级；这学期有两名同学已经通过了英语能力测试，其他同学马上要参加12月27日的英语能力测试。此外，我还抓好上课纪律，经常和任课教师联系，了解情况；抓好作业质量，力求学生认真独立地完成，认真对待考试，严肃考场纪律，期中考试我班无作弊、违纪现象。

三、积极培养班团干部，提高学生自我管理能力，开展多种形式的活动，发展学生个性特长，发动学生积极参加各项活动

通过对上学期的观察，本学期初，我对班团委进行了调整，结果表明，这届班团委与上学期相比，有了明显的提高。他们以较强的责任心，在班级工作中发挥模范作用，积极开展各项活动，争创良好班集体。宣传委员刘春敏定期组织人员做好黑板报工作，文娱委员汤永燕组织的几次活动均取得了良好的效果。班长陈吉和副班长陆英也尽心尽职做好班级的各项工作。在个人发展方面，汤永燕同学在系“十佳歌手”比赛中荣获第一名；在校运会上，刘春敏同学在女子跳远比赛中荣获第一名；魏海平同学在男子三级跳远比赛中荣获第一名，并打破了校记录；陈吉同学在男子跳远比赛中荣获第二名；杨振澜同学在男子200米的比赛中也取得了较好的成绩。同时，我班有多名学生在系学生会担任职务，充分展示他们的才能。

不过，班集体中也存在着不好的一面，如班级的学习气氛不够浓厚，集体荣誉感不强，个别学生对自身要求不严格，存在迟到、无故请假等现象。这是我在以后工作中需努力改进的地方。总之，今后需要做的事还很多，工作中还存在不少缺点，需要

不断学习和总结，我会不断地朝着新目标迈进。

2. 拓展训练

（1）请分别选择“任期述职报告”、“年度述职报告”、“临时性述职报告”范文，以不同的角色，拟写三种述职报告。

（2）下面是一位普通职工述职报告的开头部分，请续写全篇。

2014年即将结束，一年来在领导及同志们的指导、帮助下，通过自己的努力，我在思想上、业务工作水平上都有了很大的提高，圆满完成了全年的工作任务，并取得了一定的成绩。现将一年来的思想、工作情况汇报如下：

2.12 主持词

2.12.1 概念

主持词是会议或各种仪式的主持人主持会议时使用的文件，具有组织各项活动环节、介绍发言人身份、控制活动进程、确保会议程序的严肃性和准确性、营造现场气氛的作用。

2.12.2 分类

按照主持人的身份，可分为外请主持人主持词和内部主持人主持词。

2.12.3 内容要素

主持词一般由标题、日期、主持人姓名、称谓、正文等构成。

（1）标题。由“会议活动名称 + 主持词”组成，如“第八届教师节大会开幕式主持词”。

（2）日期。标题之下居中标明会议活动的具体日期。

（3）主持人姓名。日期之下居中标明主持人的身份和姓名。

（4）称谓。一般是身份从高到低，性别先女后男，并尽可能覆盖全体参加对象。

（5）正文。主持词正文部分要依据事先确定的会议或仪式的程序来拟写，使主持词与每一项活动程序有机地融合起来。具体环节大致有开场白、介绍和小结。①开场白。主持人的开场白主要是起宣布会议或仪式开始的作用，在不专门安排致开幕词的会议中，主持人的开场白相当于开幕词。大型会议活动开幕式由于另有专人致开幕词，因此主持词的开场白可对参加开幕式的来宾表示欢迎和感谢，或以简要揭示会议活动的背景和意义，作为开幕式的引子。要注意语言简明，不可长篇大论，避免与后面的开幕词或欢迎词意思重复。②介绍。主持人要介绍出席会议或仪式主要领导和嘉宾，以及每一位致辞人、发言人，其他主席和主要领导人、主要来宾，报告会议的出席人数，说明会议的目的、任务和宗旨，宣布会议议程或程序，强调会议的纪律和注意事项，介绍发言者的姓名和职务，宣布会议的结果，宣布会议结束等。介绍时一要分清次序，一般按身份从高到低，身份相同时，可按资历高低或先宾后主；二要做到被介绍者的身份、职务、姓名清楚准确；三要做到礼貌，即介绍致辞人、发言人、颁奖人、领奖人时，要用“请”、“有请”等礼貌用语。在结构安排上，主持词中表达的每一项程序要以自然段落分开，或标上序号。语言要根据会议的性质和内容确定表达风格，如法定性代表大会的主持词要求准确、严密、规范，符合会议的议事规则，而节事活动的主持词则可以幽默、风趣、生动、活泼，充满激情。③小结。每项程序结束后，主持人可作一个简短的小结，阐明致辞、发言或具体活动的意义，对发言者表示感谢。会议或仪式结束之前，可大体概括会议的成果，对与会者提出希望和祝愿，也可根据程序安排，导入下一节的活动。

2.12.4 格式与结构模板

标题

日期

主持人姓名

称谓

正文

……

2.12.5 范文及要素评析

范文 1

文种	要素评析
在公司乔迁揭牌仪式上的主持词	场合＋文种
2014 年 9 月 28 日	日期
主持人　副镇长丁××	职务＋署名
各位领导、同志们、朋友们：	称谓
××建设（集团）有限公司××分公司是我们×××镇目前规模较大、经营较好、发展较稳定的一家镇属企业，经镇党委、镇政府研究和酝酿，通过公开招投标，决定由卜××同志担任该公司总经理。经过近三个月的筹备，今天，公司正式揭牌。	开场白（导言）
参加今天揭牌仪式的有：县委书记温××，××县县长吕×，×××镇党委书记常××、镇长代××，××××建设公司经理辛××、集团公司董事长迟××以及社会各界同人、朋友，让我们以热烈的掌声，对他们的到来表示欢迎和感谢！	介绍嘉宾
下面，我宣布：××建设（集团）有限公司××分公司揭牌仪式开始。 鸣放鞭炮、演奏音乐。 集团公司总经理包××讲话。 镇政府镇长代××致辞。 县长吕×致辞。 县委书记温××、集团公司总经理包××揭牌。 ……	串联词
在本次庆祝××建设（集团）有限公司××分公司的揭牌仪式上，公司总经理包××同志、镇政府代××镇长、县长吕×等领导作了热情洋溢的致辞，从他们的讲话中，我们深切感受到县委、县政	小结

（续上表）

文种	要素评析
府、镇党委、镇政府对公司的关心和支持，也深切感受到各级领导对壮大乡镇龙头企业的殷切期望，让我们衷心地祝愿××建设（集团）有限公司××分公司越来越发达，越飞越高！ 　　最后，预祝各位领导和同志们身体健康、工作顺利、万事如意！	 结语：祝愿
总评：这是一篇外请主持人主持词。主持词与每一项活动程序有机地融合起来，具体环节有开场白、介绍、串联词和小结。本主持词符合会议程序。	

范文 2

文种	要素评析
××煤矿工作总结表彰大会主持词	文种
同志们：	称谓
今年我矿安全、生产、经营、党建思想政治工作、企业文化建设等方面都呈现出全面加强、整体推进、蓬勃发展的良好态势，圆满地完成了全年的各项奋斗目标任务，使我矿三个文明建设跃上了新台阶。这些成绩的取得离不开上级领导的悉心关切和支持，但最关键、最重要的还是与全矿广大干部职工家属同心同德、艰苦奋斗、共同努力分不开的。为总结经验，表彰先进，经矿党政领导班子研究决定，今天在这里召开全矿工作总结表彰大会，隆重表彰 2014 年我矿涌现出的各类先进集体和先进个人，从而进一步动员各单位、各部门和广大职工群众，认清形势，统一思想，振奋精神，以新的姿态和作为来推进我矿生产经营等各项工作的顺利开展，确保各项工作目标的实现。	导言
大会共有三项议程：一是陈矿长作重要讲话；二是党委书记徐××同志宣读授奖决定；三是由矿党政领导为受到表彰的先进集体和先进个人颁奖。 　　…… 　　这次会议大约持续三个半小时，希望同志们发扬高度的组织纪律观念，严格遵守会场纪律，共同努力把会议开好。现在我宣布：××煤矿 2014 年度工作总结表彰大会现在开始！	具体事项
会议进行第一项，请矿长林××同志作重要讲话。 　　…… 　　会议进行第二项，请党委书记徐××同志宣读授奖决定。 　　…… 　　会议进行第三项，向获奖单位和人员颁发奖金和证书。 　　…… 　　同志们，经过大家的共同努力，今天的会议十分成功，圆满完成了各项议程，达到了预期的目的。在这里让我们再一次以热烈的掌声对受到表彰的先进集体和先进个人表示热烈的祝贺！并通过你们向全矿广大党员干部、职工家属在过去的一年里为全矿改革发展付出的辛勤劳动和无私奉献表示衷心的感谢！并预祝大家在新的一年里工作顺利、阖家欢乐、万事如意！同时，也希望受到表彰的单位和个人，珍	大会程序

（续上表）

文种	要素评析
惜成绩、戒骄戒躁、防松破满、扎实工作，充分发挥好先进典型的模范带头作用，力争在新一年里再作新贡献、再有新作为、再创新佳绩。	小结
同志们，会上林矿长作了重要讲话，全面客观地总结了去年以来的工作情况，并对今年的工作提出了具体的要求和意见，特别是提出的目标、任务和措施鼓舞人心、切实可行，体现了改革意识和创新精神，体现了矿党委、矿行政对于完成新的一年各项奋斗目标的决心和信心，符合广大职工的意愿和我矿实际。会后各单位、部门要把这次会议精神宣传好、贯彻好，特别是要认真学习贯彻落实好陈矿长的讲话精神，在实际工作中，以先进为榜样，立足本职，真抓实干，抓住机遇，奋力拼搏，为坚决实现全矿各项目标任务的完成而奋斗。 散会！	总语
总评：这是一篇内部主持人主持词。主持词与每一项活动程序有机地融合起来，具体环节有开场白、介绍、串联词、小结和总结。本主持词符合会议程序。特别是会议小结部分，由于主持人是本单位领导人，对全体与会者提出希望和祝愿，颇具会议的指导和鼓励意义。	

2.12.6 强化训练与拓展训练

1. 强化训练

海南省体育代表团即将赴仁川亚运会，临行前，省委省政府召开了隆重的誓师大会，请代主持人拟写一份热情洋溢的主持词。

2. 拓展训练

为某学院首届趣味运动会的召开拟写开幕式和闭幕式的主持词。

2.13 开幕词

2.13.1 概念

开幕词是讲话稿的一种，是党政机关、社会团体、企事业单位的领导人，在大型会议或活动开幕时所作的讲话文本。

2.13.2 分类

按内容可以分为侧重性开幕词和一般性开幕词两种。

（1）侧重性开幕词。这类开幕词往往对会议召开的历史背景、重大意义或会议的中心议题等作重点阐述，其他问题则一带而过。

（2）一般性开幕词。这类开幕词只对会议的目的、议程、基本精神、来宾等作简要概述。

2.13.3 内容要素

开幕词一般由标题、日期、称谓、正文和结语构成。

（1）标题。有单行和双行之分，单行标题一般由“内容＋文种”构成，如“南阳市机修职业技能评估大会开幕词”；有的标题由“致辞人＋事由＋文种”构成，如“×××在××××会上的开幕词”；也有的只写文种，即“开幕词”。双行标题的主标题揭示会议或活动的宗旨、中心内容，副标题与前两种标题的构成形式相同，如“关于顺达汽车培训学校未来的发展——校委会第二次会议开幕词”。

（2）日期。位于标题之下，用括号注明会议开幕的日期，具体到年、月、日。

（3）称谓。称谓一般根据会议或活动的性质及与会者的身份确定称谓，如“各位教职员工”、“各位代表、各位来宾”、“教练员、运动员同志们”等。

（4）正文。包括导语、主体。导语一般开门见山地宣布会议或活动的开幕，也可对规模及与会者的身份等作简要介绍，并对会议的召开或活动的举办表示祝贺。主体内容是开幕词的核心部分。通常包括：①阐述会议或活动的意义；②阐明会议或活动的指导思想，说明主要议程和安排；③为保证会议或活动的顺利进行，向与会者提出具体要求；④结尾提出会议或活动的任务、要求和期望，如“祝……大会圆满成功”。

（5）结语。写法上常以呼告语另起一段，如“各位教职员工”、“各位代表、各位来宾”、“教练员、运动员同志们”等，最后用“预祝大会或活动圆满成功”等语作结。开幕词的结束语要简短、精练，要有号召性和鼓动性。

2.13.4　格式与结构模板

标题 （日期） 称谓 　　正文 …… 　　结语

2.13.5　范文及要素评析

文种	要素评析
公司首届文化节开幕词	单行标题
尊敬的各位领导，尊敬的各位来宾、同志们：	称谓
大家好！	问候语
深秋已至，金色尽染。在景色如画的××绿化广场，我们怀着无比喜悦的心情欢聚在这里，共同庆祝××公司首届文化节隆重开幕。借此，我谨代表××公司党委、××公司向前来参加文化节开幕式的各位领导、各位原××公司老领导、各位朋友，表示热烈的欢迎和衷心的感谢！	导语
××公司作为×××东部石油发展史上的一颗璀璨明珠，已走过了15个春秋。15年来，自强不息的××公司各族石油儿女为××石油工业的发展创造了一个又一个辉煌，先后发现××、×××、××、××、××等油气田，产能达230万吨。今天，一个拥有近两万	主体内容

（续上表）

文种	要素评析
人口的石油基地，在我们××石油人的建设下，正在向人文化、科技化、现代化的目标迈进。××公司在企业的改革、发展的道路上虽然有过迷茫、徘徊，但发展是我们永远不变的追求。“沉舟侧畔千帆过，病树前头万木春。”在××公司党委的正确领导下，2 600多名各级干部职工迎难而上，团结协作，艰苦奋战，开拓拼搏，使××公司从低迷、徘徊中走了出来，并一展往年雄风，在企业的生产、经营、管理、市场开拓等方面都取得了可喜的成绩，并呈现出良好的发展态势。经过几年的改革与发展，职工思想观念发生根本转变，企业管理得到进一步提升，市场份额不断扩大，经济效益逐步提高，职工收入明显增加，群众思想趋于稳定。各级职工艰苦奋斗、顽强拼搏、团结奉献的精神面貌和可歌可泣的生动事迹随处可见，精神文明建设和企业文化建设呈现出了一派生机勃勃、欣欣向荣的新气象。今天，××公司党委举办这次文化节，就是希望××公司的各级干部职工要珍惜当前的大好形势，放眼未来。通过文化节来鼓舞士气，振奋精神，以不断提高队伍团结拼搏、开拓创新的战斗力，激发全体职工超越发展、奋发向上的精神风貌。 本届文化节的主题是“团结、拼搏、超越、发展”。其意义就在于，要继承石油人团结拼搏、艰苦奋斗的优良传统，发扬与时俱进、开拓发展的创新精神，开拓团结协作、和谐发展的企业关系和企地关系。通过文化节，培育以人为主体，以价值为核心，以文化为引导，以规章制度为保证的现代企业文化，形成公司强大的凝聚力和原动力，从而树立起共同的企业追求，共同的行为准则，共同的道德规范，共同的责任感、荣誉感为内容的现代企业文化理念，营造公司“三个文明”建设协调发展的和谐环境。 我衷心地希望公司各单位、公司各级干部职工积极参与到公司首届文化节中来，尽展雄风，拓展素质，大展才艺。我也相信，通过公司各级干部职工的共同参与和努力，××公司首届文化节一定会精彩纷呈、绚丽夺目。	
最后，祝××公司文化节举办得热烈精彩、圆满成功！祝各位领导、各位来宾、同志们身体健康，吉祥如意！	结语
总评：这是一篇庆祝公司文化节活动的开幕词。开幕词导语部分，讲话人代表公司对来宾表示热烈的欢迎和诚挚的问候。主体部分为正文的第二至第四段。第二段介绍本次文化节的背景、规模、宗旨与目的。第三段介绍文化节的主题、意义及前景。第四段是讲话人的希望。最后是祝愿性结语。全文内容符合开幕词的要求，且文字精练，话语庄重，情感热烈。	

2.13.6 强化训练与拓展训练

1. 强化训练

某大学要举办春季趣味运动会，请为该运动会撰写开幕词。

2. 拓展训练

江苏天马玻璃有限公司与四川沱牌集团有限公司玻璃厂组成合资集团，请为集团大会撰写开幕词。

2.14 闭幕词

2.14.1 概念

闭幕词是党政机关、社会团体、企事业单位的领导人在大型会议或活动闭幕时所作的总结性讲话文本。

2.14.2 分类

按内容可以分为侧重性闭幕词和一般性闭幕词两种。

（1）侧重性闭幕词。侧重性闭幕词往往对会议进行恰当的评价。如对会议的收获、意义及影响，会议通过的主要事项和基本精神，会议的重要性和深远意义，向与会人员提出贯彻会议精神的基本要求等作重点阐述，其他问题则一带而过。

（2）一般性闭幕词。一般性闭幕词则首先要说明会议已经完成预定任务；然后概述会议的进行情况，恰当地评价会议的收获、意义及影响，核心部分要写明会议通过的主要事项和基本精神，会议的重要性和深远意义，向与会人员提出贯彻会议精神的基本要求等；结尾要发出号召，提出希望，表示祝愿等。

2.14.3 内容要素

闭幕词一般由标题、称谓、正文和结语构成。标题、称谓的写法与开幕词基本相同。

（1）正文。包括导语、主体和结尾。①导语。在标题与称谓之后，另起一段书写。首先说明会议已经完成预定任务，现在就要闭幕了。②主体。概述会议的进行情况，恰当地评价会议的收获、意义及影响。核心部分要写明会议通过的主要事项和基本精神，会议的重要性和深远意义，向与会人员提出贯彻会议精神的基本要求等。③结尾。一般先以坚定语气发出号召，提出希望，表示祝愿等，最后郑重宣布会议闭幕。闭幕词出现在会议终了时，因此，要与开幕词前后呼应、首尾衔接，以显示大会圆满成功。

（2）结语。闭幕词的结束语要简短、精练。写法上常以呼告语另起一段，如“同志们”、“各位代表、各位来宾”等，接着常用“现在，我宣布××大会闭幕。谢谢大家”等语作结。

2.14.4 格式与结构模板

标题

称谓

正文

……

结语

2.14.5 范文及要素评析

文种	要素评析
国际科学与和平周大会闭幕词	单行标题
女士们、先生们：	称谓
国际科学与和平周大会即将结束了，我们怀着兴奋的心情恭贺本次会议的圆满成功。	正文：导语
一年一度的国际科学与和平周活动，经过几天的发言、讨论，针对发展自然科学和社会科学作为维护世界和平的工具而进行了交流。这种观念从未像今天这样具有如此的实际意义。大家都开始认识到没有一个国家是能够仅仅依靠自己站稳脚跟的。我们只有通过合作和交流，才能保证创造出一个使我们的后代能够和平、安全生存下去的经济、技术环境。	正文：主体
国际科学与和平周集中体现了全球许多人在从事的日常活动中得到了广泛的支持，取得了光辉的成就，使大会圆满成功，对此我表示衷心的感谢，并希望我们在下一届大会上再相会。	正文：结尾
现在，我宣布，国际科学与和平周大会闭幕。谢谢大家！	结语
总评：闭幕词导语说明了会议已经完成预定任务，现在就要闭幕了。正文概述了会议的进行情况，恰当地评价会议的收获、意义及影响，核心部分写明会议通过的主要事项和基本精神、会议的重要性和深远意义，向与会人员提出贯彻会议精神的基本要求等。本闭幕词行文热情洋溢，起到了激发斗志、增强信念的作用。结语部分郑重宣布会议闭幕。	

2.14.6 强化训练与拓展训练

1. 强化训练

北京天马玻璃有限公司与上海申牌集团有限公司玻璃厂组成合资集团，请为集团大会撰写闭幕词。

2. 拓展训练

尝试着为2016年里约热内卢奥运会主持人撰写闭幕词（中文）。

2.15 相近（临）文种的比较

2.15.1 讲话稿和发言稿的区别

（1）“讲话”和“发言”本是同义语，但由于约定俗成的原因，现在多数是把领导和主持人的发言称为“讲话”，其他个人或与会人员所说的统称为“发言”。

（2）讲话稿一般应由讲话人自己写，只有在特殊情况下，可经过授意由别人代写，或由秘书、干事等代劳。讲话稿有详稿、略稿和腹稿之分。详稿准备较充分，只需拿到会议上去念就行了；略稿只是个提纲、要点，在发言时要再作发挥；腹稿是仅仅在头脑里酝酿一下，考虑个大概，到时即席发言，然后根据别人的记录整理成书面的东西。

2.15.2 普通书信与四种信（贺信、感谢信、慰问信、表扬信）的区别

（1）从写作格式上看，普通书信没有标题，贺信、感谢信、慰问信、表扬信必有标题。

（2）从内容上看，普通书信可以在一封信中写多个内容，贺信、感谢信、慰问信、表扬信往往只就某一件事情表达作者的态度与情感。

（3）从发表方式上看，普通书信一般需要邮寄，贺信、感谢信、慰问信、表扬信除可邮寄外，大多还可在公共场合张贴或在媒体上发表。

3

商务文书

3.1 产品说明书

3.1.1 概念

产品说明书是生产商向消费者介绍其生产和销售的产品的性能、特点、规格、型号、技术参数、维修方法、使用方法的说明性文书。

3.1.2 分类

（1）文字式产品说明书。即整个说明书由文字写成。

（2）文字加表格式产品说明书。即说明书由文字与表格两种形式相辅相成。

3.1.3 内容要素

内容要素一般由标题、正文和尾部构成。

（1）标题。标题写法一般是“商品名称＋文种”，如“新飞冰箱说明书”。

（2）正文。正文大多就产品性能、产品特点、规格型号、使用方法、技术参数、维修注意事项等内容，分条列项说明。

（3）尾部。尾部基本是商品生产厂家的情况介绍，包括地址、电话和电子邮箱等通信信息。

3.1.4 格式与结构模板

标题
正文
……
尾部

3.1.5 范文及要素评析

文种	要素评析
意可帖说明书 当你因为口腔溃疡而看着美食叹气，当你因为口腔内的疼痛连话都不想说的时候，你应该想一想我——意可仔（意可帖）。 上火、烟酒过度、精神紧张、心理压力过大、饮食无规律、营养摄入不均衡，都容易引起口腔溃疡。它不仅影响患者日常的进食和说话，严重患者会出现口腔异味、精神萎靡，会影响与周围人的日常交往，影响生活质量；更严重的是，它是口腔内的破损伤口，如果口腔里的细菌和病毒沿着这个伤口进入体内，会造成淋巴结肿胀、细菌感染甚至肝炎、口腔癌等疾病。所以，从现代医学的观点来看，如果患	标题 正文

（续上表）

文种	要素评析
了口腔溃疡，就应该及时治疗。 我来自于深圳太太药业股份有限公司，我的化学名叫“醋酸地塞米松粘贴片”，市场上人们叫我“意可贴”，而知道我神奇功效的朋友都会亲切地叫我“意可仔”。当你患上口腔溃疡时，只需把我轻轻地贴在口腔溃疡处，5 分钟后痛苦的感觉就会消失，连续用药一天后，溃疡面开始愈合，告别疼痛，告别疾病隐患。	
【适应症状】 用于非感染性口腔黏膜溃疡。	适应症状
【特点】 1. 针对创面，先进的透皮技术，药物直接作用于溃疡表面。 2. 药效持久，持续 3 小时，缓慢释放，药力深入溃疡根源。 3. 快速见效，5 分钟止痛，轻中度患者，用药一天后，溃疡面即开始愈合，有效抗炎，抗过敏，97% 有效率，安全有保证。	药品特点
【科学的双层结构】 黄色保护层，减少药物流失，含有少量 VB_2，补充治疗作用，保证最佳的治疗效果。白色含药层，牢固粘贴于溃疡处，说话、喝水也不易脱落，快速止痛，愈合溃疡。	产品结构
【用法】 贴于患处。一次 1 片，一日总量不超过 3 片，连用不得超过 1 周。洗净手指后粘少许唾液粘起黄色面，将白色层贴于患处，并轻压 10 ~ 15 秒，使其粘牢，不需取出，直至全部溶化。	使用方法
总评：这是一则医药产品说明书。本产品说明书从药品的适应症状、药品特点、药品结构、使用方法等四个方面进行说明。本说明书采用拟人的自述方法，风趣盎然，浅显易懂，语言简洁，有较实际的指导作用。	

3.1.6 强化训练与拓展训练

1. 强化训练

找出任意一款产品说明书，看看其是否按照产品的结构、规格、用途、性能、特点、使用方法、保养与维修和其他事项进行说明，如有疏漏之处，请将其补充或修改完善。

2. 拓展训练

选择一款产品，将说明书超出产品性能、产品特点、规格型号、使用方法、技术参数、维修注意事项的事项去掉。

3.2 商业广告

3.2.1 概念

商业广告是指商品生产者、商品经营者或者服务提供者承担费用，通过一定媒介和形式直接或者间接地介绍自己所推销的商品或者所提供的服务的形式。

3.2.2 分类

商业广告的分类很复杂，划分的角度不同，广告的内涵与形式就有一定的区别。

（1）按照载体的不同，可分为报纸广告、杂志广告、电视广告、广播广告、网络广告、路牌广告、招贴广告、交通广告、灯光广告、赛场广告等。

（2）按照表达方式的不同，可分为感性诉求广告和理性诉求广告。

（3）按照文稿体式的不同，可分为简介体广告、格式体广告、消息体广告、对话体广告、自述体广告、书信体广告、诗歌体广告、散文体广告、戏剧体广告、相声体广告、快板体广告、童话体广告、寓言体广告、日记体广告、书证体广告、献辞体广告等。

3.2.3 内容要素

商业广告一般由标题、正文、广告语和结尾构成。

（1）标题。根据广告的内容，可分为直接式和间接式标题。直接式标题显示商品的名称、品牌的大众信息，如“要买房，到建行”；间接式标题不直接点明，而是采取比较委婉的方法，给人留有想象的空间，如“今年过年不收礼呀，送礼还送脑白金”。

（2）正文。正文是广告的核心部分。本部分要突出商品特性、企业特征、企业文化、使用价值等，使其能对受众群体达到潜移默化的影响。

（3）广告语。广告语是为了加强诉求对象对企业、产品或服务的印象而在广告中长期、反复使用的简短口号性语句。

（4）结尾。最后部分一般刊载企业名称、地址、通信方式等信息。有时此部分可省略。

3.2.4 格式与结构模板

标题

正文

……

广告语

……

结尾

3.2.5 范文及要素评析

文种	要素评析
投资三万元 ——您将拥有一个“艺术玻璃加工厂”	间接式标题
“艺术装饰玻璃”是在普通玻璃上进行雕刻、彩绘、镶嵌拼接以形成新型装饰材料，广泛应用于室内外建筑装饰中。如宾馆、酒楼、商场以及家庭的玻璃幕墙、隔断、屏风、天花、家具、灯饰等处，其前景十分广阔。设备型号有：经济型，日产量为浅雕 8 平方米、深雕 4 平方米，全套售价 1.58 万元；高档型，日产量为浅雕 16 平方米，	正文

（续上表）

文种	要素评析
深雕 8 平方米，彩绘 4 平方米，全套售价 3.4 万元（雕刻、彩绘玻璃国内售价：浅雕 400 元/平方米，深雕 600 元/平方米，彩绘 700～1 000 元/平方米）。 以上设备除可在玻璃上进行浮雕和彩绘外，还可在陶瓷、花岗石、大理石、瓷砖等表面进行浮雕和刻字。	
购买本公司设备者，享受免费培训学习，并且协助办厂。欢迎前来实地考察洽谈。	广告语
××××玻璃雕刻有限公司 地址：××省××市××路××号 电话：××××—××××××× 邮编：×××××× 联系人：孟××	结尾：厂家信息
总评：这是一则商业广告。广告从正面介绍了艺术装饰玻璃的益处，并适当表现了艺术装饰玻璃的广告主题，即用途、型号、价格、产量、经济收益等，使消费者对艺术装饰玻璃印象清晰且深刻。本广告言简意赅，诉求明确，富有吸引力。	

3.2.6 强化训练与拓展训练

1. 强化训练

将下面所给材料改写成对话体广告。

泰柚贴面板木质细腻、木纹飘逸清晰、高贵典雅，糅合了传统与现代的气息，脱俗于一般的装饰板材而成为国内外宫殿、大厦、楼宇及家居室内装修设计的首选。我厂引进西德精密刨切设备和技术，采用上乘的进口柚木，大量生产泰柚贴面板，板面光洁油润，胶合力强，可与国外先进企业相媲美，部分产品远销日本、新加坡及欧美地区，是国内大型柚木贴面板的生产基地。

2. 拓展训练

王宝库与同事合资创办了一家装饰装修材料公司，店面即将挂起一面 2m×6m 的广告牌，请你代为设计商品广告词。

3.3 意向书

3.3.1 概念

意向书是当事人双方或多方之间，在对某项事务正式签订条约、达成协议之前，表达初步设想的意向性文书。

3.3.2 分类

从形式上，可分为文字式意向书和表格式意向书。

3.3.3 内容要素

意向书一般由标题、正文、署名和日期构成。

（1）标题。标题写法一般可直接写“意向书”；也可以是“项目名称＋文种”，如“兴建体育场的意向书”。

（2）正文。正文由“当事人情况＋导语＋主体＋结语”构成。①当事人情况。简介合作各方当事人的全称、地址、法定代表人姓名等。②导语。可用本着什么原则，为了什么目的，协商后达成的意向性意见的形式，如“经协商，达成如下意向”作为导语的结束。③主体。分条款写明达成的意向性意见，可参照正式合同的条款按序排列。④结语。写明“未尽事宜，在签订正式合同时再予以补充”一语，以便给当事人留有更多的余地。

（3）署名。正文右下文签署各方单位的全称、法定代表人姓名，加盖公章、私章或签字。

（4）日期。签署的日期用阿拉伯数字写全年、月、日。

特别提示：各方落款的位置横向或纵向排列均可。

3.3.4 格式与结构模板

标题

正文

……

署名（第一方）
日期
署名（第二方）
日期

3.3.5 范文及要素评析

文种	要素评析
意向书	标题
睿志薄板厂（以下简称“甲方”），地址：××××××，法定代表人：××。	当事人情况
达顺装修公司（以下简称“乙方”），地址：××××××，法定代表人：×××。	
双方于2014年12月12日在大连对建立合资企业事宜进行了初步协商，达成意向如下：	导语
1. 甲、乙双方愿以合资合作的形式建立合资企业，暂定名为睿达装潢有限公司。建设期为1年，即从2015年1月开始，至2015年12月全部建成。双方意向书签订后，即向各方有关上级申请批准，批准的时限为3个月，即2015年1月1日至2015年3月31日完成。然后由达顺装修公司办理合资企业开业申请。	主体：具体事项条款
2. 先期总投资480万（人民币）。睿志薄板厂部分投资200万；睿达装潢有限公司部分投资280万元。	
甲方投资中100万以工厂现有厂房、水电设施现有设备等折款投入；乙方投资280万以购买设备和其他用途。如投资欠缺，双方另行	

(续上表)

文种	要素评析
商议投资额度。 3. 利润分配：各方按投资比例或协商比例分配。 4. 合资企业生产能力在8 000万元（人民币）/年以上。 5. 合资企业自营出口或委托有关进出口公司代理出口，价格由合资企业商定。 6. 合资年限为10年，即2015年1月1日至2024年12月31日。 7. 合资企业其他事宜按《中外合资法》有关规定执行。 8. 双方将在各方上级批准后，再行商定合资合同相关事宜。	
本意向书一式两份。此意向书作为备忘录，各执一份备查，未尽事宜，在签订正式合同时再予以补充。	结语
睿志薄板厂（甲方章） 法定代表人签字：王×	甲方署名
2014年12月12日	日期
达顺装修公司（乙方章） 法定代表人签字：简××	乙方署名
2014年12月12日	日期
总评：这是一篇文字式意向书。该意向书首先写清了甲、乙双方基本情况，然后进入正文，导语部分写了出于什么目的和依据达成相互意向性意见，主体部分写了八条合作意向，最后结尾处的“本意向书一式两份。此意向书作为备忘录，各执一份备查，未尽事宜，在签订正式合同时再予以补充”，给未来签订正式合同留有余地和定下了基调。此意向书落款采用了纵向排列的方式。	

3.3.6 强化训练与拓展训练

1. 强化训练

为自己与他人合作创办的某装饰装修公司起草一份意向书。

2. 拓展训练

（1）就共同完成“浑河清淤”工程，甲、乙企业双方本着平等、自愿、有偿的原则，订立一份意向书。请代甲、乙拟写这份意向书，意向书中的各要素自拟。

（2）请将下列不合规范的意向书加以修改和整理，补齐导语和结语的内容。

合作培训意向书

甲方：××市××培训中心

乙方：××出版社

经双方商讨……

培训期2个月。201×年×月×日开班，×月×日结业。

培训学员30名。由乙方选送30岁以下、具有高中文化程度的人员。

培训费4万元，由乙方在开班前支付给甲方。

甲方提供培训场地、师资、教材，并负责教学管理，发放结业证书。

……

××市××培训中心

代表：×××（签字）

××出版社

代表：×××（签字）

××年×月×日

3.4 合同书

3.4.1 概念

根据合同法的表述，合同是指平等主体的自然人、法人、其他组织之间设立、变更、终止民事权利义务关系的协议，最终形成的文本就叫合同书。根据我国合同法的规定和民法的一般原理，合同与协议是同一个概念，合同就是协议，协议也是合同。

3.4.2 分类

（1）从内容上看，合同的类型因交易方式的多样化而各不相同，尤其是随着交易关系的发展和内容的复杂化，合同的形态也在不断地发展和变化。不过，对各种纷繁复杂的交易形态和合同形态，可以从法律上依各种标准作出不同的分类。一般来说，对合同可以作出如下分类：有名合同和无名合同、双务合同和单务合同、有偿合同和无偿合同、诺成合同和实践合同、要式合同和不要式合同、主合同和从合同。

（2）从形式上，可分为文字式合同和表格式合同。

3.4.3 内容要素

无论采用哪种书写形式，合同一般由标题、当事人情况、正文、结语、附件、署名和日期构成。

（1）标题。合同的标题应明确标出合同的内容性质，其后写上“合同”字样，也可以将产（商）品类别和合同的履行期写入标题。如“轻工产品供应合同”、“二〇〇八年第三季度订货合同”。

（2）当事人情况。合同标题的左下方，写明合同诸方当事人的名称，名称要使用全称，然后用括号标示“甲方”、“乙方”、“丙方”等。

（3）正文。正文是合同的主体部分，一般由以下几方面内容构成：签订合同的依据或目的，这部分也称为导语；协议的内容，内容中应当具备的条款有标的、数量、质量、价款或者酬金、履行的期限、地点及方式、违约责任、解决争议的方法等；合同的有效期；合同的份数和保存等。条款序列有时用“第××条”列出，每“条”之后，不能使用冒号，而是空一字位置，然后书写本条款内容。

（4）结语。常使用“如有未尽事宜，经双方协商予以解决”作结。

（5）附件。合同常常附有表格、图纸、实样照片等，要在正文下面另起一行写上“附件”字样，还要把附件的全称、件数详细列出。

（6）署名。在正文的下方依次写明签订合同的双方或多方单位全称、法定代表人姓名、电话号码，并加盖公章，代表人应手写签字并盖章，有时也可按手印。

（7）日期。在各自署名的下方写明签订合同的年、月、日。

特别提示：落款的位置横向或纵向排列均可。如需公证或双方主管部门签证的，应写明公证签证机关全称，并加盖公证机构公章。

3.4.4 格式与结构模板

标题

当事人情况

正文

……

结语

附件

署名（第一方）

日期

署名（第二方）

日期

3.4.5 范文及要素评析

<table>
<tr><th>文种</th><th>要素评析</th></tr>
<tr><td>产品购销合同（协议）书</td><td>内容＋文种</td></tr>
<tr><td>甲方：黑龙江旺源日电子有限公司
地址：大庆市红岗区东风街3号
电话：0459－7651234</td><td>甲方基本信息</td></tr>
<tr><td>乙方：沈阳市东方计算机系统有限公司
地址：沈阳市和平区兰州路欧锦大厦B座101
电话：024－82053502</td><td>乙方基本情况</td></tr>
<tr><td>甲乙双方本着平等互利、协商一致的原则，经商定，就甲方采购乙方产品签定本合同。</td><td>导语</td></tr>
<tr><td>一、甲方购买乙方如下产品
人民币（元）
<table>
<tr><th>产品名称</th><th>版本</th><th>单价（元）</th><th>数量</th><th>小计（元）</th><th>备注</th></tr>
<tr><td></td><td></td><td></td><td></td><td></td><td></td></tr>
<tr><td></td><td></td><td></td><td></td><td></td><td></td></tr>
<tr><td></td><td></td><td></td><td></td><td></td><td></td></tr>
<tr><td>合计（元）</td><td></td><td></td><td></td><td></td><td></td></tr>
</table>
二、汇款方式
甲方一次性将以上款项支付给乙方。
开户银行：招商银行沈阳市华兴支行
户名：沈阳市东方计算机系统有限公司</td><td>具体事项条款</td></tr>
</table>

（续上表）

<table>
<tr><th>文种</th><th>要素评析</th></tr>
<tr><td>账号：68119121××××××0001
三、发货方式
乙方收到甲方的汇款单传真件（以寄出邮戳时间为准）后，应于15天内将定购产品寄给甲方。
四、产品质量
乙方对以上产品若有涉及版权、黄色等违反国家规定的，由乙方承担全部责任，与甲方无关。甲方自购买本合同产品半年内，可享受免费升级。
五、服务方式
乙方一贯采取“先试用、无条件退货”的退货政策。若甲方在购买产品三个月内发现产品有设计缺陷，在产品存储介质完好无损、包装完整的情况下可以退货，退货费用由甲方负责；否则，乙方有权拒绝甲方退货。
六、违约责任
乙方若收到甲方汇款单传真件15天内不能如期到货，每逾期1天（24小时），乙方需向甲方支付违约金1 000元，超出30天需支付总货款10%的违约金（以寄出邮戳时间为准）。若乙方伪造付款传真件，则无条件以货款的50%作为违约金交给甲方。
七、本合同有效期为签约日期起30天内
八、本合同一式两份，甲乙双方各执一份，签字或盖章后立即生效（传真件有效）。</td><td></td></tr>
<tr><td>本合同未尽事宜，由甲乙双方协商解决。</td><td>结语</td></tr>
<tr><td>甲方：黑龙江旺源日电子有限公司（盖章）
代表人（签字）：司××
签约日期：2014年11月30日
乙方：沈阳市东方计算机系统有限公司（盖章）
代表人（签字）：李××
签约日期：2014年11月30日</td><td>甲方署名
签字
日期
乙方署名
签字
日期（纵向排列）</td></tr>
<tr><td colspan="2">总评：这是一份文字加表格式合同。合同由标题、当事人信息、正文、结尾、落款等部分构成。标题用以标明合同的性质，明确是产品购销方面的合同。标题之下，写明了订立合同的当事人——双方单位的全称。正文包括导语和主体两个部分。导语部分概括说明订立合同的目的和原则，同时起到了承启衔接主体的作用，主体部分详细陈述经双方协议确定下来的具体条款，将标的、数量、质量、价款、履行的期限、付款方式、地点、违约责任、解决争议的方法、有效期等全部列出。结语有“本合同未尽事宜，由甲乙双方协商解决”。落款处有订立者盖章、签名、签约日期等内容。此合同的落款采用了纵向排列的方式。</td></tr>
</table>

3.4.6 强化训练与拓展训练

1. 强化训练

指出下列合同内容、标点符号和格式上的错误之处，并修改完善为一份规范的合同书。

合同书

订立合同人：

××汽车制造厂三车间（以下简称“甲方”）

××建筑公司生产科（以下简称“乙方”）

甲方需建一座大楼，经双方反复协商，共同订立本合同，条款如下：

第一条：甲方委托乙方建造楼房一座，由乙方负责建造。

第二条：全部建造费用大概为人民币500万元，甲方在订立合同生效后一个月左右，先付给乙方全部费用的50%左右，其余部分在楼房建成验收后一次付清。

第三条：建房所需水电等由甲、乙双方共同解决。

第四条：大楼从合同签订之日起，争取春季开工，力争明年夏季交付使用。

第五条：合同一式两份，双方各执一份为凭，并作为检查督促的依据。

××汽车制造厂（公章）

法人代表（盖章）

××建筑公司（公章）

法人代表（盖章）

××年×月×日

2. 拓展训练

（1）花××现有25万元资金，想创办一个小型印刷厂，但资金缺口很大，他决定与朋友合作共同投资、开发与管理这个项目。双方协商后达成合作意向，请代其拟写一份合作意向书，然后经双方进一步磋商，再完成正式的合同书。

（2）请将下列意向书改写为正式的合同文本，并将其中名称与数字具体化，不完善的内容要素可自拟。

意向书

××××厂（甲方）：

××××公司（乙方）：

双方于××××年××月××日在×地，对建立合资企业事宜进行了初步协商，达成意向如下：

一、甲、乙双方愿以合资或合作的形式建立合资企业，暂定名为××××有限公司。建设期为××年，即从××××年—××××年全部建成。双方意向书签订后，即向各方有关上级申请批准，批准的时限为××个月，即××××年××月××日至××××年××月××日完成。然后由××××厂办理合资企业开业申请。

二、总投资××万（人民币元），折××万（美元）。××部分投资××万（人民币元），折××万（美元）；××部分投资××万（人民币元），折××万（美元）。

甲方投资××万（以工厂现有厂房、水电设施现有设备等折款投入）；

乙方投资××万（以折美元投入，购买设备）。

三、利润分配：各方按投资比例或协商比例分配。

四、合资企业生产能力：……

五、合资企业自营出口或委托有关进出口公司代理出口，价格由合资企业酌定。

六、合资年限为××年，即××××年××月至××××年××月。

七、合资企业其他事宜按《中外合资法》有关规定执行。

八、双方将在各方上级批准后，再行具体协商有关合资事宜。

本意向书一式两份。作为备忘录，各执一份备查。

××××厂（甲方）

代表：

××××年××月××日

××××公司（乙方）

代表：

××××年××月××日

3.5 社会调查报告

3.5.1 概念

社会调查报告是针对社会生活中的某一情况、某一事件、某一问题，深入细致地调查研究，然后把调查研究得来的情况真实地表述出来，以引起有关部门和公众的重视，尽快得到及时妥善的处理和解决。社会调查报告调查的主要对象是公众关心的社会经济与发展问题，甚至是焦点、热点问题。该报告注重具体、真实、典型的事例与数据，注重分析事情产生的背景、成因、意义或危害性，同时可适当提出一些解决问题的合理化建议。

3.5.2 分类

（1）根据调查目的之不同，可分为理论研究型报告和实际建议型报告。理论研究性报告是为了提出、补充、证实或证伪某个理论观点而写的，无论是资料的收集，理论观点的提出，还是论证，都特别讲究方法，是为科学研究服务的；实际建议型报告是针对事物调查、分析、研究后，为提出某种工作或政策的建议、意见而撰写的报告，大多属于专题报告，党政部门和各行各业常常采用这种形式。

（2）根据调查对象反映的内容不同，可分为总结经验的调查报告、反映情况的调查报告和揭露问题的调查报告。总结经验的调查报告是对实践中涌现出来的具有普遍指导意义的典型经验而撰写的报告，它把人们实践过、感觉到、理解了的客观事物转化为理性认识，然后再用以指导社会实践，一般用于报刊或会议材料中的情况较多；反映情况的调查报告是对某一方面进行专题调查，为领导和决策机关了解情况、研究问题、制订计划或政策提供事实依据，这类调查报告必须专题明确、材料具体、针对性强；揭露问题的调查报告是用调查到的大量事实揭露出某一问题的要害，引起人们的关注和重视，以达到辨别是非、解决实际问题和教育群众的目的。

（3）根据调查对象的范围不同，可分为概况性调查报告和专题性调查报告。概况性调查报告也叫综合调查报告，它主要是围绕调查对象的基本状况而撰写的，要对调查的结果进行比较全面而系统的反映。这类调查报告常常就某一地区或某个单位而进行，往往涉及政治、经济、文化、人口、地理、历史等各个方面的基本情况，对调查对象的发展变化、前因后果、来龙去脉作比较详细的交代。专题性调查报告是围绕某个问题撰写的，可以是典型经验、新生事物或存在的某一问题等，如“关于农村合作经济的调查”、“关于人才浪费的调查”、“关于个体工商户精神生活的调查”等。专题性调查报告主题要鲜明，材料要具体，针对性要强。

3.5.3 内容要素

社会调查报告一般由标题、署名、内容摘要、导语、主体、结尾和附件构成。

（1）标题。写明调查对象的名称及内容，如“关于下岗工人再就业问题的调查”、“关于沈阳市社会治安问题的调查”等。

（2）署名。指单位、团体或个人名称。

（3）内容摘要。用简洁的语言反映文章的实质性内容，展示内容足够的相关信息和重要梗概，一般包括具体的调查对象、方法、结果和建议等要素。

（4）导语。也称前言和导言。此部分需要写明社会调查的意图、性质、对象、时间、地点，以及调查的范围和采用的调查方法等。

（5）主体。这是社会调查报告的核心部分。一般由基本情况、分析、建议等部分组成。基本情况部分主要介绍调查所得到的基本客观存在的现象，注重客观事实的描述及统计数据的支持作用，文字应准确真实，经常兼用图表说明；分析部分重点放在分析所调查事情或现象产生的背景、成因和性质上，要抓住问题的实质和规律，揭示出其重要意义或危害性，提醒相关部门的领导、工作人员关注或世人注意；建议部分是在对实际问题有力剖析的前提下，提出如何解决的建议或对策，为有关部门恰当处理事物提供参考或借鉴。

（6）结尾。用简洁的语言总结全文，点化主题。有时本部分可省略。建议部分即结束了全文。

（7）附件。如有图、表、照片等附属材料，需附在正文之后。

3.5.4 格式与结构模板

标题
署名

内容摘要
导语
主体
……
结尾
附件

3.5.5 范文及要素评析

文种	要素评析
宝家营子乡发展现状的调查报告 向　× **内容摘要：**宝家营子乡是全省 213 个扶贫攻坚乡之一，几乎是从原始社会直接过渡到社会主义社会，是典型的社会发展“直过区”。境内群众文化素质低，科技意识淡薄，仍然保留“刀耕火种”的生产方式，生	标题 署名 内容摘要

（续上表）

文种	要素评析
产率极低，对自然界的生态破坏性大。因此，树立以人为本的科学发展观，构建宝家营子乡社会主义和谐社会，对于破解制约宝家营子乡经济社会发展的瓶颈，带领全乡27 521名人民群众脱贫致富奔小康具有十分重要的意义。本文通过大量的社会实践调查，分析宝家营子乡经济社会发展的现状，提供了10条政策建议：将切实解决贫困人口问题作为发展的头等大事来抓；加强农业基础设施建设力度，实现农业增效、农民增收；坚持以林为主，发展生态农业；大力发展畜牧业；进一步加强交通、能源、通信等基础设施建设；加大农业产业结构调整步伐，促进农村经济发展，农民增收；加强教育教学基础设施建设力度；抓好医疗卫生计生工作，解决群众看病就医难、人口增长过快的问题；明确发展思想，加快乡镇企业发展；转移农村富余劳动力，增加农民外出务工收入。	
前言	导语（言）
宝家营子乡是云南省506个扶贫攻坚乡之一，境内高山峡谷，大江奔流，交通不便，信息闭塞，全乡经济总收入3 279万元，人均纯收入1 245元；粮食总产645.49万千克，人均有粮437千克，经济社会发展从原始社会直接过渡到社会主义。各类自然灾害频繁，农业生产基础薄弱，产业结构调整不合理，产业化经营水平不高，农民增收较为缓慢。人口素质低，文盲、半文盲比例较大，是一个典型的贫困乡镇。如何调整产业结构，破解农民增收缓慢的问题，是摆在宝家营子乡各届党委、政府和人民群众眼前的一个现实问题。	
一、宝家营子经济社会的发展现状	基本情况
（一）宝家营子乡的基本情况	
宝家营子乡位于蒯屯县中部的青河两岸，东经98°51′至99°21′，北纬26°00′至26°13′之间，东西横距最宽30千米，南北纵距最长24千米，总面积640.22平方千米。乡境东连接边主县，南连大宽子镇，东南、西南分别与胜利乡、台子镇相连，西与草甸接界，北与起达乡毗邻。全乡农作物和经济林木及药材种类繁多，动植物资源丰富，森林覆盖面积为84.3万亩，覆盖率达54%。	
全乡共有11个村民委员会，81个自然村，129个村民小组，人口达5 180户共27 521人，朝鲜族是居住的主体民族，占全乡总人口的93%。农村劳动力共有8 715人。全乡耕地面积32 821亩，其中水田5 190亩，旱地22 568亩。有3条乡村公路，总里程81千米。由于社会、自然条件等诸多原因，宝家营子乡的各种基础设施建设落后，群众依靠科技增收致富意识淡薄，农产品附加值无法提高，商品化率低，经济收入增长缓慢。全乡现有4个自然村未解决通电问题，有21个自然村未解决和恢复人畜饮水工程，有10个自然村未通人马驿道，有1 163户农民居住在简易茅草房、千角楼房内，人均628元以下的绝对贫困人口还有591户共1 895人。	
（二）宝家营子乡经济社会发展的有利条件和不利因素	客观分析
发展中的有利条件：	有利条件
（1）宝家营子乡立体气候突出，自然物种资源丰富，具有较强的开发潜力。	

（续上表）

文种	要素评析
（2）有丰富多样的民族文化，山川险峻秀美，旅游资源丰富。 （3）有丰富的水力资源，全乡境内有 7 条流量稳定的自然河，为引水、提水、蓄水灌溉以及发展水电提供了水源保障。 （4）区位优势，宝家营子乡位于蒯屯县中部的青河两岸，距省城 35 千米，位处交通要道，是南标、北标两县和本县的石坨子乡、五家子乡、赤里乡到省城的必经之道。这有利于宝家营子乡与其他地区的经济交流和友好往来，把当地的资源优势转化为经济优势。 （5）劳动力资源丰富，全乡农村劳动力 7 135 人。广大人民群众从传统耕作方式转变为走依靠科技促增产的路子，劳动力从不足变为过剩，若把多余的劳动力输出，从农业生产上转移出来，从事其他行业，将增加农民经济收入，改善生产生活条件。	
存在的问题和不利因素： （1）山高坡陡，耕地质量差、土层薄而瘦，不利于粮食生产。 （2）农村基础设施建设力度不够，投入不足，对乡域经济发展的“瓶颈”制约因素未能得到根本性解决，阻碍了全乡社会经济的发展。 （3）经济社会发展滞后，生产力水平较低，教育科技文化落后，劳动者素质偏低，自我发展能力不足，科教、医疗卫生等社会各项事业低于全县平均水平。 （4）乡财政收入来源少，财政经费困难，自我发展的造血功能较弱，培植支柱产业力度不够，农民收入渠道少，农产品市场竞争能力弱，增收困难。 （5）生态环境恶化，人与耕地矛盾突出，土地承载负担加重，自然灾害频繁，部分已丧失生存条件。 （6）对立体气候优势认识不足，开发不力，农产品结构不合理，特色不明显，缺乏竞争力，产业结构和经济结构调整缓慢，第二、三产业发展水平低，工业化和城市化及产业化经营水平落后。	不利因素
二、宝家营子乡经济社会发展的对策建议 结合宝家营子乡的自身特点，立足资源优势，扬长避短，坚持科教兴乡，以市场为导向，念好“山字经”，发展峡谷经济和生态农业。坚持以人为本，树立可持续发展的科学观，把促进人的全面发展作为根本出发点和落脚点。 （一）将切实解决贫困人口问题作为发展的头等大事来抓 （1）依托宝家营子资源优势，调出特色，调出规模，调出“卖点”来。突出抓好生猪和土鸡养殖基地建设和肉牛、山羊养殖基地建设。沿江经济带开发农副产品粗加工，建立蔬菜基地、养猪基地，实行“粮—菜—猪—鸡”模型发展。半山和高山经济带生物资源丰富，生态环境良好，光照充足，雨量充沛。要以自然保护区工程为载体，开发林业产业，为城镇提供优质生态农产品以增加农民收入。 （2）培植农产品加工“龙头”企业，以“龙头”带动增收。要扩大对外开放，招商引资，扶持发展和培植一批农产品加工企业和农产品营销大户，以“龙头”为纽带，使小生产与大市场连接起来，使小产品与大效益连接起来。	对策建议

（续上表）

文种	要素评析
（3）科学种植，提高科技含量，促进农民增收。 （4）百年大计，教育为本，进一步树立和强化科教兴乡的观念，防止和克服忽视科教人才培养，改变教育与生产脱节的状况，提高劳动者素质。 （5）紧紧抓住国家扶贫开发工作和西部大开发这一历史机遇，加快经济结构调整和对外开放两个步伐。 （二）加强农业基础设施建设力度，实现农业增效、农民增收 （1）高稳产农田（地）建设。在原有8 900亩的稳产农田（地）的基础上，再建5 291亩稳产农田（地），实现人均一亩稳产农田（地），同时加大科技推广力度。 （2）水利和人畜饮水工程建设。兴修水利，改修排灌沟渠，改进灌溉方法，扩大灌溉面积。要加强对全乡现有137条大小水利的维修、加固、拓宽和三面光支砌，减少渗水，增加进水量。在有条件的地方建设部分蓄水、提水工程，努力做到引、提、蓄相结合，解决水源不足、用水困难的问题，力争解决15个自然村704户农民饮水和灌溉困难问题。 （三）坚持以林为主，发展生态农业 要扎实抓好退耕还林还草，合理开发、利用、保护现有森林资源，大力发展经济林果，走基地化建设、连片开发、集约经营，高产高效优质的绿色产业发展路子。 （四）大力发展畜牧业 （1）改良选育牲畜品种，实行科学饲养，科学管理，加强疫病防治工作，提高存栏，加大出栏率。 （2）规模发展畜牧业商品生产，积极扶持群众发展畜禽养殖，为他们创造各种便利条件，抓好产前、产中、产后及销售等相关环节的指导服务工作，调动群众的生产积极性，把畜禽养殖业作为兴乡富民的一项支柱产业抓紧、抓好。 （3）发展畜禽养殖业，形成海拔1 800米以上发展黑山羊、肉牛，1 800米以下发展生猪、土鸡规模养殖。 （五）进一步加强交通、能源、通信等基础设施建设 （六）加大农业产业结构调整步伐，促进农村经济发展、农民增收 （1）在稳定家庭联产承包责任制的基础上，坚持“明确所有权、稳定承包权、搞活使用权”和“依法、自愿、有偿、规范”的原则，稳步推进农村土地使用权流转，促进土地规模化经营，为农业产业化经营创造条件。 （2）加大农业科技体制改革与创新。把农技人员推向生产第一线，推向市场，培养一批科研型、经营型、管理型的复合型人才，充分发挥他们的聪明才智，使之在参与农业产业化经营中实现自身更大的价值。 （3）支持鼓励国家公职人员和农技人员以资金、技术、管理等方式，创办、领办、联办农业产业化龙头企业，加强和改进对农业优势产业开发的领导，以市场为导向，以效益为中心，以特色资源为依托，加快产业结构调整。 （4）强化科技措施，增强农业发展后劲。以“节本增效，先进实用，	

（续上表）

文种	要素评析
优质高效”的原则，整合技术力量，大力推广农业综合技术，重点推广测土配方施肥、模式化栽培、旱作节水、病虫害综合防治等农业技术，加快先进技术与传统农业技术的嫁接与联合，实现优势互补，努力降低生产成本，培植农业新的增长点。 （5）进一步优化作物布局，强化区域优势。在稳定粮食生产的同时，根据本地条件，优化品种，减少趋同，主攻淡季，均衡上市。通过由点到片、由零星种养到规模种养，逐步向区域化、规模化方向发展，使我乡农业结构更优、质量更高、竞争力更强，以此促进我乡农业的全面发展。 （6）坚持以科学发展观统领新农村建设，紧紧围绕党中央“生产发展、生活宽裕、乡风文明、村容整洁、管理民主”的社会主义新农村建设具体要求，进一步破解发展难题，突破发展瓶颈，缩小与外地的发展差距，以增加农民收入、提高全民整体素质和生产生活条件为目的，建设“四新、四化、一提高”的社会主义新农村。 （七）加强教育教学基础设施建设力度 搞好中心校学生宿舍楼、学生食堂和宝家营子乡完小学生宿舍楼及学生活动场地建设项目资金的争取与启动工程；完善民中学生的宿舍、厕所、猪圈、环形跑道和修建办公楼、教职工宿舍楼及游泳池等教育、教学基础设施建设，改进教育教学环境。改（扩）建危房改造工程。走“集中办学”的路子，提高办学质量。 （八）强化医疗卫生、计生工作，解决群众看病就医难及人口增长过快的问题 （1）继续抓好“既要抓紧又要抓好”的人口方针政策，加强计划生育法律、法规政策和“奖优免补”政策的宣传力度，使宣传面达 100%，实现全乡人口自然增长率接近全省年平均水平，控制人口增长过快局面，降低生育速度。 （2）切实加强新型合作医疗工作力度，加大宣传，使新型合作医疗政策家喻户晓、人人皆知，提高合作医疗参加率，并逐步加强农村医疗基础设施建设，配齐具有一定业务水平、服务意识高的专业人员和医疗设施设备，确保全乡医疗卫生防疫工作有序进行。 （九）明确发展思路，加快乡镇企业发展 把发展农业和农村经济的指导思想从单纯抓粮食生产转变到既不放松粮食生产又要大力开展多种经营、发展乡镇企业上来。把发展乡镇企业作为宝家营子乡经济工作的战略重点来抓，形成“上下齐抓，多轮驱动”发展乡镇企业的强劲态势。 （十）转移农村富余劳动力，增加农民外出务工收入 把劳务输出作为一项富民产业加以培植，提高劳务输出质量，疏通劳务输出渠道，扩大劳务输出规模，实现劳务输出，增加劳务经济收入。	
总评：这是一篇综合性社会调查报告。前言部分概括介绍整体调查情况，主体部分较全面、系统地报告基本现状、问题分析并提出建议对策。调查采用数据分析的方法，然后深入分析问题，处理建议也有一定的实用价值。从总体上看，主体的各个部分之间递进的逻辑关系紧密，由现状的描述到问题的明确，然后由分析问题再到对策、建议的提出，层层推进，衔接紧密，具有一定的借鉴作用。	

3.5.6 强化训练与拓展训练

1. 强化训练

以“某大学学生上网情况”为调查内容，撰写一篇社会调查报告。

2. 拓展训练

利用寒暑假期深入偏远农村，选择一个乡镇为调查范围，以“失学女童”为调查对象，以“关于××××镇女童失学情况的调查报告”为题，撰写一篇社会调查报告。

3.6 市场调查报告

3.6.1 概念

市场调查报告是市场调查人员以书面形式，反映市场调查内容及工作过程，并提供调查结论和建议的文本。

3.6.2 分类

市场调查报告的分类很复杂，划分的角度不同，市场调查报告的内涵与形式就有一定的区别，如：

（1）按照调查时限，可分为短期市场调查报告、中期市场调查报告、长期市场调查报告。

（2）按照调查方法，可分为定性市场调查报告和定量市场调查报告。

（3）按照调查范围，可分为宏观（综合）市场调查报告和微观（专项）市场调查报告。

3.6.3 内容要素

市场调查报告一般由标题、署名、正文和附件构成。

（1）标题。标题一般揭示市场调查报告的对象，并且标题要简单明了、高度概括。常用的标题由“调查对象＋文种”构成，如“××市居民中低档住宅消费调查报告”、“××电水器滞销的调查报告”。

（2）署名。写明单位、团体或个人名称。

（3）正文。正文由导语、主体、结尾三部分组成。①导语，也称为导言或引言。它处于市场调查报告的开头位置，一般说明市场调查的目的、意义，介绍市场调查工作的基本过程，包括进行市场调查的调查人、时间、地点、内容及采用的调查方法和方式。也可在调查报告的导言中，先写出调查的结论或直接提出存在问题等。②主体。它是表现调查报告主题的关键部分。主体部分要客观、全面阐述市场调查所获得的材料和数据，并用它们来分析说明有关问题，得出相应的结论，对有些问题、现象要作深入分析和评判等。总之，主体部分要发现问题、分析问题和解决问题。概括地说，一份市场调查报告的主体部分一般具备三个要素：a. 基本情况。对调查结果的描述与解释说明，可用文字、图表、数字加以支撑。对情况的介绍要详尽而准确，为下一步作分析、下结论提供依据。b. 分析与结论。对上述情况数据进行科学的分析，找出原因及各方面因素的影响，透过现象看本质，得出对调查对象的明确结论。c. 措施与建议。通过对调查资料的分析研究，对市场情况有了明晰的认识。针对市场供求矛盾和调查发现的问题，提出建议和看法，供领导决策参考。③结尾。它是形成市场调查的基本结论，也就是对市场调查的结果作一个总结。

（4）附件。附件的内容一般是有关调查的统计图表、相片和参考文献等。

3.6.4 格式与结构模板

标题 署名 正文 …… 附件

3.6.5 范文及要素评析

文种	要素评析
对川、陕、甘等地纺织品市场的调查报告 销售部	调查对象 + 文种 署名
为了适应市场变化，了解市场信息，进一步搞好我厂销售工作，我们从 6 月 11 日至 11 月 30 日分别到四川、陕西、甘肃 3 省 11 个市（县）纺织品站销售处进行市场调查和产品推销，开辟新用户。通过市场调查和产品推销，我们进一步了解了当地市场，了解了上述各站的进货、存货、销售、价格定位、货物赊欠、售后服务情况，现汇报如下：	导语（言）
一、市场情况 从我们走访调查的这十几个站的情况看，总的来说： （1）资金紧张…… （2）各站库源充足，库存大…… （3）价格定位可取胜…… （4）售后服务跟不上…… （5）有些站提出延期半年付款，甚至提出售后付款，这些条件我们根本无法答应，也只能善意讲明企业的困难，婉言说明不能给予赊货。	基本情况
二、设想和建议 通过向这些站推销，我们进一步了解到市场饱和、资金紧张给销售带来的困难，我们认为： （1）目前开辟新用户，特别是大的二级站，困难大，不太现实…… （2）这次我们走访、推销过的单位，可采取不断写信的方式，随时了解各站情况…… （3）各站配备专人负责售后服务……	设想与建议
以上是我们这次调查市场所看到、听到、想到的一些情况，仅供领导参考。	结尾

（续上表）

文种	要素评析
总评：这是一篇综合性市场调查报告。标题点明调查对象是四川、陕西、甘肃等地纺织品销售处销售情况。正文导语部分介绍了调查对象的基本情况，提出了对四川、陕西、甘肃等地纺织品销售情况进行调查，使读者对所调查的对象能形成一个总体印象。主体分成两大板块。一是市场总体情况，从进货、存货、销售、价格定位、货物赊欠、售后服务等诸多方面阐述了存在的问题，材料充分，对存在问题的定性看法是建立在有理有据的分析归纳之上的，令人信服；二是针对这些问题提出设想和建议，针对性明确，说理性强，具有现实的可操作性。	

3.6.6 强化训练与拓展训练

1. 强化训练

以某一名牌手机在区域范围内的销售情况为对象作调查，并完成市场调查报告。

2. 拓展训练

以学院开发“幼师”专业为契机，对幼师毕业生在该省或局部地区的就业情况进行实地调查，并完成该问题的市场调查报告。

3.7 市场预测报告

3.7.1 概念

市场预测报告是以一定的经济理论为基础，以市场的历史和现状为出发点，运用经济预测手段，将预测对象、预测区域、预测结果用文字表述出来的书面报告。

3.7.2 分类

市场预测报告的分类很复杂，划分的角度不同，市场预测报告的内涵与形式就有一定的区别。

（1）按照预测时间，可分为短期预测报告、中期预测报告、长期预测报告。

（2）按照预测方法，可以分为定性预测报告和定量预测报告。

（3）按照预测范围，可分为宏观市场预测报告和微观市场预测报告。

3.7.3 内容要素

市场预测报告一般由标题、正文、署名和日期构成。

（1）标题。常见的形式有公文式、文章式和新闻式。①公文式。它一般由“作者 + 事由 + 文种”组成，其中作者可以省略，事由还应当标明预测时限、预测区域、预测对象，如“十一五期间我国太阳能市场需求趋势预测报告”、“2014—2016 年哈尔滨市家用轿车需求量预测报告”等。②文章式。它不要求作者、事由和文种齐全，而根据内容的需要进行取舍，标题只要能够突出主题即可，如“浮光柴油机市场前景透视”、“2016 年应届本科毕业生需求情况预测”。③新闻式。这种标题类似新闻报道的标题，如“加入 WTO——中国企业最关心什么？”

（2）正文。正文由导语、主体、结尾构成。①导语。它是对调查或预测情况的简要说明，包括调查的原因、时间、对象（地区、范围）、过程、方法（是普查，还是随机抽查）等。其具体形式有：a. 说明式，也称为报道式。即用说明的方式，对调查或预测的时间、地点、对象、经过、方式进行简单介绍，使读者对报告有一个总体印象。b. 议论式。即将要调查或预测的中心问题提出来，并对该类问题的重要性以及问题的性质加以议论，以加深读者对该类问题的理解和重视。有关调查的时间、地点、对象、经过、方式暂不说明，而是随着后文的叙述予以说明。c. 结论式。即将报告所取得的基本结论先在前言中提出来，使读者先获得对调查或预测的本质性认识。②主体。它是正文的核心部分，一般有以下三方面内容：a. 基本情况。这部分可按时间顺序进行表述，有历史的情况，有现实的情况；也可按问题的性质归纳成几个类别加以表述。无论如何表述，都要求如实反映调查对象。经济运行的具体情况，要有调查数字，其表述可用叙述与图表相结合的方式。b. 分析或预测。即通过分析研究所收集的资料，预测市场发展的趋势。市场调查报告虽然不以预测为重点，但很多报告的资料分析都暗含对市场前景的判断。预测报告通常在资料分析之后，即说明要采用什么方法预测，并给出公式和结论。c. 建议或措施。它是这类报告的落脚点。根据分析或预测得出的结论，思考相应对策，既要有针对性，又要有可行性。③结尾。它是全文的结束部分。如果写有前言，一般就要有结尾，以照应前言内容、重申观点或加深认识。这部分有时也可省略。

（3）署名。署上单位、团体或个人的姓名。

（4）日期。用阿拉伯数字写全年、月、日。

3.7.4 格式与结构模板

标题 正文 …… 署名 日期

3.7.5 范文及要素评析

文种	要素评析
××畜禽市场前景预测 根据调查，5 月上旬我省肉鸡市场价格略微上涨，其中××地区 4.02 元/千克、××地区 4.00 元/千克、××地区 4.08 元/千克，土鸡价格为 5.00~5.06 元/千克。 家禽市场低迷，是受去冬今春连续 4 个月的“禽流感”影响。由于当时市场消费锐减、价格下跌过快致使养殖户停止补栏，养殖户禽类存栏量普遍低于正常水平。	文章式标题 基本概况
随着夏季的来临，候鸟迁移将逐渐结束，“禽流感”再次出现的可能性大为降低，禽肉市场的消费也将逐步恢复。现阶段制约饲料消费市场走旺的主要原因依然是家禽存栏数量不足。目前，在禽肉消费尚未完全恢复的情况下，鸡价走势却相对稳定，主要是活鸡存栏数量过低所致。截	问题分析

（续上表）

<table>
<tr><th>文种</th><th>要素评析</th></tr>
<tr><td>至4月下旬，国内已连续2个月未有新的“禽流感”疫情报告，禽肉市场的消费正逐步回暖，在五一假期期间，××农贸市场活禽交易量明显上涨，随着消费者采购积极性的上涨，肉鸡价格上涨空间明显。在鸡蛋市场，目前“禽流感”对消费者的心理影响正逐步散去，而非常便宜的鸡蛋价格也将激发消费者的购买积极性，目前4.60元/千克的鸡蛋价格较同期甚低，在维持了数月的低存栏量之后，蛋鸡数量的不足将可能导致后市鸡蛋供应的紧张，鸡蛋市场价格后市上涨的空间和可能性是非常大的，而价格的传导机制也会激发养殖户的补栏积极性，但这存在着一定的滞后性。现阶段，禽类淘汰过快，甚至捕杀过大，同时禽类养殖户补栏起步较为迟钝，补栏的绝对数量也较少。
　　我省××市的猪肉价格在3月份创出了3年来的新低。据调查，青岛地区的红条肉、白条肉月平均批发价格分别为10 750元/吨和9 120元/吨，分别比2月下降12%和11%。生猪价格持续下降，生猪月平均价格为6.6元/公斤，比2月下降4%。4月下旬，受“黄金周”流动人员增大、消费量增加的影响，生猪和猪肉价格将稳中有升。随着天气渐暖，市区肉价大幅下跌。近日××四眼桥农贸市场的纯瘦肉价格由冬季的13元/千克，降为11元/千克；五花肉由冬季的11元/千克，降至9元/千克；排骨由冬季的13元/千克，降到11元/千克。据了解，猪肉价格下跌的主要原因是猪源充足。自2006年5月至2007年9月，猪肉价格在全国范围内持续走高，赢利期之长历史上少见。受利润驱动，生猪存栏量较以往大幅提高。目前，××地区生猪存栏量为190多万头，加上眼下正值出栏高峰期，上市量大，所以价格开始下滑。相对家禽养殖业而言，养猪市场的低迷期可能会更长一些，国内猪价从2007年4月由高位回落以来走出了一个持续稳步下跌的态势，今年春节前猪价曾有过小幅度的反弹，但是节后猪价的下跌速度更快，其中仔猪的价格下跌更为明显。活猪价格的下跌凸现了生猪市场供大于求的状况，而仔猪价格的快速走低则反映了养猪户极为低迷的补栏意愿。面对连连下挫的猪价，各地养殖户叫苦不迭，纷纷宰杀、淘汰母猪，母猪存栏比重已经大幅下降，部分地区已低至正常水平以下。从后期来看，目前这种母猪的大幅淘汰现象必然会导致猪群结构从种源上发生改变，为后期生猪市场的供求结构带来影响。现阶段，尽管母猪存栏数量大为减少，但是毛猪市场依然处于供大于求的状态，因为二元猪的体成熟期约4个月。</td><td></td></tr>
<tr><td>　　预计目前猪价的低迷期还将维持3个月左右的时间，期间可能会有略微上涨，直到今年入秋以后，生猪市场的供求结构将可能会发生逆转。</td><td>预测结论</td></tr>
<tr><td>××××养殖公司</td><td>署名</td></tr>
<tr><td>20××年3月1日</td><td>日期</td></tr>
<tr><td colspan="2">总评：这是一篇短期市场预测报告。概况和预测合为一体，报告根据肉蛋市场价格的起起伏伏，运用大量数据分析和统计，最终预测得出了结论：预计目前猪价的低迷期还将维持3个月左右的时间，其间可能会有略微上涨，直到今年入秋以后，生猪市场的供求结构将可能会发生逆转。</td></tr>
</table>

3.7.6 强化训练与拓展训练

1. 强化训练

通过大量的市场调查，取得充分的数据，设计调查问卷，以“出租车不宜个体经营”

为题，拟写一篇市场预测报告。

2. **拓展训练**

根据下篇文章提供的信息，再借助大量的其他资料，拟写一篇市场预测报告，题目自拟。

专家预测：我国下半年钢材需求增长将减缓

有关专家近日预测，随着宏观调控成效逐渐显现，今年下半年中国钢材实际需求增长与上半年相比有可能减缓4~5个百分点，预计将回落到18%左右。

据《光明日报》报道，中国物流信息中心主任蔡进介绍说，钢材市场需求增长的峰值出现在今年2月份，增幅达到29.3%。以后逐月回落。到7月份，钢材累计需求18 034万吨，增幅降至26%，下降了6.7个百分点。从市场需求看，预计下半年随着投资减缓，下游产业降温，对钢材的实际需求也将减缓。

蔡进说，当前钢材市场走势处在由高速增长向平稳增长转变的过渡期，市场需求仍有回落空间。从钢材市场供给来看，目前钢材进口与去年同期相比已出现负增长；钢材产量累计增长幅度也有所回落，今年1—2月份比去年同期累计增长幅度为37%，而今年1—7月份相比去年同期的累计增长幅度则回落到了25%，但仍相对较高。从全年看，钢材产量增幅回落到20%以内是可能的，也是比较合理的。

（来源：《光明日报》）

3.8 可行性研究报告

3.8.1 概念

可行性研究报告是在某一项经济活动实施之前，通过全面的调查研究和对有关信息的分析，以及必要的测算等工作，对项目进行技术论证和经济评价，以确定一个“技术上合理，经济上合算”的最优方案，为决策者作出决策提供科学依据。把可行性研究的内容和结果形成书面报告，就是可行性研究报告。

3.8.2 分类

按照用途，可行性研究报告可分为以下三种：

（1）用于企业融资、招商合作的可行性研究报告。这类可行性研究报告通常要求市场分析准确、投资方案合理，并提供竞争趋向分析、营销计划、管理方案、技术研发等实际运作方案。

（2）用于建设立项、工商注册的可行性研究报告。这类可行性研究报告通常作为大型建设项目立项和新产品研发的基础文件，建设立项的主管部门和工商管理部门根据建设项目、新产品研发注册的可行性研究报告进行批复或备案，决定该项目是否实施。

（3）用于资金支持的可行性研究报告。这类可行性研究报告通常有两种，一是商业银行在贷款前进行风险评估时，需要项目方出具详细的可行性研究报告；二是在申请国家的相关政策支持资金时，也需要编写可行性研究报告。

3.8.3 内容要素

可行性研究报告一般由标题、正文、附件、署名和日期构成。

（1）标题。标题常用的结构是“编写单位 + 项目名称 + 文种”。如“讯达有限公司关于在东北三省组建销售网络的可行性研究报告”；也可省略编写单位，即“项目名称 + 文种”。

（2）正文。可行性研究报告的内容要素与结构比较灵活，撰写时可视实际需要而定。常规的正文要素较多，例如，一篇建设立项的可行性研究报告一般包括的要素有：

①总论。

a. 项目提出的历史背景；

b. 投资的意义；

c. 可行性研究的结论；

d. 存在的问题。

②市场预测、建设规模和产品方案。

a. 国内外市场供需情况；

b. 国内外供需发展趋势，国内现有生产能力的估计，销售收益的估算；

c. 建设规模和产品方案的确定。

③各种资源及公共设施情况。

a. 原材料、辅助材料的种类、质量、数量、供应地点、供应方法等；

b. 水资源的储量、品种及来源；

c. 所需动力、燃料等公用设施外部协作条件、供应方式及供应条件。

④建厂条件和厂址选择。

a. 建厂地区的地理位置、地形、水文、气象、地质条件、生物和自然环境条件；

b. 厂址与原料产地、市场的距离，交通运输条件，与现有企业的关系及居住条件；

c. 厂址面积、布置方案、建设条件、移民搬迁情况及安置规划；

d. 土地价格、移民费、青苗赔偿费、土方工程费等。

⑤项目设计方案。

a. 项目的产品方案、生产规模、车间组成；

b. 工艺的确定和设备选型；

c. 公用辅助设施的选择；

d. 土建工程布置方案，场地整理，主要建筑物和构筑物的安排，厂外工程的规划等；

e. 运输措施。

⑥环境保护。

a. 拟建项目可能产生的三废的种类、成分、数量及对环境影响的范围和程度；

b. 对三废的治理方案和回收利用情况。

⑦企业的管理机构和人力资源。

a. 管理机构设置方案；

b. 各类工人、技术人员和管理人员的配备方案；

c. 人员培训计划和费用预算。

⑧投资估算和资金筹措。

a. 主体工程与辅助配套工程所需投资；

b. 流动资金估算；

c. 资金来源，贷款偿还方式。

⑨项目实施计划。

a. 勘察设计、设备制造、工程施工与安装、试生产所需的时间及进度要求；

b. 各项工作相互配合、实施的最佳方案的确定。

⑩企业经济和国民经济评价。

a. 企业经济评价；

b. 国民经济评价；

c. 不确定性分析。

⑪结论。

a. 运用各项数据，从技术、经济、财务、生态和社会各方面论述项目的可行性；

b. 存在的问题和建议。

（3）附件。文末列示出各种资料的来源，如专利证书、资质证书、图、表等。

（4）署名和日期。如果标题之下已有署名和日期，这两项在此处可酌情省略。

3.8.4 格式与结构模板

标题

正文

……

附件

署名

日期

3.8.5 范文及要素评析

文种	要素评析
吸发式电推剪生产可行性研究报告	项目＋文种
项目名称：吸发式电推剪生产项目	项目名称
项目主办单位：利得美发电器有限公司	项目主办单位
项目负责人：利得美发电器有限公司总经理王×	项目负责人
本项目充分利用利得美发电器有限公司的科技研发力量，根据理发业传统电推剪使用中的缺陷及开发新型吸发式电推剪的优点而提出的，对于理发业来说，其推广使用的价值和经济效益是相当可观的。	前言
一、两种电推剪的比较	项目背景
（一）国内外理发业目前使用的电推剪的缺点	
据初步调查，国外（韩国、日本、美国、意大利、以色列等）及国内理发业目前广泛使用的电推剪在进行理发作业时，存在如下缺点：一是被剪断的发屑以及头屑会散落飞溅到人们的头上、脸上、脖子里、衣服上、理发座椅及其附近地面上，还会散落或飞溅到理发人员的脸上、双手和衣服上，不仅令人感到不适，而且污染环境，传播皮肤疾病；二是该电推剪必须由专业理发人员使用。	
（二）吸发式电推剪的优点	
使用专利产品——吸发式电推剪进行理发作业时，它能将被剪断的	

（续上表）

文种	要素评析
头发以及头屑方便地收集起来，防止其到处散落和飞溅，免除了被理发人员和理发人员的不舒服之感，也改善了环境卫生并且防止皮肤疾病传染；同时，非专业理发人员按照说明书的要求，凭借专门设计的理发靠模，就可以十分方便地进行理发作业，而且可理多种发型（这就意味着吸发式电推剪可以进入家庭），极大地提高了人们的生活质量。	
二、吸发式电推剪的适用对象 因吸发式电推剪克服了本报告第一条所列出的现在普遍使用的电推剪的缺点，具有本报告第一条所列之优点，所以，吸发式电推剪适用于以下消费对象：①家庭；②医院、疗养院、干休所、老人院；③美容美发厅；④军队；⑤一般理发店。同时还适用于出口。（具体分析从略）	适用范围
三、吸发式电推剪的发展趋势 因为吸发式电推剪具有本报告第一条所列之优点，有广泛的适用性，受到相关人员欢迎（已作过近五年的广泛调查），而且价位适中（每台售价预计 300 元人民币左右），所以吸发式电推剪面市后，将逐步淘汰现在国内外普遍使用的旧式电推剪。	发展趋势
四、国内吸发式电推剪的市场前景与经济效益量化分析 （一）市场饱和量和年度需求量 （1）居住在城镇的家庭用户饱和量：3 000 万台［15 亿（居住在城市的家庭约有 15 亿个）×20%（每 100 个该类家庭有 20 个家庭采用）］。该类家庭年度需求量：500 万台［3 000 万台/6（使用 6 年报废）］。 （2）居住在农村的家庭用户饱和量：600 万台［2 亿（居住在农村的家庭约有 2 亿个）×3%（每 100 个该类家庭有 3 个家庭采用）］。该类家庭年度需求量：100 万台［600 万台/6（使用 6 年报废）］。 （3）医院、疗养院、干休所、老人院用户饱和量：60 万台［根据《中国统计年鉴（1998）》概算］。该类单位年度需求量：20 万台［60 万台/3（使用 3 年报废）］。 （4）美容美发厅用户饱和量：45 万台（根据抽样调查估算）。该类单位年度需求量：15 万台［45 万台/3（使用 3 年报废）］。 （5）军队用户饱和量：3 万台（估算）。该类用户年度需求量：1 万台［3 万台/3（使用 3 年报废）］。 （6）一般理发店用户饱和量：280 万台（按每 500 人拥有一个理发店概算）。该类用户年度需求量 140 万台［280 万台/2（使用 2 年报废）］。 以上 1~6 类用户的年度需求总量为 776 万台。 （二）目标年度销售收入和利润 （1）目标年度主机销售收入：23.28 亿元人民币［300 元×776（万台）］。 （2）目标年度配件销售收入：2.328 亿元人民币（配件销售收入一般占主机销售收入的 10%）。 （3）目标年度利润额：5.121 6 亿元人民币［（23.28 亿元+2.328 亿元）×20%（销售收入利润率）］。 （三）可望实现的年度销售收入和利润 以上目标年度销售收入和利润数即使只实现 30%（这个目标通过努力是完全可以达到的），则该产品进入成熟期后，可望实现的年度销售收	国内市场前景及经济效益

（续上表）

文种	要素评析
入为7.682 4亿元人民币（主机加配件），利润为1.536 48亿元人民币。	
五、出口的市场前景和经济效益量化分析（暂未计算）	国外前景效益
六、实施吸发式电推剪项目，投资少，风险小，组织生产容易	投资少
七、吸发式电推剪为专利产品，且设计独特，使他人无机可乘，独家生产和销售有法律保障	法律保障
八、吸发式电推剪出口的专利保护（略）	出口专利保护
九、以吸发式电推剪为龙头，可以形成一个生产系列理发工具、洗发护发用品和化妆品的企业群 吸发式电推剪设计独特，为专利产品。如精心组织生产和销售，则很容易获得较高知名度。获得一定知名度后，以该产品为龙头，向其两翼发展，形成一个生产系列理发工具、洗发护发用品和化妆品的企业群，也并非难事。	可形成企业群
十、结论 吸发式电推剪较国内外普遍使用的电推剪，具有明显的优点和适用性，必然深受顾客和理发员的欢迎。该产品面市后，将逐步淘汰现在国内外普遍使用的电推剪，市场容量巨大。实施吸发式电推剪项目，投资少，风险小，组织生产并形成较大批量并不困难，以此为龙头形成一个企业群亦有可能，经济效益和社会效益十分可观。因是专利产品，要做好专利保护工作，独家生产并向国内外市场销售产品，其合法权益会受到国内法和国际法保护。	结论
十一、附件 （1）专利证书原件及复印件各1份 （2）资质证书原件及复印件各1份 （3）企业法人营业执照原件及复印件各1份	附件
2014年3月9日	日期
总评：这是一篇论证新产品开发立项的可行性研究报告。前言部分阐述了目前普遍使用的电推剪的缺点，并将新产品的优点与之比较，然后分析了新产品的适用范围、发展趋势、国内外市场前景及效益等方面的情况，全面地论证了新产品开发实施的科学性和可行性。本报告的论证部分，数据运用充分，论证有理有据，得出结论顺理成章。	

3.8.6 强化训练与拓展训练

1. 强化训练

假设你刚从学校毕业，正踌躇满志地要创一番事业，国家又出台了扶持毕业生自主创业的好政策，请选好一个适合你的创业项目，对此拟写一篇可行性研究报告。

2. 拓展训练

某市大学城体育馆项目建议书已获得上级审批，请代该大学城撰写可行性研究报告。内容按照如下思路：对项目市场、技术、财务、工程、经济和环境等方面进行精确、系统、完备无遗的分析，完成包括市场和销售、规模和产品、厂址、原辅料供应、工艺技术、设备选择、人员组织、实施计划、投资与成本、效益及风险等的计算、论证和评价，选定最佳方案作为决策依据。

3.9 招标书

3.9.1 概念

招标即业主按照规定条件发出招标信息，邀请投标人投标，并在投标人中选择理想合作伙伴的一种方式，招标书是招标过程中介绍情况、指导招标工作、履行一定程序所使用的一种实用性文书。招标书也称为招标通知、招标公告、招标启事、招标广告，当它具有广告性质时，一般通过大众传媒公开。

3.9.2 分类

按照投标的内容和使用对象，可分为生产经营性招标书、技术性招标书和生活性招标书。

3.9.3 内容要素

招标书一般由标题、正文、结尾、署名和日期构成。

（1）标题。有四种常见写法：第一种，由“招标单位名称＋招标项目名称＋文种名称”构成，如“××公司购买供水设备及安装的招标通告”；第二种，由“招标内容＋文种”组成，如“××休闲娱乐酒店工程招标书”；第三种是简化标题，只有文种，如“招标启事”、“招标公告”，甚至只写“招标书”，但标题中的“招标”二字不宜省略；第四种是广告性标题，如“谁来承包王营子制砖厂”。

（2）正文。正文由引言（导言）、主体部分组成。引言部分要求写清招标依据及原因。主体部分要翔实交代招标方式（公开招标、内部招标、邀请招标）、招标范围、招标程序、招标内容的具体要求，还须交代双方签订合同的原则、招标过程中的权利和义务、组织领导、其他注意事项等内容。

（3）结尾。结尾应签具招标单位的全称、地址、电话、电子邮箱、电报挂号及特殊说明等，以便投标者参与时进行信息沟通。

（4）署名。写清招标单位名称。

（5）日期。用阿拉伯数字写全年、月、日。

3.9.4 格式与结构模板

模板 1

标题 正文 …… 结尾 署名 日期

模板 2

标题 正文： 招标说明 投标报价 合同签订及付款方式 投标书要求 评标办法 发标登记截止时间 投标起止时间 答疑时间及地点 开标时间及地点 招标文件说明如有变动，将主要以电话形式通知投标人 招标单位保留对数量、规格等作适当调整的权利 附件 结尾： 招标单位全称及联系人 地址 电话 银行账号 电子邮箱 电报挂号 落款： 招标单位名称 日期

3.9.5 范文及要素评析

范文 1

文种	要素评析
电信楼建筑工程施工招标书	内容 + 文种
按照《朝阳市建设工程招标投标管理办法》，我单位电信楼新建工程已办理招标申请，并报经省（市）招标办批准，决定采用公开招标方式，择优选定施工单位，	引言（导言）
现将本工程的招标事宜及有关要求说明如下：	承启语
一、工程概况 1. 工程名称：电信楼建筑工程。 2. 建设地点：朝阳市和平路81号。 3. 计划批准机关：朝阳市计委文号朝计基〔2014〕12号。 4. 勘测单位：市建筑设计院。级别：甲级。 5. 设计单位：市建筑设计院。级别：甲级。 6. 招标代理单位：朝阳市飞腾建设工程招标代理中心。级别：乙级。 7. 资金来源：自筹，已到位资金850万元。 8. 建筑面积：300平方米。 9. 工程结构概况：本工程类别为四类土建，安装工程；结构形式为框架，砖混；层数为三层，总高度7.2米；基础形式为钢筋混凝土独立基础，钢筋混凝土条形基础。 10. 工程建筑概况：外墙：水泥砂浆面上刷墙漆；窗：铝合金推拉（平开）窗；内墙：混合砂浆上刷外墙涂料；门：一层外门为防盗门，其他为榉木板门；屋面防水：刚性与柔性防水结合。 11. 工程主要使用功能：商住楼。 12. 施工图设计及设计资料：施工图设计资料齐全。 13. 施工现场“四通一平”情况，包括地理、气象、地形、地质、水文、水源、供电、物源、通信、交通运输及可供利用的旧建筑物等情况。 14. 采用新技术、新材料、新设备和特定材料设备，以及对防水、防腐、防污染、地下、水下特殊工程施工的要求…… 15. 大中型工业、公共建设项目用电线路、管道和设备安装工程，高中楼装饰装修工程，另列工程量清单……	工程概况
二、招投标有关事宜 1. 招标范围 本工程招标范围为下列（1）~（10）项中的第（2）、（3）项内容。 （1）大型土石方工程 （2）基础施工 （3）土建工程 （4）给排水、电气安装工程 （5）设备安装工程 （6）装饰工程（指二次装修工程） （7）采暖、通风、电视、电话、除尘工程	招投标事项

（续上表）

文种	要素评析
（8）附属建筑物工程 （9）构筑物工程 （10）拆迁、“四通一平”工程 2. 承包方式 本工程按中标造价，以包工包料的方式进行承包。中标单位不得将工程倒手转包，否则取消该单位对该工程的中标资格，由建设单位报经省（市）招标办批准后从未中标单位中选定一单位承包。 3. 投标报价 各投标单位根据工程情况、建筑市场行情，以及各施工企业自身承受能力报出工程量清单综合单价和投标总价。工程量清单数量按《建设工程工程量清单计价规范》规定编制；工程量清单工、料、机计价参考本市建设造价主管部门发布的市场材料价格信息和市场调查价格信息；工程量清单计费参考本省公布的建设工程取费率，各企业报价按自身实力确定。 4. 工期与质量要求 （1）工期要求。本工程要求在某些方面 2015 年 3 月 28 日开工，总工期按建设部《全国统一建筑安装工程工期定额》编制确定。要求投标单位按定额工期适当提前的原则自行确定投标工期，并具体明确投标工期日历天数。 （2）质量要求。中标单位应按国家规定的施工规范和质量验收标准施工，工程质量必须符合工程设计和现行施工及验收规范的要求，工程竣工时必须达到优良工程质量标准；为了达到优良工程标准，中标单位必须委派二级以上项目经理任项目负责人，工程师以上人员任技术负责人（或具有 5 年以上施工经验的人员或助理工程师）任技术负责人，具有 5 年以上施工经历的人员（或类似具备工程施工经历的人）任施工员。 5. 投标须知 （1）关于投标书的编制与投送。①标书必须具备下列内容。一是封面：包括招标项目名称、投标单位名称、法人代表姓名、填报日期。二是投标书目录。三是投标书汇总表，加盖单位和法人代表印鉴。四是投标书综合说明，包括投标书编制依据，投标报价依据，优惠条件及各项费用计算说明；本单位基本情况（企业资质等级、职工人数、经济技术、管理人员、资产资金、技术设备、施工经历、近两年工程质量、安全、文明施工情况等）；对招标书有关要求的答复及对合同主要条件的确认；其他需要说明的事项。五是投标报价，以工程总报价为准（大写）。六是施工组织设计，包括施工方案、施工方法；保证工程质量、安全、文明施工的主要措施；施工进度计划及保证工期的主要措施；选用的主要施工机具设备及进出场计划；劳动力需用量及进出场计划；施工总平面布置图；其他需要说明的施工技术问题等。七是施工组织机构。包括项目负责人、项目技术负责人、施工员、质量安全员、资料员及其他经济技术管理人员名单及其资格证书复印件。②投标单位必须按本招标书和设计图纸、资料认真编制招标书，密封后于 2014 年 1 月 21 日上午 8：00—8：30	

（续上表）

文种	要素评析
送达招标单位，招标单位按技术标和商务标分别集中包装贴上密封条，并经各招标单位代表在密封处签名后，交由招标单位纪检监察人员按机密文件保存。 （2）关于招标答疑与现场查勘。①本工程于1月25日9：00，招标单位在现场组织现场查勘。②本工程于1月28日15：00，在招标单位进行招标答疑。请各投标单位对招标书和施工图中不清楚的问题，统一以书面形式提出，招标单位将会同设计单位作出书面答复。 （3）关于招标答疑与现场查勘。①评标组织。本工程由招标单位、项目主管部门及邀请的经济专家、技术专家、其他人员组成评标委员会或评标小组。招标办、公证部门及招标单位的监察部门的代表负责开标、评标、定标全过程的监督工作。②开标时间。本工程定于2014年3月1日10：00在本市招标交易中心开标，请各招标单位法人代表（或法人代表委托代理人）及相关人员（不超过3人）按时参加会议，不得迟到，也不得无故中途退场。③评标原则。在评标中坚持平等、自主、客观、公正和注重信誉的原则，力求标价合理，工期适当，质量可靠，技术先进，方案可行。④评分原则及评标办法。本工程采用本市招标文件中的计分评标办法，对报价（或优惠条件）、工期、质量、施工组织设计，企业实力与信誉等方面进行综合后评分，计算出各投标单位的总分，得分最高者为中标单位。如有两个单位并列第一的，以投标报价得分较高者为中标单位。 （4）关于无效标书的规定。①标书逾期送达。②投标书未按规定密封。③投标书未加盖单位和法人代表印鉴。④投标书未按招标书要求编制或字迹辨认不清的。⑤投标单位法定代表人或者其委托代理人未参加开标会议。 （5）关于投标纪律。参加本工程的各投标单位必须遵守下列纪律：①不得哄抬标价、不准串通投标。②不得虚报企业资质等级及其他有关资料情况。③不得与招标方有关人员勾结，影响其他投标单位的公平竞争。④不得扰乱招标会场秩序。⑤招标单位人员和评标小组成员不得作为投标单位的代理人参与投票活动。⑥本工程招标投标的整个活动中，各有关人员必须忠于职守，廉洁自律，不得有徇私舞弊行为，更不得有行贿、索贿行为。凡有违反上述纪律的行为，将严格按建设部《建设工程招标投标管理条例》的有关规定进行处罚。 （6）其他事宜。①投标单位领取招标书和其他有关资料，应向招标单位交纳投标保证金1 000元。投标单位在投标书送达截止时间前放弃投标的，其交纳的保证金于工程中标通知书发出后7日内退回；中标单位交纳的保证金于签订合同后7日内退回；投标单位在投标书送达截止时间后退出投标活动的或中标后逾期或者拒绝签订合同的，其交纳的保证金不予退回。②投标单位中标后，在7天内凭中标通知书与建设单位签订工程承包合同，其合同条款应根据招标书、中标单位投标书的内容及有关规定，由合同双方当事人协商确定。③各投标单位的投标费用自理，无论中标与否，建设单位不承担任何补偿费用。	

（续上表）

文种	要素评析
三、合同主要条款（略）	合同条款
四、本招标书中未尽事宜，按国家、省、市和建设工程施工招投标和有关规定执行	结语
五、招标单位的全称、地址、电话、电子邮箱（略）	结尾
招标单位：××房地产开发公司 招标代理单位：××招标代理中心	署名
2014 年 1 月 11 日	日期
总评：这是一篇生产经营招标书。前言介绍事由，主体部分陈述了招标工程的具体内容，包括工程概况、招投标有关事项、当事人签订合同主要条款、招标单位联络方式等。本招标书事项全面具体，可操作性强，表达明确简洁。	

范文 2

文种	要素评析
凯来休闲娱乐酒店建筑方案设计招标书	单位 + 项目 + 文种
一、项目背景和开发理念 酒店业在近年间有了长足的发展，其中尤以上海的繁荣景象最为突出。随着经济的持续高速增长，改革开放和社会的高度信息化拓宽了国民的视野，生活环境、价值观、精神意识和消费理念正在发生前所未有的变革，人们开始不再满足于由经济发展、大规模工业化生产所带来的单纯物质上的充实，而去寻找一种新的价值和生活体验，度假、休闲、娱乐在时间和空间上占据了生活中非常重要的位置。对于酒店业来说，住宿和餐饮不再是唯一的选择，酒店开始着眼于为人们的生活提供更多的实现梦想的可能性。为适应多元化发展带来的多样化需求，个性化和多功能复合化已成为酒店发展的两大趋势。 本项目意在填补当地商务交际、富裕家庭等主流消费群的需求空白，而将度假、休闲、娱乐功能作为酒店的核心定位，也有助于为客房销售建立独一无二的差异化竞争优势。丰富而有特色的餐饮休闲娱乐功能，充满灵感、幻趣和想象力的空间设计和多样化主题装饰风格释放出难以抗拒的诱惑，吸引和聚集大量人群，为进驻酒店的商家带来可观的人流和商机。	导（言）语
二、招标项目名称 项目名称．凯来休闲娱乐酒店。 用地性质：公共设施用地。 建设用地面积：9 515 平方米（参考业主提供的地形图，以实测为准）。 建筑容积率：不大于 2.5％。 建筑密度：不大于 40％。 绿地率：不小于 35％。	项目事项

（续上表）

文种	要素评析
建筑后退基地边界距离：5米。 退道路红线：50米。 **三、项目地点** 上海市工业综合开发区。西、北临四季绿庭生态园和会所，东临奉金高速公路，南依航南公路出口。 **四、招标方式** 国内外公开招标。 **五、设计内容建议和设计成果要求** 设计内容建议包含以下三大部分内容： （一）综合餐饮休闲娱乐中心（建筑面积10 000～11 000 ㎡） 1. 大堂 2. 大型品牌餐饮（包含2个宴会厅） 3. 日式餐厅（烧肉、铁板烧、料理）1个 4. 小型特色餐馆（带露台或露天餐座）2个 5. 咖啡吧（可提供自助） 6. 各式酒吧和茶楼（带露台或露天餐座） 7. 养生理疗桑拿＋泰式或印度式SPA 8. 迪厅＋酒吧＋卡拉OK＋夜总会 9. 多功能影院（100～150座，可作小剧场、演讲厅、会议室） 10. 小型多媒体会议室（与多功能影院合用开放式休息厅） 11. 电玩、游艺中心（地下室）、儿童嬉戏园 12. 运动健身中心（地下室、须设壁球馆、桌球吧、乒乓球室） 13. 人工沙滩水疗室内温水泳池（不大于40m×40m） 设计公司可在不限于上述参考建议上提出自己的方案。 （二）度假休闲酒店（建筑面积10 000～12 000 ㎡，170～190套） 1. 顶层空中别墅（带空中大露台）≥250 ㎡，2套 2. 次顶层商务酒廊 3. 豪华休闲套房（带露台、双卧、起居娱乐室）≥90 ㎡，6套 4. 休闲套房（带起居娱乐室）≥70m²，50套 5. 特大双人房（带娱乐功能）≥60m²，35套 6. 个性双人房（淋浴独立、化妆洗面可分离）≥50m²，85套 （三）停车（库）场（不少于200个车位） 设计成果包含总平面设计图、单体平面图、立面图、剖面图、主体建筑日景图、夜景透视效果图、入口大堂透视效果图、建筑规划设计总说明、功能布局图及说明、交通组织分析图及说明、景观分析图及说明、规划用地各项技术指标、投资估算。 **六、资质要求** 境内外凡经合法注册并具有法人资格，具有与工程要求相符合的资质（资格）的设计承包商均可报名。 报名时请提交以下资料： 1. 法人代表授权书（原件），营业执照（复印件）。	

（续上表）

<table>
<tr><th>文种</th><th>要素评析</th></tr>
<tr><td>2. 建筑工程设计资质证书复印件（如境外设计承包商需提供相应的设计资格证书）。
3. 相应的业绩证明文件（近五年成功设计过类似规模的工程实例）。
4. 设计单位简介，拟负责本项目建筑师简介及业绩。
5. 经办人有效身份证复印件。
6. 如报名单位为联合竞标形式的，则须出具组成联合竞标协议书，其中，联合竞标伙伴中至少有一家为境内法人单位。
7. 设计收费报价书（按方案设计、施工图设计、景观设计分别报价）。
8. 填写完整的附表（附表1、附表2、附表3）
业主将根据报名单位的业绩、资质和设计收费水平进行资格预审，从中挑选4家参加建筑方案设计竞标。国内设计单位要求为建筑设计甲级设计资质，境外设计单位要具有相关业绩、经验的知名企业参加，或与国内具有建筑设计甲级设计资质的设计单位联合竞标。
七、评审方式
业主将组织各方面专家组成评审委员会，对4家参加设计单位提交的设计成果和设计费报价书进行综合评审，确定一个优胜方案（第一名）。优胜方案提出单位与业主签订设计委托合同并签订建筑方案版权出让协议，根据设计合同的要求完成实施建筑方案设计。其余参赛方案所有权归业主所有。
本次未获优胜方案的参赛单位依名次将获得投标竞赛补偿，具体为：第二名，投标竞赛补偿费人民币8万元；第三名，投标竞赛补偿费人民币6万元；第四名，投标竞赛补偿费人民币4万元。</td><td></td></tr>
<tr><td>八、招标报名日期
2014年12月5日9：00至2014年12月20日17：00。</td><td>日期</td></tr>
<tr><td>九、报名方式
以电子邮件、传真、邮寄方式（信封请署“设计报名”）送达。报名人将资质要求的资料备齐并填妥附表1～3，在报名时间内送到。
报名截止后，招标人根据报名情况进行资格预审，从中选择4家设计单位正式参与建筑方案设计竞标，并发函通知投标者，领取设计所需相关文件，组织现场答疑。未入选单位恕不另行通知。
十、资格预审时间
2014年12月15日至2014年12月25日。</td><td>报名方式</td></tr>
<tr><td>招标单位联络方式（略）</td><td>联络方式</td></tr>
<tr><td colspan="2">总评：这是一篇技术设计性招标书。本招标书的前言部分写明了项目背景和开发理念，主体部分的第二至第十条分别说明了招标项目名称、项目地点、招标方式、设计内容建议和设计成果要求、资质要求、评审方式、招标报名日期、报名方式、资格预审时间、招标单位联络方式等。本招标书以公告的形式发布，文本采用条文式，对招标的具体事宜分条列项地加以介绍和交代，层次清楚，表述准确。</td></tr>
</table>

3.9.6 强化训练与拓展训练

1. 强化训练

某市大学城绿化项目建议书已获得上级审批，请代该大学城设计一份“大学城绿化项目”招标书。

2. 拓展训练

（1）与你所学专业联系起来，进行一次项目招投标模拟训练，例如对“锦绣园工程”进行模拟投标，包括对工程建筑面积的计算、钢筋的计算、装饰工程的计算、工程造价等。

（2）将下列招标书填上内容。

建筑安装工程招标书

为了提高建筑安装工程的建设速度，提高经济效益，经________（建设主管部门）批准，________（建设单位）对________建筑安装工程的全部工程（或单位工程、专业工程）进行招标（公开招标由建设单位在地区或全国性报纸上刊登招标广告，邀请招标；由建设单位向有能力承担该项工程的若干施工单位发出招标书，指定招标；由建设项目主管部门或提请基本建设主管部门向本地区所属的几个施工企业发出指令性招标书）。

一、招标工程的准备条件

本工程的以下招标条件已经具备：

1. 本工程已列入国家（或部、委，或省、市、自治区）年度计划；

2. 已有经国家批准的设计单位出的施工图和概算；

3. 建设用地已经征用，障碍物全部拆迁；现场施工的水、电、路和通信条件已经落实；

4. 资金、材料、设备分配计划和协作配套条件均已分别落实，能够保证供应，使拟建工程能在预定的建设工期内连续施工；

5. 已有当地建设主管部门颁发的建筑许可证；

6. 本工程的标底已报建设主管部门和建设银行复核。

二、工程内容、范围、工程量、工期、地质勘查单位和工程设计单位：__________________。

三、工程可供使用的场地、水、电、道路等情况：______________。

四、工程质量等级，技术要求，对工程材料和投标单位的特殊要求，工程验收标准：______________。

五、工程供料方式和主要材料价格，工程价款结算办法：______________。

六、组织投标单位进行工程现场勘察，说明招标文件上交的时间和地点：________。

七、报名日期，投标期限，招标文件发送方式：

报名日期：201×年____月____日；

投标期限：201×年____月____日至201×年____月____日。

招标文件发送方式：____________________________。

八、开标、评标时间及方式，中标依据和通知：

开标时间：201×年______月______日（发出招标文件至开标日期，一般不得超过两个月）。

评标结束时间：201×年______月______日（从开标之日起至评标结束，一般不得超过一个月）。

开标、评标方式：建设单位邀请建设主管部门，建设银行和公证处（或工商行政管理部门）参加公开开标，审查证书，采取集体评议方式进行评标、定标工作）。

中标依据及通知：本工程评定中标单位的依据是工程质量优良，工期适当，标价合理，社会信誉好，最低标价的投报单位不一定中标。所有投标企业的标价都高于标底时，如属标底计算错误，应按实予以调整；如标底无误，通过评标剔除不合理的部分，确定合理标价和中标企业。评定结束后5日内，招标单位通过邮寄（或专人送达）方式将中标通知书送发给中标单位，并在一个月（最多不超过两个月）内与中标单位签订______建筑安装工程承包合同。

九、其他：____。

本招标方承诺，本招标书一经发出，不得改变原定招标文件内容；否则，将赔偿由此给投标单位造成的损失。投标单位按照招标文件的要求，自费参加投标准备工作和投标，投标书（即标函）应按规定的格式填写，字迹必须清楚，必须加盖单位和代表人的印鉴。投标书必须密封，不得逾期寄达。投标书一经发出，不得以任何理由要求收回或更改。

在招标过程中发生争议，如双方自行协商不成，由负责招标管理工作的部门调解仲裁；如对仲裁不服，可诉诸法院。

建设单位（即招标单位）：______________________

地址：____

联系人：______________________

电话：______________________

附件：______________________

201×年______月______日

3.10 投标书

3.10.1 概念

投标书是投标人按着某份招标书的要求，根据自己的经济能力和实际条件撰写并投送给招标单位的应标文书。

3.10.2 分类

按照投标的内容和使用对象，可分为生产经营性投标书、技术性投标书和生活性投标书。

3.10.3 内容要素

投标书由标题、主送机关、正文、附件、结尾构成。

（1）标题。有两种，第一种由“招标项目名称 + 文种”组成，如“××大桥建筑工程投标书”；第二种只有文种，即“投标书”。

（2）主送机关。指招标单位名称，要求顶格书写。

（3）正文。正文部分可采用条款式或分段分行的行文方法，包括前言（导语）、主体两部分。①前言。表述投标的目的、依据，说明投标的项目和内容。②主体。它是投标书的核心部分，相关的重要内容都要在这部分得到详细说明和阐述，这部分要表明投标者的态度、保证事项，将投标的项目名称、数量、技术要求、商品价格、商品规格、交货日期等进行逐项说明。从某种意义上说，这一部分内容直接关系着投标人能否中标，需要注意的是，这里所采用的一些数据和论据必须是真实准确的。

（4）附件。包括证书、图表等附属材料。

（5）结尾。注明投标单位名称、负责人姓名、地址、电话、传真、日期、开户银行等，以便招标单位与其联络。

3.10.4 格式与结构模板

标题 主送机关 　　正文 …… 　　附件 　　结尾

3.10.5 范文及要素评析

文种	要素评析
投标书	标题
×××煤矿集团公司：	主送机关
感谢×××煤矿集团对东北达能建筑工程有限公司的信任，邀请我们参加“×××煤矿经纬大厦工程”（以下简称“本工程”）的投标。我们对本工程有极大的兴趣，并对与建设单位的合作充满诚挚的意愿。接到招标函文件后，我公司专门成立了研标小组，认真研读了贵公司的招标文件，经过严密的分析与研究，根据工程要求和我公司的实际能力，编写了这份投标文件。我公司认为有实力在按期、保质、保量的前提下完成本工程的施工任务，我公司同意招标文件及合同条款的全部要求。	前言
现将我公司投标书一式7份送达贵公司，正本2份，副本5份，诚请各评委审议，具体事项如下：	承启语
1. 根据已收到的×××煤矿集团公司经纬大厦工程的招标文件，我单位经考察现场和研究贵方招标文件后，愿以人民币（大写）捌仟陆佰万元（8 600万元）的总价，承包该工程招标范围内的建筑施工。 　　2. 如果我方中标，我方将在规定的时间内同建设单位签订承包协议。如果违约，贵方有权中止我方中标并选择其他中标单位。	投标具体事项

（续上表）

文种	要素评析
3. 一旦我方中标，我方保证在收到建设单位发出的书面开工令后立即开工，在300天内竣工，并移交整个工程。质量达到工程合格标准。 4. 除另达成协议并生效外，你方的中标通知书和本投标文件均将构成约束我们双方的协议。 5. 我方所递交投标文件的投标有效期为投标截止日期之后的40个日历天，在此期间如果我方中标，我方将受此约束。 6. 其他文件附后。 投标人：东北达能建筑工程有限公司 法定代表人：司马×× 单位地址：××市建设大路西段66号 电话：×××××××× 电子邮箱：jnhgbbv123@126.com	 附件 结尾
总评：这是一篇生产经营性投标书。正文分开头和主体两部分。开头部分申明投标意愿，说明工程项目名称和提交文本份数。主体部分又分为投标文件、投标价格和投标方承诺。投标文件的组成体现了建设工程项目投标文件组成的通常情况，承诺部分除了强调工期外，其余部分主要集中于投标、中标、签约、履约前后相连的诸多环节。本部分主要是明确保证事项，即就相关事宜表明态度，以取得招标方的信任。落款部分写明投标单位名称、地址、电话、电子邮箱等，并加盖公章。	

3.10.6 强化训练与拓展训练

1. 强化训练

将下列招标书范本充实完善成规范的投标书。

投标书

××建设单位：

1. 根据已收到的招标编号为__________的_____________工程的招标文件，遵照《工程施工招标投标管理办法》的规定，我单位经考察现场和研究上述工程招标文件的投标须知、合同条件、技术规范、图纸、工程量清单和其他有关文件后，我方愿以人民币____________元的总价，按上述合同条件、技术规范、图纸、工程量清单的条件承包上述工程的施工、竣工和保修。

2. 一旦我方中标，我方保证在________年________月________日开工，________年________月________日竣工，即________天（日历天）内竣工并移交整个工程。

3. 如果我方中标，我方将按照规定提交上述总价5%的银行保函或上述总价10%的由具有独立法人资格的经济实体企业出具的履约担保书，作为履约保证金，共同或分别承担责任。

4. 我方同意所递交的投标文件在“投标须知”第11条规定的投标有效期内有效，在此期间，我方的投标有可能中标，我方将受此约束。

5. 除非另外达成协议并生效，你方的中标通知书和本投标文件将构成约束我们双方的合同。

6. 我方金额为人民币______________元的投标保证金与本投标书同时递交。

投标单位：（盖章）
单位地址：
法定代表人：（签字、盖章）
邮政编码：
电　　话：
传　　真：
开户银行名称及地址：
银行账号：
日　　期：______年______月______日

2. 拓展训练

根据下列合同书模板，请自填内容，各拟写一份招标书和投标书，两书的标的要相同。

合同书

发包方：____________________
承包方：____________________

为深化企业改革，提高生产率和经济效益，依据《全民所有制工业企业承包经营责任制暂行条例》，经________人民政府批准，将________厂实行招标承包经营。由________管理局、________财政局、________税务局、________劳动局和中国工商银行________分行组成的“________工业发包委员会”和为发包方（以下简称“发包方”。）通过规定的招标程序，最终确定以________为代表的（个人、合伙人、企、事业单位法人）投标者中标，作为本合同规定承包期限内________厂的承包方（以下简称“承包商”）。双方协商一致，签订本合同。

3.11 相近（临）文种的比较

3.11.1 合同书与意向书的区别

（1）目的不同。签订合同书的目的是确立合同主体之间的民事权利义务关系；而签订意向书的目的仅仅是当事人就某一事项共同意思的一致认定，并不是确立双方民事权利义务的关系。

（2）签订时间不同。合同书的签订时间是双方就权利义务关系达成一致协议后签订；而意向书是双方就某一事项达成共识后就可以签订。

（3）法律后果不同。合同书的签订会导致法律效力的产生，对签约主体具有约束力；而意向书的签订不具有法律效力。

（4）内容不同。意向书只就当事人的主要意思达成一致；合同书的内容是当事人经进一步磋商后，将意向书没有达成的一致意思或疏漏之处补充完善。

3.11.2 意向书与合同书的关系

（1）签订意向书是签订合同的前提，但并不是所有合同书的签订都必须签订意向书。

（2）意向书的签订是为了合同书签约主体就彼此权利义务能顺利达成一致并顺利签订

的文书。合同书的签订往往是在意向书的内容基础上签订的，当然，意向书的内容往往会影响合同书签订的内容。

3.11.3 市场调查报告与市场预测报告的区别

（1）市场调查报告首先一定要进行实际调查，取得大量的第一手数据和资料，并对其进行系统、科学的分析；市场预测报告虽然也需要大量数据及资料，但这些数据及资料可以是通过市场调查得来的，也可以是他人已经调查总结出来的第二手数据及资料。

（2）市场调查报告虽然也会提出意见和建议，但更侧重调查数据和列举现实情况，其余可让人们自己去作判断；而市场预测报告要告诉人们预测结果，并要根据这些预测提出建议和对策，以供参考和借鉴。

4 个人文书

4.1 普通书信

4.1.1 概念

普通书信常指私人间往来的书信，也有个人（私人）对组织、组织对个人的。可用于表示沟通、交流、庆祝、问询、问候 、规劝、吊慰、推荐、请托、商谈工作等。

4.1.2 分类

从书信的内容看，可分为公开信和密信两种。

从递送方式看，可分为邮寄和托带两种。

4.1.3 内容要素

普通书信写法比较灵活，一般由称谓、问候语、正文、结语、落款构成。

（1）称谓。书信的称呼要根据写信人与收信人的关系来确定。对特定的对方，称呼前可加上“敬爱的”、“尊敬的” 等敬语，以示礼貌和尊重对方。称呼要写在信纸的第一行，顶格书写，称呼后面加上冒号。

（2）问候语。问候语写在称呼的下一行，空两格，可以独立成为一小段。一般的问候语有“您好”、“你好” 等。问候语后面一般加感叹号。也可根据对方的不同情况，从节日、身体、工作、学习等方面问候。总之，根据不同的情况写出不同的问候语。

（3）正文。正文是书信的主要部分。正文中的话要说清楚，做到表情达意，简明扼要。正文写在问候语的下一行，开头空两格；如果要写的事情很多，一定要分段来写，做到条理清晰；如果是回信，最好先写收到对方来信，然后回答来信中提出的问题或要办的事情，告诉对方有什么结果等。

（4）结语。结语是正文写完之后，加上致敬或祝愿的话来收束全文，也称结尾语。结语要根据对象的不同而有所不同：一般写“此致、敬礼”；给长辈可写“敬祝健康”；平辈可写“祝工作顺利”、“祝身体健康”；给晚辈可写“愿你学习进步”；如果是节日可写“祝贺节日快乐” 等。结语的“祝”、“敬祝”、“此致” 等，另起一行，空两格书写。

（5）落款。写明写信人的姓名，如果是晚辈，可只写名字，不用写姓；如果是关系密切，可用昵称，如“小明”、“阿英” 等，姓名下一行署上成文年、月、日。

特别提示：普通书信不用标题。

4.1.4 格式与结构模板

称谓
　　问候语
　　正文
……
　　结语
　　　　　　　　　　　　　　　　　　　　　　　　落款

4.1.5 范文及要素评析

文种	要素评析
尊敬的欧阳老师：	称谓
您好！	问候语
离开母校已两年，想起老师往日对我们的教诲，我至今难以忘怀，我每时每刻都在想念您！	表达对老师的尊敬想念
我毕业后就回到家乡的农科所工作，在科学种田的实践过程中，我深深感到科学文化知识是多么重要，我到书店买了一些农技科普读物，想让自己尽快掌握科学种田的本领。	向老师汇报自己的近况
欧阳老师，您对我辛勤教导的恩德，我是不会忘记的。虽然我已离开了母校，但仍时常回忆起当年那无忧无虑的学生生活，怀念辛勤培育我们的园丁。今天学生特地给老师写信问候、致恩师之情。希望将来还能有机会聆听您的教诲。	感谢老师的教诲，表达问候之情
敬颂 教安！	结语
您的学生：车××敬上	署名
2014 年 12 月 4 日	日期
总评：这是一篇普通书信。普通书信无须标题，正文一般表达某种感情。该书信格式规范，要素齐全。	

4.1.6 强化训练与拓展训练

1. 强化训练

给在 2014 年仁川亚运会上获得第一块金牌的运动员写一封信。

2. 拓展训练

设置两个人物角色，相互递送一封书信，如母女之间、父子之间、师生之间、师徒之间、领导与职工之间等。

4.2 应聘书

4.2.1 概念

应聘书是指求职者根据用人单位发布的招聘人员的广告、通知和其他有关信息，有目的地表达求职意向的书信，也称应聘信。

4.2.2 分类

按照收信对象的不同，可分为给单位的应聘书和给单位负责人的应聘书。

4.2.3 内容要素

应聘书写法比较灵活，一般由标题、称谓、问候语、正文、结语、署名、日期、附件和联系方式构成。

（1）标题。在文书的上端居中写明“应聘书”或“应聘信”。

（2）称谓。写上单位名称或联系人、负责人姓名。如果是写给用人单位主管人或负责人的，应注意称呼的使用。不知道对方职务时，使用泛称，如“××领导同志”、“××师傅”、“××老师”等；若明确其职位，可称其“××经理”、“××厂长”、“××主任”；若是应聘私营或三资企业，可称“××先生”、“××小姐”、“××女士”等。称呼的后面要用冒号。

（3）问候语。向称谓人问好，以表示亲切或客气，如“您好”、“你们好”。

（4）正文。正文是应聘书的核心部分。正文一般包括个人基本情况、主要资历、求职岗位、有利条件和希望。①个人基本情况。包括姓名、性别、年龄、政治面貌、工作经历、婚姻状况、学历等。②主要资历。求职人除了要写清个人基本情况外，还应再次说明就读的学校名称、专业，列举学过的与岗位有关的科目、课外进修情况、社会实践情况、在校任职情况、取得的荣誉、获奖情况等。③求职岗位。写清楚想要应聘哪个岗位、哪个职务，目的要明确、具体。④有利条件。除了结合用人单位需求予以介绍外，还要介绍人无我有、人有我优的独有条件，诸如户口、住房、特长、懂多种外语、发表的论文或著作、科研项目等。应多谈自己对该行业、该职位的兴趣，待遇要求不宜多提。⑤希望。它是正文的结束语，多数是希望用人单位能予接纳，恳请对方给予回复等。

（5）结语。同普通书信一样，要讲究礼貌，礼节性的敬语是必要的，可显示求职人的礼貌和修养。在正文结束后，紧接着在下一行空两格写上“此致”二字，后面不打标点，再在“此致”的下一行顶格书写“敬礼”二字，后面写感叹号。

（6）署名。在结语右下方签署求职者的姓名。

（7）日期。要用阿拉伯数字写全年、月、日 。

（8）附件。用来提供证明自己身份、经历、才能和业绩的材料，一般采用“本人简历”的形式比较合适，同时附加一些证明自己经历、才能和业绩的文字材料的复印件。复印材料要选用最重要、最能说明问题的材料，要按简历内容顺序整理好，便于查验。

（9）联系方式。最后写上联系电话、电子邮箱、家庭住址等。

4.2.4 格式与结构模板

标题

称谓

　　问候语

　　正文

……

　　结语

署名

日期

　　附件

　　联系方式

4.2.5 范文及要素评析

<table>
<tr><th>文种</th><th>要素评析</th></tr>
<tr><td>应聘书
蔚迟经理：
您好！
我是从《××晚报》的招聘广告中获悉贵酒店欲招聘一名经理秘书信息的，特冒昧给您写信应聘。
两个月后，我将从北方职业技术学院文秘专业毕业。三年来，我系统地学习了现代管理概论、社会心理学、秘书心理学、文秘管理概论、财务会计、秘书写作、秘书实务、人力资源管理、市场营销、涉外秘书实务、秘书训练、应用写作、礼仪学、办公自动化、计算机应用、专业韩语等课程。成绩优秀，曾撰写社会调查报告两篇。熟悉电脑操作，通过大学英语四级，韩语口语流利，普通话运用自如。
去年下半学期，我曾在万豪五星级酒店客房实习三个月，积累了一些酒店实际工作经验。我热爱酒店管理工作，希望能成为贵酒店的一员，和大家一起为促进酒店的发展竭尽全力。
本人身高 1.65m，相貌端庄，气质颇佳。
如能给我面谈的机会，我将不胜荣幸。
此致
敬礼！
应聘人　颜×
2014 年 5 月 6 日
附件：
1. 个人简历 1 份
2. 毕业证书复印件 1 份
联系地址：北方职业技术学院
邮编：110007
联系电话：×××××××××××</td><td>标题
称谓
问候语
正文

结语

署名
日期
附件

联系方式</td></tr>
<tr><td colspan="2">总评：这是一封根据招聘启事而写的应聘书。首段引据《××晚报》的招聘广告作为写此应聘书之缘起，接下来直接提出应聘经理秘书一职的意愿。第二段写的是自己的基本情况、所学课程及自己掌握的知识技能。第三段是对自己实践经历及社会经验的介绍。第四段是对自己性格的简单介绍。本应聘书短小精悍，能紧扣该招聘广告提出的应聘条件和要求，理由充分，态度诚恳，语言得体。所提供的附件也利于证明自己的应聘条件。</td></tr>
</table>

4.2.6 强化训练与拓展训练

1. 强化训练

南方某大教育集团向社会公开招聘大学英语教师，要求有 5 年以上教育经历，请拟写一份 500 字左右的应聘书。

2. 拓展训练

（1）假设你是某职业技术学院秘书专业毕业生，根据下面所提供的材料，向本次招聘会提供一份秘书职位的应聘书。

“上海·2014 秋季大型人才招聘会”已筹备就绪。据上海人才市场有关负责人介绍，目前，参会企业已近 500 家，报名参加此次招聘会的企业来自全国各地，预计参会人数将达到 18 000 人；本次参会企业中，汽车、IT/电子、机械、房地产、生物医药 5 大行业的企业占一半以上。本次招聘会将向求职择业者提供近些年以来最全面的岗位，包括秘书、档案管理员、建筑设计师、机电一体专业工程师等 5 000 多个岗位。

（2）到本地人才市场找一份招聘广告，试着为自己拟写一份应聘书。

4.3 自荐书

4.3.1 概念

自荐书是以个人的名义，向用人单位自荐谋求某一岗位或职务时所要表明的有关事宜的一种实用文书。自荐书也称自荐信。

4.3.2 分类

按照收信对象的不同，自荐书可分为给单位领导集体的自荐书和给领导个人的自荐书。

4.3.3 内容要素

自荐书写法比较灵活，一般由标题、称谓、问候语、正文、结语、署名、日期、联系方式构成。

（1）标题。在文书的上端居中写明“自荐书”或“自荐信”。

（2）称谓。一般是姓加职衔或官衔。一般以高者尊者称呼。例如，当收信对象既是教授又是人事处长时，那么此时称教授也许效果好些。因为，知识分子多偏爱学者职衔，这样称呼会让他有一种亲切感，无意之中，他对你的印象就更深一些。

（3）问候语。向称谓人问候，以表示亲切或客气，如“您好”、“你们好”。

（4）正文。正文由引言和主体构成。①引言。引言引导收信对象自然进入书信所突出的正题，使其被正题吸引，所以写好引言非常关键。引言的方式有很多，现举几例。a. 概述性引言：用一两句话概括你具备的最重要的求职资格和工作能力，并简要说明这些资格和能力如何能最好地满足目标工作的需要。b. 赞扬性引言：赞扬目标单位近期所取得的显著成就或发生的重要变化，然后表明你渴望为其效力。c. 独创性引言：如果你申请的目标工作需要创造性的想象力，可以用一个新奇的、能表现这方面才华的句子。d. 志愿式引言：表明你的理想和抱负，把目标单位称作你的用武之地，决心为之奋斗，为之奉献。e. 提问式引言：针对目标单位的困难、需要和目标提出自己的认识和建议，然后表明你真诚地希望能帮助他们克服困难，满足需要，实现目标。先设问，再回答，表明你对局势的关注和同舟共济的决心。f. 汇报性引言：把对方视为尊敬的领导和专家，以谦虚求教的态度向其汇报自己的情况和求职动机，请求指点和当面赐教。②主体。主体部分是求职信的重点，要简洁而有针对性地概述自己简历的内容。既要实事求是又要投其所需，突出自己的长处和优势，使对方觉得你的各方面的情况与招聘条件一致，与有关职位要求、特点相吻合。可概括为如下几个方面：一是简述你的主要求职资格、工作经验、参加过的有关社会活动、个人兴趣和爱好。二是要以成熟而务实的语态提供你在学业上、工作中取得的重要成就，来证明自身的资格和能力；接着谈论一下目标单位的有关情况，表明你对其已有了解，并愿意为其效劳。三是表述你具备的教育资历、工作经验和个人素质，如你为这项目标工作做了哪些教育准备，即你所受的哪些教育与目标工作任职资格有关；你过去所受的专业训练和工作经验及其与目标工作的相关性；以事实证明你具有目标工作要求的个人素质；举例说明你具有做好目标工作的其他条件。四是重申你的求职动机，简要说明你对未来的设想。五是提示说明你在求职信后的有关附件和联系方式。六是要令人回味且记忆深刻。要把你想得到工作的迫切心情表达出来，请用人单位尽快答复你，以恰当恳切的方式请求安排面谈。内容要具体简明，语气要热情诚恳，有礼貌，最后别忘了向对方表示感谢。

（5）结语。致敬语与普通书信的结语的写法一样，一般用“此致、敬礼”、“祝工作顺利”等。

（6）署名。署上作者姓名，姓名要写全称。

（7）日期。要用阿拉伯数字写全年、月、日 。

（8）联系方式。写清电话、电子邮箱、家庭住址等。

4.3.4 格式与结构模板

标题

称谓

问候语

正文

……

结语

署名

日期

联系方式

4.3.5 范文及要素评析

范文 1

文种	要素评析
自荐信 尊敬的领导： 您好！ 非常感谢您能在百忙之中抽出时间阅读本人的求职自荐信。我是上海交通职业技术学院国际航运系的学生，将在 2015 年 7 月毕业。即将踏上征程之际，在此呈上自己的求职信息，特毛遂自荐，愿意接受贵公司的考核与挑选。	标题 称谓 问候语 正文

（续上表）

<table>
<tr><th>文种</th><th>要素评析</th></tr>
<tr><td>　　我通过各种渠道大致了解了贵公司的情况，知道贵公司是个很有发展前途的具有现代潮流的实体，具有广阔的发展前景，而我也非常希望能加入这样的企业，尽自己最大努力为公司的发展奉献自己的微薄之力。同时希望能在贵公司的帮助下、在贵公司大发展的环境下促进自己的发展。
　　大学三年是我不断进取、逐步完善、充实自己、开拓奋斗的三年，这一切都是为明天的发展而准备。大学三年里，我除了熟练地掌握基础知识之外，在学习本专业的同时，还辅修了计算机。在电脑桌上独领风骚的我，计算机已达到专业水平。这一切使我初步具备了从事计算机应用、会计、市场营销等方面的工作能力。
　　“良禽择木而栖”、“士为知己者死”，面对物尽其用、人尽其才的今天，我希望能加入重视人才、注重实干的公司，同时也希望以我所学，尽我所能，为贵单位的繁荣与发展贡献自己一分微薄之力。若能给我一个面谈的机会，我将倍感荣幸。恭候佳音。
　　谨祝贵单位事业蒸蒸日上！
自荐人：郁××
2015年2月3日
　　附件：
　　1. 个人简历1份
　　2. 毕业证书复印件1份
　　注：联系方式见个人简历</td><td>结语
署名
日期
附件</td></tr>
<tr><td colspan="2">总评：这是一封推销自己的自荐书。首先自报家门，简单介绍一下自己的大致情况，然后提出自己对目标公司的“崇拜”、向往及迫切心情，然后展示自己的学业及特长优势，最后再次表明自己愿意加盟并要努力作出贡献的意愿。作为招聘单位的领导，当然希望能够物色到诚恳为本公司效力的人才。总之，这篇自荐书比较成功。</td></tr>
</table>

范文 2

<table>
<tr><th>文种</th><th>要素评析</th></tr>
<tr><td>自荐信
蒋总经理：
　　您好！
　　一直以来，我都在期望着能有机会加盟贵公司。
　　三年前我毕业于南方经济贸易大学国际贸易专业，在校期间学到了许多专业知识，如国际贸易、国际贸易实务、国际商务谈判、国际贸易法、外经贸英语等课程。毕业后，我就职于一家外贸公司，从事市场助理工作，主要是协助经理制订工作计划、进行外联工作以及管理文件档案。
　　本人具备一定的专业技能、管理与策划能力，熟悉各种办公软件的操作，英语口语相当娴熟，略懂韩语。如果您能给我一个机会，我深信可以胜任贵公司的多个岗位，如经理助理、部门主管之职。本人</td><td>标题
称谓
问候语
正文</td></tr>
</table>

（续上表）

文种	要素评析
简历及相关材料一并附上，希望您能觉得本人是该职位的有力竞争者，并希望尽快收到面试通知。 感谢您阅读此信并考虑我的应聘要求！ 我的联系电话：131×××××××× 此致 敬礼！ 一个真诚的求职者：阎×× 2014年8月3日	 联系方式 结语 署名 日期
总评：这是一封给求职单位领导个人的自荐书。求职者态度既诚恳又谦虚，首先表达自己加盟该公司的意愿。然后介绍自己的学业优势、社会经历，并突出介绍了自己的特长，尤其是“曾做过市场助理”的自我推销，一定会博得领导的好感，给对方留下一个较好的印象。最后再次表明意欲在该公司谋职的意向，并留下了联系方式。这篇语言简洁的求职书的精彩之处在于它的用语准确，简洁明快的语言体现出求职者的能力素质非同寻常，因此，可以推断其求职的期望不难实现。	

4.3.6 强化训练与拓展训练

1. 强化训练

按照自己所学专业和实力，给你所向往的单位写一份自荐书。

2. 拓展训练

（1）你即将走向职场，请按下列要求，给自己设计一份自荐书。

芸芸高材生，求职难上难。这不仅表现在激烈的竞争上，而且也源于自荐不当。

拟写自荐书的技巧很多，关键要遵循所谓的“三忌三要”。“三忌”为：一忌高枕无忧，千万不要以为自己有了高学历或出自名牌大学，就有了求职的全部资本，因而在自荐书中流露出过分的自信和提出过分的要求；二忌千篇一律，洋洋万言的一份“统发稿”，述说着自己对几乎是所有职业都有从业的兴趣和能力；三忌事无巨细，如同一份“流水账”。“三要”为：一要巧妙构思，着力于表达或暗示自己的才智胸襟、适应能力、工作态度和发展潜力；二要情有独钟，显示出对招聘单位及其提供的岗位特别感兴趣；三要新颖独特，在形式和内容上要有视觉冲击力，突出重点，兼顾一般。一些细节对“包装”自荐书不可忽视。最好自己手书，让招聘单位看了你的手写自荐书后，有个初步了解。如打印，签名定要手书。

（2）依据自己所学专业和爱好，给你所向往的单位领导人写一份自荐书，其中突出自己上学期间所做过的兼职工作的经历介绍。

4.4 个人简介

4.4.1 概念

个人简介是当事人全面而概括地介绍自身情况的一种书面表达形式，也称本人简介或个人简历。

4.4.2 分类

按照书写形式，个人简介可分为文字式简介和文字加表格式简介。

4.4.3 内容要素

个人简介写法比较灵活，一般由标题、正文、结尾、结语、署名、日期、联系方式构成。

（1）标题。在文章上端居中写明“个人简介”或“本人简介”。

（2）正文。一般分五层展开：①个人信息，包括姓名、性别、年龄、民族、政治面貌、学历与学位、毕业院校及专业、现工作单位等；②教育背景，包括在校期间学习专业及课程情况、实际操作能力及实践经验，集中介绍一两个方面；③本人专长，本专业以外的所学、所长、所取得的成绩、社会工作能力情况；④个人性格品质；⑤需求岗位情况。

（3）结尾。主要表达自己在今后工作中不懈努力、积极进取、厚报单位的决心和信心。也可谈一下自己以事业为重的想法。该部分写作应简要，一般两三句话即可。

（4）结语。致敬语与普通书信的结语写法一样，一般用“此致、敬礼”、“祝工作顺利”等。

（5）署名。署上作者姓名，署名要写真实姓名的全称。

（6）日期。要用阿拉伯数字写全年、月、日 。

（7）联系方式。写清电话、电子邮箱、家庭住址等。

4.4.4 格式与结构模板

模板 1 文字式个人简介

标题

正文：

个人信息

教育背景

本人专长

个人性格品质

需求岗位情况

结尾

结语

署名

日期

联系方式

模板 2　　**表格式个人简介**

<table>
<tr><td>姓名</td><td></td><td>性别</td><td></td><td>民族</td><td></td><td rowspan="4"></td></tr>
<tr><td>出生年月</td><td></td><td>政治面貌</td><td></td><td>健康状况</td><td></td></tr>
<tr><td>院系</td><td></td><td colspan="2">入学及毕业时间</td><td colspan="2"></td></tr>
<tr><td>专业名称</td><td></td><td>家庭地址</td><td colspan="3"></td></tr>
<tr><td>学制</td><td></td><td>培养方式</td><td></td><td>学历</td><td colspan="2"></td></tr>
<tr><td>联系电话</td><td></td><td>E – mail</td><td colspan="4"></td></tr>
<tr><td>主修
专业课程</td><td colspan="6"></td></tr>
<tr><td>计算机
应用能力</td><td colspan="6"></td></tr>
<tr><td>英语
应用能力</td><td colspan="6"></td></tr>
<tr><td>实践
技术能力</td><td colspan="6"></td></tr>
<tr><td>需求岗位</td><td colspan="6"></td></tr>
<tr><td>备注</td><td colspan="6"></td></tr>
</table>

4.4.5 范文及要素评析

文种	要素评析
个人简介	标题
本人基本情况： 姓名：于飞　性别：男　年龄：23 岁　政治面貌：中共党员 就读院校：北方职业技术学院管理系行政管理专业	本人基本情况
自我评价： 本人性格开朗、稳重、有活力，待人热情、真诚。工作认真负责，积极主动，能吃苦耐劳。有较强的组织能力、实际动手能力和团体协作精神，能迅速适应各种环境并融入其中。	性格品质
在校期间任职情况： 2011. 9—2012. 6　在班级担任班长职务 2012. 9—2013. 6　担任系学生会副主席 2013. 9—2014. 6　担任学生会副主席、班级体育委员 2014. 9 至今　担任班级组织委员	任职情况
社会实践和实习情况： 2011. 11—2011. 6　辅导某初三学生各门功课，在一段时间的辅导、合	实践情况

（续上表）

文种	要素评析
作中，该学生的各门功课成绩均有提高，深受该生家长的好评。	
2012.6—2012.9　在滨州市电影公司实习，负责办公室的日常事务，从事人事和企业行政管理工作，在实习结束后，各领导给予我极高的评价和奖励。	
2013.6—2013.9　暑假期间，在当地的市政府部门里担任办公室助理职务、处理各项管理事务，协助领导做好管理工作，受到领导们的一致好评和肯定。	
2014.4—2014.8　在滨州市工商行政管理局合同处实习。主办“滨州市重合同、守信用企业协会”的成立活动，熟练运用办公自动化设备，起草及审查各种办公室文件；编排、打印档案；打理办公室日常事务，与其他各单位、部门做好协调，协助本部门领导做好管理工作等。通过共同努力，该协会被国家工商总局授予“国家优秀信用组织协会”称号。对于实习期间的工作，处长和科长们给予我很高的评价和奖励。	
在校期间获奖情况；	所获奖项
2011—2012 学年荣获“三好学生”称号。	
2012—2013 学年荣获“优秀共青团员”称号。	
在实习工作中，主办了“滨州市重合同，守信用企业协会”的成立活动，该协会被国家工商总局评为“优秀信用组织协会”。	
在校足球联赛中获得第二名。	
获得证书情况：	所获证书
大学英语四级证书、全国计算机二级证书、秘书中级技能证书、公共关系资格证书、微软 Windows 98 产品高手证书、微软 Word 2000 产品高手证书、微软 Office 2000 办公软件专家证书等。	
主修专业课程：	所学课程
社会学、逻辑学、行政管理学、人力资源管理学、人力资源管理案例、企业管理学、基础写作、公共关系学、公共计算机学、市政学、毛泽东思想概论、信息管理概论、法学基础、行政法和行政诉讼法、社会心理学、中国政治制度史、大学英语、行政领导和决策学、秘书学、行政生态学、应用写作、机关管理和办公自动化、政治经济学、公共政策学、人际关系学、谈判学、中国历代官制、中国传统礼仪文化、公共管理学、社会调查研究学、行政哲学等。	
个人专长：	专长
交际、组织、管理、写作、电脑、文学、分析研究、足球、音乐等。管理理论知识结构牢固，能充分并成功地运用于实际中；英语基础知识较扎实，具备一定的听、说、读、写及翻译能力；熟悉计算机网络，熟练掌握办公自动化，对各种硬件安装及各种软件的运用有着丰富的实践操作经验等。	
于×	署名
2014 年 3 月 8 日	日期
总评：这是一篇普通的文字式个人简介。简介分条列款地列示出自己的履历。以本人基本情况、性格品质、任职情况、实践情况、所获奖项、所获证书、所学课程、个人专长等为一条主线，时间上衔接准确，内容上客观实际，态度实在。总之，本“个人简介”真实介绍了自己的一切，是一篇合格的文本。	

4.4.6 强化训练与拓展训练

1. 强化训练

请创制一份表格式的个人简介。

2. 拓展训练

（1）请根据下列四点要求，拟写一份文字式的个人简介。

第一，个人基本情况。应列出自己的姓名、性别、年龄、籍贯、政治面貌、学校、系别及专业，婚姻状况、健康状况、身高、家庭住址、电话号码等。第二，学历情况。应写明曾在某学校学习某专业以及起止期间，并列出所学主要课程及学习成绩，在学校和班级所担任的职务，在校期间所获得的各种奖励和荣誉。第三，工作资历或业务经验情况。若有工作经验，最好详细列明，首先列出最近的资料，后详述曾工作单位、日期、职位、工作性质。第四，求职意向。即求职目标或个人期望的工作职位，表明你通过求职希望得到什么样的工种、职位以及你向往的目标，可以和个人特长结合来写。

（2）请将下面这份"个人简介"改成一份文字加表格式的个人简介。

个人简介

梁东昌，一个充满着梦想的大男孩，卓尔不凡，文质彬彬，温文尔雅，气宇轩昂，才华横溢。

满怀梦想的我来自美丽的海港城市山东省青岛市。2004 年毕业于吴家桥小学，同年以优秀的成绩考上了青岛市重点中学南岭中学。

中学时曾担任班级副班长、班长。学习成绩一直名列前茅，特别是在数学、英语和物理方面表现突出，多次代表学校参加省数学、英语、物理竞赛。小小年纪就已经成为南岭中学的"考试杀手"。

2010 年考上了中国海洋大学，一所充满着海洋气息的学府。就读于计算机科学与技术专业，主攻软件开发。

大学期间表现特别突出。曾担任班长职位，做过学院团委组织部委员、部长，获得过"优秀学生干部"和"优秀团干部"称号。期间筹备过学校多个大型活动，如学院的十佳歌手比赛，校 IT 节活动。学习成绩一直名列前茅，连续四年获得优秀学生奖学金。先后通过了大学英语四、六级考试和软件设计师考试。

2012 年 5 月加入中国共产党。

2012 年 6 月被评为中国海洋大学 2012 届优秀大学毕业生。

2012 年考上了北京科技大学电子信息科学专业研究生。

熟悉数据库编程，掌握了……（此项自拟）

4.5 申请书

4.5.1 概念

申请书是个人或集体向有关部门、组织表达某种愿望或提出某种要求，争取组织和领导的帮助与批准时，所使用的书面文书。

4.5.2 分类

按照制作形式，可分为文字式申请书和表格式申请书两种。

这里只介绍个人文字式的申请书。

4.5.3 内容要素

申请书的结构由标题、称谓、正文、结语、附项、署名、日期构成。

（1）标题。申请书的标题有两种形式：第一种由“性质＋文种”构成，如“入团申请书”；第二种直接用文种“申请书”作标题。

（2）称谓。另起一行顶格书写，写明接收申请书的单位名称或领导人姓名，后加冒号，如“×××团支部：”、“系党总支领导：”等。

（3）正文。正文包括申请内容、申请原因、决心和要求三项内容。①申请内容：开篇就要向领导、组织提出申请什么。要开门见山，直截了当，不含糊其辞；②申请原因：为什么申请，也就是说明申请书的目的、意义及自己对申请事项的认识；③决心和要求：最后进一步表明自己的决心、态度和要求，以便组织了解申请人的认识，应写得具体、诚恳，有分寸，语言要朴实准确，简洁明了。

（4）结语。申请书可以有结语，也可以没有。结语一般是表示敬意的语言，如“此致、敬礼”等。也可写表示感谢和希望的语言，如“请组织考验”、“请审查”、“望领导批准”等。

（5）附项。有的申请书还要有附项，如“贷款申请书”，需在附项中写清联系方式等。

（6）署名。正文右下方署明申请人姓名。

（7）日期。注全年、月、日。

4.5.4 格式与结构模板

标题

称谓

　　正文

……

　　结语

　　附项

署名

日期

4.5.5 范文及要素评析

范文 1

文种	要素评析
助学贷款申请书	标题
中国农业银行××市分行：	称谓
本人于2010年9月进入××农学院食品系食品加工技术专业学习，是本科学生，身份证号码为2100931989××××0525，毕业时间为2014年7月。	个人情况
因为家庭经济困难，难以支付本人在校期间的学费及其他费用，为了能顺利完成学业，特向贵行申请国家助学贷款，贷款时间为2010年9月至2014年7月，每年申请金额为6 000元，共计人民币24 000元整。	申请贷款的原因、数额及用途 保证专款专用
本人郑重承诺：如获得国家助学贷款，我将更加努力学习，积极上进，圆满完成四年的学业，信守诺言，在2016年8月30日前还清所有贷款。毕业后及时将工作单位和详细的联系方式告知贵行，坚决做一名守信用的当代大学生。	还款承诺
家庭地址：辽宁省××市××县×××镇××村 邮政编码：（略） 联系电话：（略）	附项
申请人：杨××	署名
2010年9月1日	日期
总评：这是一篇贷款申请书。该申请书把个人情况、申请贷款的原因、数额及用途、保证专款专用及还款的承诺等项一一表达清楚，结尾处留下了联系方式。总之，本申请书内容全面、事实客观，体式规范，合乎申请书的要求。	

4.5.6 强化训练与拓展训练

1. 强化训练

选择一篇入党申请书例文，再拟写一份入党转正申请书。

2. 拓展训练

将下面国家助学贷款申请表的内容用文字的形式拟写下来。

国家助学贷款申请表

<table>
<tr><td colspan="2">借款人姓名</td><td></td><td>性别</td><td colspan="2"></td><td>出生年月</td><td>年　月</td></tr>
<tr><td colspan="2">学院</td><td></td><td>专业</td><td colspan="2"></td><td>学制</td><td></td></tr>
<tr><td colspan="2">户籍所在地</td><td colspan="4"></td><td>学号</td><td></td></tr>
<tr><td colspan="2">家庭居住地</td><td colspan="4"></td><td>邮政编码</td><td></td></tr>
<tr><td colspan="2">身份证号码</td><td colspan="4"></td><td>家庭电话</td><td></td></tr>
<tr><td colspan="2">家庭人口</td><td></td><td>家庭月收入</td><td colspan="2"></td><td>家庭人均月收入</td><td></td></tr>
<tr><td rowspan="6">家庭成员及其经济收入情况</td><td>称谓</td><td>姓名</td><td>年龄</td><td>身份证号码</td><td>职业</td><td>工作单位</td><td>月收入</td></tr>
<tr><td></td><td></td><td></td><td></td><td></td><td></td><td></td></tr>
<tr><td></td><td></td><td></td><td></td><td></td><td></td><td></td></tr>
<tr><td></td><td></td><td></td><td></td><td></td><td></td><td></td></tr>
<tr><td></td><td></td><td></td><td></td><td></td><td></td><td></td></tr>
<tr><td></td><td></td><td></td><td></td><td></td><td></td><td></td></tr>
<tr><td colspan="2">家庭经济困难概况</td><td colspan="6"></td></tr>
<tr><td colspan="2">高考成绩</td><td colspan="6"></td></tr>
<tr><td colspan="2">申请贷款类型</td><td colspan="6">□学费贷款　□生活费贷款</td></tr>
<tr><td colspan="2">申请贷款金额</td><td colspan="6">总额______元　其中：学费贷款______元，生活费贷款______元（按现行政策规定，学生通过申请国家助学贷款，每人每学年最高不超过6 000元贷款数额）。</td></tr>
<tr><td colspan="2">贷款期限</td><td colspan="6">贷款：______个月　自______年____月至______年____月
[国家助学贷款的期限一般不超过八年。国家助学贷款利率按中国人民银行规定的同期利率执行，不上浮。现行年利率为：三至五年（含）5.58%，五年以上5.76%。]</td></tr>
<tr><td colspan="2">申请贷款年度</td><td colspan="6">201____—201____学年　201____—201____学年　201____—201____学年</td></tr>
<tr><td colspan="8">本人保证以上填写内容真实无误，严格遵守国家、经办银行以及国家助学贷款的各项规定，承诺正确使用所贷款项并按规定履行还款义务。
借款申请人：　　　　　　　　　　年　月　日</td></tr>
<tr><td colspan="2">学院审核意见</td><td colspan="6">（签章）：</td></tr>
</table>

4.6 相近（临）文种的比较

4.6.1 应聘书与自荐书的区别

（1）应聘书与自荐书不同，因为对用人单位的用人条件和相关要求早已心中有数，求职目标比较明确，应聘书是有目标地单独传递，具有针对性；而自荐书可以群发，具有一定的盲目性，可在多个单位或同个单位的几个职位上选择，但也要适度依据单位的岗位需求而定夺。

（2）应聘书的目的是向用人单位请求指定的职位，应聘的目标和要求很明确。应聘者在招聘材料中对招聘员工的素质、条件、要求交代得十分清楚。因此应聘书就是围绕那些特定的条件和要求写作的，具有被动性。自荐书属于主动性的求职文书，即求职人在并不一定清楚某用人单位是否需要招聘员工或者是否具备符合本人求职意愿的工作岗位的情况下，主动向用人单位递交或发出的求职请求，要把应聘者所有的应聘优势都写出来。

（3）应聘书的诉求对象具有确定性，一般是用人单位的人事经理、部门负责人或是招聘信息材料中指定的联系人，应聘者必须向这个确定的对象介绍、推荐自己。而自荐书送达的对象一般是单位最高主管或行政部门。

4.6.3 书信同条据的区别

（1）条据一般托人代转或留在对方可以看见的地方，不必经过邮局邮递；书信除个别的需托人捎带外，一般要邮寄。

（2）条据可不用信封，有时为了方便用信封装起来，也是不必密封的；而书信恰恰相反。

（3）条据的内容一般较短，而且是就某一件事情写文；而书信则一般篇幅较长，而且可以涉及许多件事。

5 学业文书

5.1 毕业论文

5.1.1 概念

毕业论文是高等院校待毕业大学生完成学业的标志性作业，是对学习成果的综合性总结和检阅，是在教师指导下对所取得的科研成果的文字记录，是检验学生掌握知识程度、分析问题和解决问题的基本能力的一份综合性答卷。

5.1.2 分类

（1）按学科性质，毕业论文可分为文科类毕业论文、理科类毕业论文和管理类毕业论文。

（2）按选题内容，毕业论文可分为综合型毕业论文、专题型毕业论文和实验报告型毕业论文。

5.1.3 内容要素

毕业论文一般由标题、署名、内容摘要、关键词、正文、致谢和参考文献构成。

（1）标题。毕业论文的标题是以最恰当、最简明的词语反映毕业论文中最重要的特定内容的逻辑组合，也是论文的中心。

（2）署名。标题之下写上作者所在的院系及专业名称。

（3）内容摘要。内容摘要是对毕业论文内容的概括性陈述。

（4）关键词。关键词是为了满足文献标引或检查工作的需要而从论文中概括出的表示全文内容信息条目的单词、词组或术语。

（5）正文。由引言、主体、结论构成。①引言（又称前言、导言），是一篇毕业论文的开场白，通常包括进行毕业实习的过程简述，撰写的理由、目的、背景，前人的成就及不足，本论文要解决的问题及意义。②主体是毕业论文的核心部分，是运用论据经过论证，证明论点而表达的中心部分。③结论是毕业实习、调查结果和理论分析的逻辑发展，是将毕业实践得出的数据，经过分析、判断、推理、归纳等逻辑分析过程而得出的对事物本质或规律的认识，是整篇论文内容的点化。

（6）致谢。论文的结尾处，对凡是给论文写作提供过重要指导和帮助的人都应予以致谢，以表示尊重他人的劳动，一般包括指导教师和带班实习师父。

（7）参考文献。论文的最后写清撰写论文过程中用过的参考资料，以体现作者严谨的研究态度。

5.1.4 格式与结构模板

标题
署名

内容摘要
关键词
正文
……
致谢
参考文献

5.1.5 范文及要素评析

1. 范文

对沈阳飞机工业（集团）有限公司6S管理的探讨

王丹

内容摘要： 当前，企业改革日益深入，市场经济日臻完善，要想提高企业核心竞争力，适应和谐社会发展要求，只有切实把管理工作搞活、搞好，才能最大限度地激发员工的积极性和创造性，提高员工的综合素质，实现企业产品质量、内在精神和外在形象的全面提升，为企业可持续发展提供强大的动力支持，而6S管理能帮助企业很好地实现这个目的。本文力图通过对沈阳飞机工业（集团）有限公司6S管理的具体分析，结合该企业所处行业的情况及自身发展能力的具体情况，就整理、整顿、清扫、清洁、素养、安全等方面作出初步探讨，为其他企业的现场管理或从事6S研究的同人提供参考。同时，对6S管理的系统研究，目的就是用有限的条件使企业做得规范，推进6S的精益管理，提高企业管理水平，建设文明、整洁、高效、安全、有序的工作环境和人文环境，充分体现大集团的合作精神，进而提高人的素质，追求低成本、高效率、高品质来避免浪费，实现企业的利润最大化。

基于以上思路，全文共分三部分：首先介绍沈阳飞机工业（集团）有限公司及其发展历程，并将以前的管理环境与现状进行比较分析；其次，就沈阳飞机工业（集团）有限公司的6S管理进行具体的分析；最后，通过对沈阳飞机工业（集团）有限公司6S管理的探究，得出进一步的启迪与探索，并把6S管理用于实践，融入员工的生产生活。

关键词： 沈阳飞机工业（集团）有限公司　现场管理　6S管理

一、沈阳飞机工业（集团）有限公司（以下简称“沈飞集团”）的背景介绍

（一）沈飞集团简介

图1所示的就是沈飞集团的标志，似飞机昂首起飞，象征着沈飞集团强劲的发展势头；又似凝神的眼睛，寓意沈飞集团放眼世界，憧憬美好未来。SAC即沈飞集团英文名称的缩写。底线似无垠的大地，寓意沈飞集团在激烈的竞争中，脚踏实地，搏击奋进，永无止境。蓝色，寓意蓝天，象征着沈飞集团人“航空报国”的博大胸怀；红色，寓意朝霞，象征着沈飞集团充满勃勃生机。红蓝相映，似蓝天彩虹，喻示沈飞集团两个文明建设绚丽多姿、前

图1　沈阳飞机工业（集团）有限公司标志

程似锦。

自1951年创建以来，伴随共和国的发展，沈飞集团书写了我国航空史上辉煌的一页。经过50多年的发展，公司逐步形成了一整套科学有效的军机研制管理方法，网络计划、矩阵管理、计算机辅助管理技术和系统管理等先进的管理技术在新品研制开发中得到应用，尤其体现在民用产品的开发制造上。沈飞集团以卓越的制造开发能力在国内外产品市场和技术市场上赢得主动，先后研制开发出六大系列300多种民用产品，主要涉及交通运输业、通信、烟草及工业生产等领域。民用飞机项目先后与美国、德国、英国和日本等8个国家的13家世界著名飞机公司开展了转包生产业务。客车、轻型越野车、通路地板等机电产品实现了向亚洲、欧洲和非洲等国家或地区的出口。作为中国500家最大的工业企业之一，沈飞集团始终坚持以人为本的企业文化，注重企业形象，树立品牌意识，建立了适应新经济形势的全方位的技术创新体系。21世纪是以高科技产业为主导的知识经济时代，沈飞集团将以更大的热情投入到科技开发与创新领域中。同时，沈飞集团已将体制改革推向更深层次，逐步建立了一个产品开发、生产、营销一体化的技术创新体系，形成统一、协调、有效、顺畅的技术中心实体。沈飞集团能够有今天的辉煌成就，和它的管理体系和至高的信念是分不开的。它以“航空报国，追求第一”的工作理念，承载着“航空报国的实践者，客户需求的创造者，员工价值的实现者”的非凡使命，诚信立业，精益成业，创新兴业，成为中国航空工业领军企业。

（二）沈飞集团的发展历史

沈飞集团公司于1951年6月29日正式创建，被命名为“国营112厂”。1957年6月15日，启用厂名——国营松陵机械厂。1979年6月5日，改称国营松陵机械公司。1986年1月1日更名为沈阳飞机制造公司。1994年6月29日，经国家经贸委批准，在原沈阳飞机制造公司的基础上，裂变组建了沈飞工业集团，公司更名为沈阳飞机工业（集团）有限公司（简称沈飞集团）。

沈飞集团自1951年正式创建以来，创造了中国航空史上的一个又一个“第一”：先后试制成功了中国第一架喷气式歼击机——歼5飞机；第一架喷气式教练机——歼教Ⅰ飞机；第一架超音速歼击机——歼6飞机；第一枚地对空导弹——红旗一号导弹；第一架双倍音速歼击机——歼7飞机；第一架自行设计研制的高空高速歼击机——歼8飞机；第一架超音速歼击教练机——歼教6飞机；第一架高、中、低空侦察机——歼侦6飞机；第一架全天候高空高速、具有良好机动性能的飞机——歼8Ⅱ型飞机；第一架空中加油机。50多年来，沈飞集团先后研制生产了20多种型号、几千架飞机，为中国航空工业的发展和国防现代化建设作出了重大贡献，被誉为“中国歼击机的摇篮”。改革开放以来，沈飞集团实施“军转民”战略，走出了一条“军民结合、内外结合”的成功之路。公司充分发挥航空技术优势，大力开发民用产品，目前已形成了汽车系列、轻金属结构系列、仓储物流设备系列、大中型机械设备系列、机电产品系列、民机零部件系列六大系列300多种产品。自1985年以来，先后与8国13家著名飞机公司开展了民用飞机零部件转包生产业务，民用飞机零部件产品外贸出口合同累计3亿多美元。公司于2000年成功交付了首架波音737~700尾段，标志着沈飞集团的民机零部件生产实现了由小到大、由低层次重复到高水平发展的大跨越。近年来，沈飞集团不断深化改革，加强企业管理，迈出了建立现代企业制度的步伐，形成了军品、民机、民品、第三产业四位一体的发展格局。公司先后荣获了“国家全面质量管理先进企业”、“中国企业管理杰出贡献奖”、“全国质量效益型先进企业”、“全国思想政治工作先进企业”、“全国模范职工之家”等荣誉称号。21世纪的沈飞集团将实现航空精化重组、民品规模发展、三产放活壮大的目标，大力实施制度创新、技术创新、管理创新战略，把企业建设成为适应社会主义市场经济需要的，拥有较强经济实力、技术实力和具有鲜明特色的企业文化的现代化、国际化企业集团。

（三）沈飞集团的管理比较分析

如今，在沈飞集团取得辉煌成绩的背后，一个系统的管理体制正指导着沈飞集团一步步地迈向优秀的现场作业，那就是6S管理。6S管理帮助沈飞集团从一个小小的国有企业走向了当今中国航空的领军企业。可以说，是6S管理改变了沈飞集团的灵魂，是6S管理改变了沈飞集团的发展，更是6S管理改变了沈飞集团的明天！

1. 6S管理实施前的现场状况

沈飞集团实施6S管理前，生产现场环境非常恶劣，员工们随心所欲地摆放工具及私人物品。这种工作环境表明，工人在工作中随意散漫、品质意识差、责任心欠缺。

2. 6S管理实施后的现场状况

（1）干净整齐的生产车间。沈飞集团实施6S管理后，运用定位、定标、定量等手段，把生产现场的空间充分利用起来，并根据物品的形状和特点，对物品进行标识和定位。此后，杂乱无章的现场变得规范、整洁、有序。整个现场井井有条，工人能够迅速地找到他所需要的任何工具。

（2）分类、标识清楚的零件抽屉和物料柜。6S管理实施之后，企业车间中的小零件被分门别类地放在不同的抽屉里，并且被清楚地标识出来；对物料柜的空间进行了细致的划分，各种物料均按照规定的位置和顺序摆放，并且将责任人清楚地标识了出来。这样，不仅保持了工作现场的整洁有序，还有助于提高员工的素质。

（3）实施目视管理的现场。沈飞集团在6S管理实施之前的办公区域，物品的摆放缺少标识和相关的责任人。实施目视管理后，对办公室内的每个水杯都进行了标识，现场的设备用黄色的油漆标明了介质的流动方向，甚至对每一根电线都确定了放置方法并加以标识。

6S管理已经成为当今各大著名企业寻求卓越创新以提高质量品质的一个最重要的手段。可以说，是6S管理激活了沈飞集团的管理领域，成为沈飞集团管理的重中之重。

二、对沈飞集团6S管理的具体分析

（一）理论综述

1. 6S管理的起源与发展

6S起源于日本的5S，它是由日文的“整理、整顿、清扫、清洁、素养”的罗马拼音发音的第一字母“S”统称起来的。起先，日本制造的工业品曾因品质低劣，在欧美只能摆在地摊上卖，但是自从他们发明了“5S管理法”后，就养成了“认真对待每一件小事，有规定按规定做”的工作作风。就是这种作风，彻底改变了日本人的命运，为生产一流品质的产品奠定了坚实的基础。这样的管理方法营造出“对错一目了然”的管理现场的环境和氛围，同时提高了产品品质和人员素质。在这之后，中国企业根据实际的需要，增加了第六个S——安全（Safety）。为了应对日益激烈的竞争环境，企业对现场管理的要求也在不断提高。近年来，6S管理理论正被越来越多的国际大公司采用。6S针对企业中每位员工的日常行为方面提出了具体的要求，倡导从小事做起，力求每位员工都养成事事讲究的习惯，从而创造出一个干净、整洁、舒适、合理的工作场所和空间环境。公司通过6S活动，在员工的共同努力下，实现公司物质、资源的有效管理，突出对物流的管理及工作现场的管理，保持企业环境的干净整洁，物品摆放的有条不紊、一目了然，最大程度地提高工作效率和员工士气，并将资源浪费降到最低。

因此，一个企业若要实现“一流的员工、一流的产品、一流的企业”的目标，就要从根本上规范现场，提升人的品质。而推行6S则是改变现场、提升人的品质的最有效手段，否则，即使拥有世界上最先进的工艺或设备，如不对其进行有效管理，也不可能成为一流的企业。6S管理不仅有效地解决了这个问题，还将是其他管理活动展开的基石，是TPM（全面生产管理）的前提，是TQP（全面品质管理）的第一步，也是ISO2000有效推行的保证，是企业走向成功之路的必要手段。

2. 6S管理的内容

所谓6S，即整理、整顿、清扫、清洁、素养、安全。

（1）整理（Seiri）。是指及时将无用的商品清除现场，就是彻底将要与不要的东西区分清楚，并将不要的东西加以处理，它是改善生产现场的第一步。需对“留之无用，弃之可惜”的观念予以突破，必须挑战“好不容易才做出来的”、“丢了好浪费”、“可能以后还有机会用到”等传统观念。经常对“所有的东西都是有用的”观念加以检讨。整理是个永无止境的过程，贵在日日做、时时做，工作场所和环境才能始终保持良好的状态。

整理的目的就在于：改善和增加作业面积；现场无杂物，行道通畅，腾出空间提高工作效率；消除管理上的混放、混料等差错事故；有利于减少库存，节约资金。

（2）整顿（Seition）。将有用的商品分类定置摆放。使所需物品始终处于能够高效地可取可放的状态，使用方便，节约找各类物品的时间。对必要的物品根据用处、用法和使用频率进行定置管理，明确数量，加以标识，按照取放方便的原则摆放整齐，做到井然有序。固定物品要定置放置，标识清楚、准确、有效。

整顿的关键是定位、定品、定量。抓住了这三个要点，就可以制作看板，做到目视管理，从而提炼出适合本企业东西放置的方法，进而使该方法标准化。

（3）清扫（Seiso）。指自觉地把生产、工作的责任区域和设备等清扫干净，就是彻底地将自己的工作环境四周打扫干净，设备异常时马上维修，使之恢复正常。它的前提是已经进行了整理、整顿。清扫活动的重点应放在对清扫人员、清扫方法、清扫器具等的要求上，这样才能真正起到作用。清扫活动应遵循的原则：①自己使用的物品，如设备、工具等，要自己清扫，而不要依赖他人，不增加专门的清扫工；②对设备的清扫，着眼于对设备的维护保养，清扫设备要将设备的点检和保养结合起来；③清扫就是为了改善生产条件，当清扫过程中发现有油水泄露等异常状况时，必须查明原因，并采取措施加以改进，而不能听之任之。

清扫的目的就在于：使不足、缺点明显化，是品质的基础。

（4）清洁（Seiketsu）。指认真维护生产、工作现场，确保清洁生产。将整理、整顿、清扫的实施制度化、规范化，经常进行整理、整顿和清扫，并贯彻执行到日常的6S工作之中，维持整理、整顿、清扫的成果，使其成为一种制度和习惯，从而获得坚持和制度化的条件，提高工作效率。实施了就不能半途而废，必须坚持制度和加强监督，防止回到原来的混乱状态。也就是说，在实施清洁活动时要秉持三个观念：①只有在清洁的工作场所才能产出高效率、高品质的产品；②清洁是一种用心的行为，千万不要只在表面下功夫；③清洁是一种随时随地的工作，而不是上下班前后的工作。其要点则是：坚持“三不要”的原则，即不要放置不用的东西，不要弄乱，不要弄脏；不仅物品需要清洁，现场工人同样需要清洁；工人不仅要做到形体上的清洁，而且要做到精神上的清洁。

清洁的目的就在于：通过制度化来维持成果，并显现“异常”之所在。

（5）素养（Shitsuke）。指养成自我管理、自我控制的习惯。要努力提高人员的素养，养成严格遵守规章制度的习惯和作风，素养是6S活动的核心，没有人员素质的提高，各项活动就不能顺利开展，就是开展了也坚持不了。当然，素养教育在进行整理、整顿、清扫的同时，更重要的是要使员工充分了解6S管理的意义，进而使员工具有良好的工作、生活习惯，遵守企业中的各项规章管理制度。

（6）安全（Safety）。指贯彻“安全第一，预防为主”的方针。在生产、工作中必须确保人身、设备、设施的安全，严守国家机密。它包括生产安全、生活安全、交通安全、消防安全、保卫保密安全等各种安全。安全应贯彻于我们工作的全过程，在6S的具体工作中，要强调职工养成良好的安全防范意识，时时消除安全隐患，做到责任落实、措施到位，减少和杜绝安全事故和人身伤亡事件的发生，实现安全管理控制。

安全的目的就在于：提升“人的品质”，让员工养成对任何工作都持认真态度的习惯。

（二）沈飞集团推行6S管理的作用

6S管理是沈飞集团各项管理的基础活动，它有助于消除沈飞集团在生产过程中可能面临的各类不良现象。如图2所示，6S管理在推行过程中，通过开展整理、整顿、清扫、安全等基本活动，使之成为制度性的清洁，最终提高沈飞集团全体员工的职业素养。因此，6S管理对沈飞集团的作用是基础性的，同时也是不可估量的。

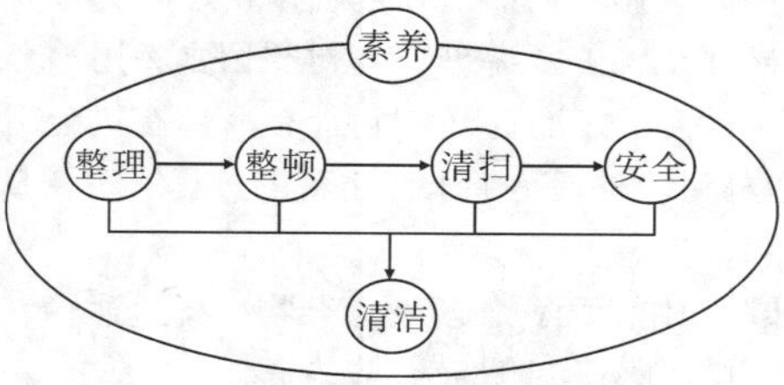

图2　6S过程示意图

沈飞集团的6S管理具有以下六方面作用：

1. 提升沈飞集团的企业形象

沈飞集团实施6S活动，有助于企业自身形象的提升。整齐清洁的工作环境，不仅能使沈飞集团员工的士气得到激励，还能增强他人的满意度，因此，良好的现场管理是吸引外商、增强国际合作的最佳广告。此外，良好的企业形象一经传播，就使沈飞集团成为其他企业学习的对象。

2. 增强沈飞集团员工的归属感

沈飞集团6S活动的实施，还可以增强员工自身的归属感，使沈飞集团的员工成为有较高素养的员工。在干净、整洁的环境中工作，员工的尊严和成就感可以得到一定程度的满足。由于6S要求进行不断改善，因而可以增强员工进行改善的意愿，使员工更愿意为6S工作现场付出爱心和耐心，进而培养“工厂就是家”的感情。

3. 减少浪费

沈飞集团实施6S的目的之一是减少生产过程中的浪费。工厂中各种不良现象的存在，在人力、场所、时间、士气、效率等多方面给沈飞集团造成了很大的浪费。6S可以明显减少人员、时间和场所的浪费，降低产品的生产成本，其直接结果就是为沈飞集团增加利润。

4. 保障安全

降低安全事故发生的可能性，是像沈飞集团这种制造加工类企业一直寻求的重要目标之一。6S的实施，可以使工作场所显得宽敞明亮。地面上不随意摆放不应该摆放的物品，通道比较通畅，各项安全措施落到实处。另外，6S活动的长期实施，可以培养工作人员认真负责的工作态度，这样也会减少安全事故的发生。

5. 提高效率

6S活动还可以帮助沈飞集团提高整体的工作效率。优雅的工作环境、良好的工作气氛以及有素养的工作伙伴，都可以让员工心情舒畅，更有利于发挥员工的工作潜力。另外，物品的有序摆放减少了物料的搬运时间，工作效率自然能得到提高。

6. 保障品质

产品品质保障的基础在于做任何事情都有认真的态度，杜绝马虎的工作态度。实施6S就是为了消除沈飞集团工厂中的不良现象，防止工作人员马虎行事，这样就可以使各种加工零件的质量得到可靠的保障。

（三）沈飞集团推行6S管理的要求

沈飞集团的大量流水线生产对生产的实施条件有严格的要求，搞好生产现场管理是实现流水线生产的重要基础，其要求如下：

1. 制定和贯彻执行现场作业标准

大量生产的工艺规程、操作规程和作业方法都是经科学实验进行优化后制定的，所以要实现流水生产工艺纪律，严格执行各项作业标准，才能有稳定的生产品质和生产效率，保证实现同步化生产。

2. 组织好生产现场管理服务

在流水线上生产，工人需按节拍进行作业，不能随意离开岗位。为了保证流水线的正常工作，要为在生产第一线工作的工人创造良好的工作条件，做好各项生产服务工作。要改进生产第一线工人离开岗位去找机修工、检验员、工具员的情况，把所需原材料按时送到工作地，工具员定时巡回工作到位，机修工人分片负责服务到机台，以保证生产设备运转正常。

3. 建立目视管理

其目的是使人能一目了然地了解生产现场的布局和工作要求。为此需要设置一系列图表，如生产现场平面布景图，图上标明每个工作地的位置、设备的型号、工人的岗位等。标准作业图要贴在各个工作地上，用图表来标明工位器具和工件存放的场地区域，注明规定的制品储备地。安装反映流水线生产动态的指示灯和显示屏，设置安全防火装置图等。通过各种图表和工具，随时反映生产作业动态、产品质量、设备状况、制品库存、物流情况，让人一目了然，便于监控。

4．建立安全、文明生产保证体系

安全、文明生产是实施现场管理的基本要求。治理生产现场的松、乱、散、脏、差，推行整顿、整理、清扫、清洁、素养、安全是现场管理的重要内容。建立安全文明生产保证体系要做到：劳动纪律、工艺纪律严明，生产井然有序，环境清洁，设备工装保养精良，场地、工位器具布置整齐合理，厂房通风照明良好。安全、文明生产保证体系要明确规定车间或工段工序直至每个生产岗位的任务职责权限和工作标准。

5．清除无效劳动，不断改进生产

现场管理的任务除了要为第一线生产创造良好的工作环境之外，重要的还在于要消除无效劳动，不断改进生产，提高生产率，保证按节拍实现同步化生产。所以，要不断发现和揭露生产中的无效劳动和浪费现象，采取措施不断改进和不断完善。

（四）沈飞集团推行6S管理的目的与意义

沈飞集团推行6S管理的目的就在于培养员工从小事做起，从自身做起，养成凡事认真的习惯，最终达成员工品质的提升；同时为沈飞集团的员工创造一个干净、整洁、舒适、合理、安全的工作场所和空间环境，并将资源浪费降到最低点，最大限度地提高工作效率和员工积极性，提高产品质量，提高沈飞集团的核心竞争力和形象；提高沈飞集团整体管理水平，进而提高人的品质，追求低成本、高效率、高品质来消除浪费，实现企业的利润最大化。

沈飞集团的6S管理有助于打造企业自身的竞争力，也是建设一流素质的员工队伍的先进的基础管理手段。6S管理具有显著改善科研生产环境、提升企业形象、重塑企业文化、提高产品质量、提高安全水平、提高工作效率的功能和作用。6S管理有助于构筑沈飞集团的品质文化，是形成沈飞集团核心竞争力的基础。6S管理在沈飞集团中体现出的全员性、能动性、基础性、显著性、鼓舞性、管理思想的渗透性都强于一般的管理活动，是其他管理活动的基础和有效推行的保障。

三、启示与探索

（一）对沈飞集团6S管理的评价

如今，沈飞集团走向腾飞，正向国际化迈进。成功地运用了6S管理进行现场作业，实现了“一目了然”的现场环境和氛围，不仅提高了产品的质量，而且最大限度地提高了工作效率和员工的积极性，从而提升了沈飞集团的核心竞争力和形象，使沈飞集团在国际同行竞争中位于不败之地。实质上，这种质的改变就是一种观念的转变。沈飞集团能够灵活地运用定位、定标、定量等手段，把生产现场的空间充分利用起来，并根据物品的形状和特点，对物品进行标识和定位，所带来的成效是显而易见的。但是，如果仅仅是工作现场在变，而人的意识不变，企业的文化不变，那么6S管理的推行也是不成功的。6S管理的成功是需要人的思想和观念的转变的，而沈飞集团就是把人的意识、企业的文化、现场的管理有机结合在一起，创造出一种追求卓越、追求细节的文化，这样不仅提高了员工的品质意识，也保持了工作现场的整洁有序，时间长了反过来更有助于提高员工的素质。科学而人性化的理论是符合人在思想上追求和服从的特点的，而沈飞集团就是在这人性化的理论之上寻求新的起点，从而一步步走向成功的！

（二）沈飞集团6S管理的成功启示

沈飞集团今天的成功，无疑反映出6S管理在企业的生产生活中占据的重要位置，也给我们这一代青年学者带来无数的启迪与思索……由于6S管理源于生产，它是现场管理的基础，6S管理并非只有企业才可采用，个人、家庭、学校、社会等多个层面都可以采用。

（三）思索与探讨

一粒麦子有三种命运：一是磨成面，被人们消费掉，实现其自身价值；二是作为种子，播种后结出新的麦粒，创造出新的价值；三是由于保管不善，发霉变质，丧失其价值。这就是说，麦子管理好了，就会为人类创造出价值；管理不好，就会失去其价值，甚至会带来负价值。其实，沈飞集团推行的这种6S管理也是这样，如果将企业管理得好，员工就会忠诚于企业，并会为企业作出贡献；管理不好，它就会对企业造成损失。6S管理的目的就是要提高员工的忠诚度与满意度，提高品行素质，培养出能够给沈飞集团带来更高价值的好员工。实际上，实施6S管理的过程就是沈飞集团在经营管理思想、服务意识、业务流程和技术信息系统等各方面综合转变和提高的过程。通过对沈飞集团6S管理的探讨，我们有了更深一层的思索：

1. 把管理创新作为企业持久发展的途径

沈飞集团积极学习借鉴国内外先进管理方法，在现场6S与可视化管理方面开展了卓有成效的工作，取得了较好的效果。沈飞集团在引入6S管理的同时，又成功引入精益生产，受到了行业专家的广泛关注。工作效率大大提高，而且产品的生产速率和质量伴随精益生产的实施也稳步提高，成本显著下降。目前，沈飞集团已经把精益生产作为一项管理战略，将坚定不移、持之以恒地推行下去。2005年，沈飞集团还特别在经营管理模式上进行了创新，制订了目标管理经营责任制方案。新方案较公司以往的“互保”和“承包”模式有重大改进，突出了生产任务目标和成本目标考核。突出了“精细化”特点。同时，为解决管理粗放问题搭建了一个良好的平台，使企业的各项管理工作逐步向“精细化”方向发展。为进一步规范公司管理工作，沈飞集团下大力气开展制度体系建设，使成千上万条制度重新条理化、规范化，改变了过去标准相互交织、管理相对混乱的情况，并已基本建立起一套比较完善的制度体系。随着时代发展步伐的加快，企业的快速发展越来越需要拥有一个高速、通畅的信息平台。沈飞集团在2000年便提出了要建设“网上数字化沈飞”，实现“设计制造数字化、企业管理信息化、信息处理网络化”的目标，并不遗余力地推进信息化建设。目前，行政网络应用系统已覆盖全公司，提高了职能部门的工作效率。在数字化制造工程方面取得显著成效，航空产品的关键环节均采用了数字化技术，实现了数字化制造技术与先进国家的接轨。去年，沈飞集团的数字化制造工程顺利通过了专家的评审，并得到了较高的评价。通过近年来的不懈努力，沈飞集团在数字化制造上迈出了实质性的一步。数字化制造技术的应用，提高了企业整体运作效率和综合制造技术能力，更促进了公司跨越式发展。

2. 把先进的企业文化作为企业发展的有力支撑

企业文化是第一生产力。企业要实现跨越式发展，归根到底要有先进的文化支撑。只有创建与时俱进的企业文化，才能为企业发展拥有源源不断的动力提供保障。沈飞集团领导班子十分重视企业文化建设。近年来，一直坚定不移地贯彻大集团战略思想，积极推行集团理念。公司以《集团文化建设纲要》为指南，认真贯彻执行《集团文化建设纲要》的精神，围绕公司科研生产经营管理工作这个中心，脚踏实地地开展企业文化建设，形成了与时俱进、激情进取的企业文化。2001年9月，公司一次性顺利通过了中国一航“一流环境”的检查验收，并成为为数不多的首批达标合格单位之一。为让企业文化与企业同步发展，沈飞集团还特别组织成立了企业文化建设课题研讨组，按照时代发展的要求，系统总结和提炼企业文化，弘扬其精华，使企业文化从规范厂容、厂貌等表层文化向精神、框架、体系等深层文化发展。目前，沈飞集团的企业文化框架体系已设计完成，正在构建企业文化推进体系。企业文化的创新使企业形象有了较大提升，老企业的形象得到了有效的改善，公司先后荣获“辽宁省花园式工厂”、“全国绿化先进单位”等称号。在先进文化的感召下，企业发展的动力不断增强。

3. 把以人为本作为加强人才队伍建设和企业发展的长远战略

人才是企业发展的第一要素。多年来，沈飞集团一直坚持“尊重人、依靠人、塑造人、激励人”的以人为本的经营思想，大力加强人才队伍建设。在人才培养上，给员工提供更多的学习培训机会，更加关注员工生活，为员工创造良好的成长环境和条件，使员工和企业得到共同发展。同时，依靠员工大力推进，进一步加强民主管理。逐步建立健全公平的竞争机制和激励机制，坚持“岗位靠竞争，收入靠贡献”的原则，让员工获得更好的发展机会和经济收入，为他们提供施展才能的舞台。今后，沈飞集团将继续坚持以人为本的经营思想，大力营造和谐的文化氛围，并认真贯彻国家有关的人才政策，加大人才培养力度，推行先进人力资源管理方法，改进完善“高级管理人才、高级技术人才、高级技术工人”的培养模式，建设一支高水平的管理、技术、技能人才队伍。

四、结语

对于沈飞集团来说，在制造业的领域中能否得到持续发展，能否在未来的竞争中立于不败之地，现在正处于关键时期。只有充分改变思想意识、完善企业文化、追求卓越现场管理、充分剖析现代企业发展的规律，才能高瞻远瞩、未雨绸缪，才能更好地把握先机，在未来的国际大市场中乘风破浪、勇往直前。通过此次论文的撰写，在查找材料中，我欣喜地发现沈飞集团在一步步地成长。从原来的普通国有企业成长到如今在国际航空占有优势有利位置。在这背后，如果没有系统的管理措施和企业上下所有员工的努力，这是一件不可能完成的任务。就像沈飞集团作业现场所打出的标语一样：向中国女排学习，勇敢、自信、勤奋、执着！是啊，就是这种坚韧的信念一直指引着沈飞集团一步步走向成功！我们会看到其十几年来的长足发展：企业面积的扩大，员工数量的增加，国际地位的提高，许多工作正按照本文提到的策略、办法进行，相信沈飞集团的未来是美好的。通过本文，我们更清楚地了解了沈飞集团的过去、现在和未来，也更清楚地认识到6S管理在我们的日常生活中可以运用自如，和谐无处不在。同时我也从中也学会了分析问题的一些方法，真正做到了理论与实践相结合，理论指导实践。

参考文献

［1］肖智勇．6S管理实战［M］．北京：北京大学出版社，2005.

［2］朱志明．终端管理推行细则［Z/OL］．http：//www. boraid. com.

［3］张光辉，6S的推动与落实［Z/OL］．http：//www. boraid. com.

［4］肖智军．6S活动实践——3A企管［M］．广州：广东经济出版社，2005.

2. 要素评析

这是一篇管理类的毕业论文，作者系待毕业的大学生。该学生能够综合运用所学的理论知识，联系企业实际，通过对沈阳飞机工业（集团）有限公司6S管理的具体分析，结合该企业所处行业的情况及自身发展能力的具体情况，就整理、整顿、清扫、清洁、素养、安全等方面作了初步探讨。对6S管理进行系统研究，目的就是利用有限的条件使企业做得更加规范，推进6S的精益管理，提高企业管理水平，建设文明、整洁、高效、安全、有序的工作环境和人文环境，充分体现大集团的合作精神，进而提高人的品质，追求低成本、高效率、高品质来避免浪费，实现企业利润的最大化。本论文内容要素完备，分析问题全面而准确，并有一定的理论深度，对指导社会实际工作具有一定的借鉴意义。

5.1.6 强化训练与拓展训练

1. 强化训练

根据所学专业与自身兴趣，撰写一篇专题型毕业论文。题目自拟，10 000字以上。

2. 拓展训练

利用大三或大四的寒暑假期，与同学合作，就某一问题，进行深入调查研究，然后尝试撰写一篇专题型论文。

5.2 毕业设计

5.2.1 概念

毕业设计是应届大学毕业生针对某个具体课题，综合运用所学的专业理论知识和技能表述课题设计情况的一种应用性文体。一般工科学生做毕业设计，部分管理类的学生也做毕业设计，它是检验学生掌握理论知识的程度、分析问题和解决问题的基本能力的一份综合性答卷。

5.2.2 分类

（1）按学科性质，可分成工科类毕业设计和管理类毕业设计。

（2）按选题内容，可分为综合型毕业设计、专题型毕业设计和实验型毕业设计。

5.2.3 内容要素

一般由标题、署名、目录、内容摘要、总论、正文、参考文献、附录、后记等要素构成。

（1）标题。即文案设计的标题，大多表明设计的具体内容。

（2）署名。标题之下写上作者姓名全称。

（3）目录。是本设计不可缺少的组成部分，它反映文稿的主要内容和结构构成，便于读者迅速找到本文中所需要的内容。

（4）内容摘要。也称内容提要。具有内含性、概括性和独立性，即不用阅读全文就能获得必要的信息。摘要力求语言简洁精练，其中要有相应的数据和结论，它实际是一篇小短文。

（5）总论。是对本设计作全面的说明。一般包括：设计题目和任务的简要介绍，本设计的指导思想、本设计方案的特点及先进性，本设计所采用的新理念与新技术，本设计实施后所产生的经济效益与社会效益等。

（6）正文。正文是本设计的核心部分。一般包括内容事项、技术参数、经济参数、效果参数、实施措施、操作步骤等。因此，本部分必须层次分明，文字表述清晰。①内容事项：说明本设计做什么项目。②技术参数：技术指标和标准，一般用数据标明，如编程中的参数是一些相关数据，如时间、路径、编码等。③经济参数：经济部分与技术部分同等重要。因此，设计计算时，必须经济观念在先，以经济效益为重。其中往往涉及经济参数，运用数字进行粗略的概算，如每项经济指标、所耗费的人力财力物力、投资总额等。④效果参数：以技术部分与经济部分作为基础资料，本方案实施后，建设效果分析、预测和科学的评估。⑤实施方法：通过哪些方法完成项目设计的目标。⑥操作步骤：完成项目设计的目标的具体过程和环节等。

（7）参考文献。设计过程中使用的参考资料，包括作者、篇目名称、出版社、出版时间等。

（8）附录。对本设计内容有用，又不便写入正文的一些数据或图表，附录在正文之后，对正文起到补充作用。

（9）后记。后记大多是用来说明写作目的、经过或补充个别内容的。按照惯例，论文后记常写致谢的内容，向对该文的形成作出过贡献的组织或个人予以致谢。

5.2.4 格式与结构模板

标题 署名 目录 内容摘要 总论 正文 …… 参考文献 附录 后记

5.2.4 范文及要素评析

1. 范文

华为鞋城商厦开业剪彩仪式策划方案

兰晓柯

一、策划目的

借华为鞋城商厦一期改造开业之机，整合鞋业资源，宣传华为鞋城大厦鞋业整体形象，展示华为鞋城商厦鞋业丰富多彩的鞋类商品，大力提升华为鞋城商厦鞋业的品牌形象，树立华为鞋城商厦鞋业在北方地区的行业领袖地位，进一步拉动“五一”黄金周市场，对实现北方鞋业批发的繁荣具有深远的影响。

二、背景分析

沈阳地处东北要塞，地理环境优越，交通便利，是全国的鞋业商品集散地，从而形成了众多的商品批发商城。华为鞋城商厦便是在这样的条件下应运而生并逐步发展壮大的，但随着中国经济的快速发展，鞋业市场的快速升级，原有的鞋城已不能适应市场发展的需要。随着中国鞋业交易洽谈会在沈阳举办，为应对东南沿海鞋业基地众商贾的北进计划，东北本土鞋业集团共同探讨突围之路，为东北鞋业的发展创造了良好的投资环境，东北鞋业的影响力将进一步扩大。

华为商厦开发公司（集团）以准确的市场定位，专业的经营管理理念，依托卓尔不群的设计风格，秉承鞋城需求旺盛的人气，纳业界之精华，果断地投资 7 900 万元对鞋城东区进行升级改造，从而开辟了沈阳鞋业经营之先河，并最终引发业界之空前革命。这些都决定了此次开业庆典活动的重要性。

百盛礼仪策划有限公司凭借强大的实力，全身心地融入华为商厦开发公司（集团）大家庭中，以独特的创意、精妙的策划、真诚贴心的细节设计、周密的安排、优质的全方位服务，承诺帮助华为鞋城商厦实现全国行业领军企业的梦想。

三、开业庆典仪式风格定位

隆重、典雅、节约。

四、指导思想

（1）以华为商厦开发公司（集团）与百盛礼仪策划有限公司联手协作的方式，举办开业庆典项目，并组织策划和保证此开业庆典达到预期效果。

（2）视觉效果布设如彩虹门、楼体条幅，可以争取以地方企业经济赞助为主，从而节省开支。

(3) 企业搭台，商家唱戏，把开业庆典仪式和商家促销活动相结合，形成互动，在开业庆典中宣传商家产品。

(4) 文艺演出可与商品展示交互进行。

(5) 为迎“五一”黄金周销售旺季的到来作积极的准备。

五、前期的广告宣传和舆论造势

(一) 华为商厦开发公司（集团）开业前期广告宣传策略

借助原有的声誉，进行人际传播，因为鞋城在消费者中早就有了很好口碑，通过人与人之间的交流和传播，能更快、更直接地传递信息。根据人的消费心理，当一个人去消费的时候，周围人对他的影响很大，从而形成一传十、十传百的连锁传播方式，这种传播方式最直接地面向消费者，引起消费者的购买欲望，从而产生购买行为，也可以节省广告开支。

户外广告的优势是冲击力强，接触的人群广，在人的视野中停留的时间长，能起到更好的宣传效果。开业前期的户外广告宣传，一方面可以购买别人的户外媒体，另一方面鞋城楼体也可以用作媒体。

趁最近媒体关于华为商厦开发公司（集团）的系列报道之势，通过新闻媒体，以“东北第一家”、“升级改造”等为切入点报道，引起消费者的关注，扩大社会影响。

(二) 华为鞋城商厦开业前期筹划

开业庆典活动是一个系统工程，涉及面广，头绪多，需前期周密布置。建议成立筹备小组，专职事前各项活动的落实工作，以确保华为鞋城商厦开业庆典仪式水到渠成，不因前期工作的仓促准备而影响开业庆典的实际效果。

(1) 向有关单位申请占道证，提前4天向沈阳市气象局获取开业当天的天气情况资料。

(2) 落实出席庆典仪式的宾客名单、省市区局委有关领导、兄弟单位的领导，提前一周发放请柬，并征集祝贺单位。(非沈阳来宾的请柬要在典礼前10天寄出，沈阳来宾的请柬提前6天寄出，根据来否的回执确认。请柬附带有行车路线图、VIP停车证、午餐券等。)

(3) 联系新闻媒体的广告制作与投放时间安排，拟定新闻采访邀请信，找准可供媒体炒作的切入点，推销“卖点”。

(4) 拟订周密的开业典礼的议程和日程计划。

(5) 落实领导安全保障体系（由公安交警部门负责）。

(6) 确定会上讲话领导人选及讲话稿，主持人的主持稿、座位签，施工单位设计说明书，施工单位决心书等所涉及的文案。

(7) 落实划分现场停车位，各单位代表停车区。

(8) 落实庆典的乐队及设备的调试等。

(9) 落实典礼活动的应急措施及负责人。

(10) 准备典礼的第二套方案。

(11) 确定开业剪彩仪式宣传标语的内容，需提前5天交给礼仪公司工程部制作。

六、现场设置

(一) 宏观静态元素布设

整体布设效果要求：所设各种庆典元素和谐搭配，整体上注重点、线、面的完美结合，凸显立体感、空间层次感，色彩追求强烈的视觉冲击力，张扬喜庆展现的隆重与典雅，使场面大气恢宏，热烈隆重且有序进行。

1. 剪彩区布设

(1) 剪彩区。开业剪彩仪式设在鞋城正门前，用红地毯铺就10m×6m的剪彩区，两边摆放两排花篮装饰。当剪彩开始时，乐队在剪彩区后边台阶上表演，作为后背景。

(2) 冷焰火。两组，设在剪彩区前方，配合剪彩时燃放。

(3) 龙门。横跨剪彩区升置16m跨度，龙门1座，其上悬挂“热烈祝贺华为鞋城商厦盛大开业”条幅。

（4）剪彩花。10套，剪彩仪式进行时，由礼仪小姐整齐列队捧出，礼仪小姐优雅、轻盈、稳步地走上剪彩台，映着鲜艳热烈的剪彩花，预示着华为鞋城商厦开业的顺利圆满。

2. 表演区布设

（1）舞台。在鞋城正前方广场搭建10m×5m×0.8m、6m×2.4m×0.8m的T型舞台，整个台面用大红地毯通体覆盖，后背景采用桁架搭建，主题词为“华为鞋城商厦盛大开业典礼”，舞台前方中间放置立式话筒2对，以话筒为中心、1米为半径间隔放置8只礼仪铜柱并围成半圆，前方扎制10簇鲜花。右侧后方设一主持人立式讲话台。两侧各设音响1个，舞台与鞋城楼体之间留3米宽的距离，以便于人群的流动，用红地毯把剪彩区和表演区连接起来。

（2）音响。美国进口音响1套，设在表演区。

3. 周边环境布设

（1）彩虹门。8座，在鞋城正前方设置4座，西进口设置1座，东边汇宝街设置3座，从整体上渲染华为鞋城商厦开业的隆重气氛。

（2）条幅。设在鞋城楼体上条幅若干。

（3）鲜花组摆。剪彩区靠龙门两侧在台阶上摆放2组鲜花，大厅门口、大厅内部使用时令鲜花装饰，鞋城前方树坛上摆放装饰鲜花，表现出热烈、隆重的气氛。

（4）迎宾彩旗。200面，悬插在淮海路靠鞋城一侧。

（5）金色布幔。装饰大厅内部电梯扶手以及华为鞋城商厦正门前的4根大柱子用金色布幔围衬装饰，使之有一种富丽堂皇的感觉，增加隆重效果。

（6）气球门。用气球装饰电梯入口处，让人感到耳目一新，增加人性化感觉。

4. 迎宾区布设

签到处。置于华为鞋城商厦东侧，备有签到用品两套，包括中性笔和签到簿。

（二）宏观动态元素布设

整体布设效果要求：通过动态元素的有机和谐配合，造成庆典场面大势磅礴、龙腾虎跃的欢庆场面。

（1）乐队30人，仪式开始前演奏，烘托气氛，聚集人气，仪式进行中间歇演奏。演奏曲目有《迎宾曲》、《载歌载舞的人们》、《好日子》、《走进新时代》、《凯旋进行曲》、《在希望的田野上》、《今儿真高兴》、《拉得斯基进行曲》等。

（2）盘鼓队30人，阵势威壮，动作整齐划一，鼓声震撼，动作灵活，队形多变，花样翻新，渲染气氛，配合进程间歇演奏。

（3）礼仪小姐10人，身高1.7米以上，年龄25岁以下，着玫瑰红色旗袍，佩绶带，落落大方，形象气质佳。其工作内容为接待、引领签到、为领导佩戴胸花、引领剪彩。

（4）皇家大礼炮6门，外观金黄色，造型古朴逼真，威严雄浑，豪华酷派，采用环保安全惰性气体发射。射程高达30米，剪彩时鸣放，射出彩花彩带，五颜六色，漫天飞舞，如天女散花，绚丽多彩，甚为壮观，把庆典推向高潮。

（5）小礼炮6门，设置在表演区，宣布华为鞋城商厦开业典礼仪式开始时发射，用以烘托气氛。

七、开业典礼议程安排

地点：华为鞋城商厦大堂

时间：2014年4月20日上午9：30

（一）开业典礼议程

开业典礼议程表

序号	时间	内容
1	2014年4月10日	筹备组双方成员共同到开业典礼现场，具体确定主席台位置及演出区，进行整体布局

（续上表）

序号	时间	内容
2	2014 年 4 月 12 日	确定参加开业典礼的领导、嘉宾及其讲话稿，并发出邀请函征集祝贺单位
3	2014 年 4 月 13 日	确定主题词、条幅标语，并交付礼仪公司制作
4	2014 年 4 月 18 日	主体单位协调落实电源到位并调试通电
5	2014 年 4 月 19 日	主席台、台后背景及大型喷绘，开始搭建
6	2014 年 4 月 20 日凌晨	彩虹门、签字台、小礼炮开始布设
7	2014 年 4 月 20 日 8：30	所有现场静态元素布设完毕

（二）开业典礼仪式正式举行之前的工作准备流程

工作准备流程表

序号	时间	内容
1	2014 年 4 月 20 日 8：00	开幕式筹备组成员准时到场，检验现场静态元素布设状况，协调现场动态元素布设，做好整体协调工作，落实细节，做到万无一失
2	2014 年 4 月 20 日 8：20	乐队、盘鼓队、主持人、签到处、贵宾花准备好，保安到位并进行现场秩序维护
3	2014 年 4 月 20 日 8：30	礼仪小姐到位，音响调试完毕。乐队、盘鼓队开始交替表演
4	2014 年 4 月 20 日 8：50	参加开业典礼的领导和嘉宾陆续到场，礼仪小姐开始负责接待，引领签到，为领导佩戴胸花等

八、开业典礼仪式工作日程

开业典礼仪式日程表

序号	时间	内容	情景
1	9：25	领导、嘉宾入席	礼仪小姐引领领导、嘉宾走上主席台
2		介绍领导、嘉宾	主持人介绍参加开业典礼仪式的领导、嘉宾
3	9：30	宣布开业典礼仪式开始	乐队奏乐，盘鼓队擂鼓
4		上级领导致贺词	讲话结束后盘鼓队低音伴奏（2 分钟）
5		嘉宾代表致贺词	讲话结束后盘鼓队低音伴奏（2 分钟）
6		鞋城胡总经理致辞	讲话结束后盘鼓队低音伴奏（2 分钟）
7		商户代表致贺词	讲话结束后盘鼓队低音伴奏（2 分钟）
8		制鞋厂经理讲话	讲话结束后盘鼓队低音伴奏（2 分钟）
9		宣布开业剪彩	主持人宣布请上级领导、鞋城总经理剪彩
10		现场剪彩	礼仪小姐引导上级领导、鞋城总经理、嘉宾代表到剪彩区，礼仪小姐整齐列队，双手捧出剪彩花，优雅、轻盈、稳步地走上剪彩区

（续上表）

序号	时间	内容	情景
11	9：50	宣告鞋城隆重开业	领导剪开红绸，宣告鞋城隆重开业。乐队奏乐，盘鼓队擂鼓，礼炮齐鸣，彩花彩带当空漫舞，如天女散花，绚丽多彩，仪式达到高潮，气氛热烈，人声鼎沸
12	10：00	参观鞋城	剪彩完毕后，请上级领导、鞋城总经理、嘉宾代表参观鞋城
13		文艺演出	文艺演出活动开始，文艺演出活动应该和商家的促销活动相结合，以互动的方式进行
			主旨：强化形象认知，催生现实购买，引发购买高潮，加深品牌印象 原则：活动形式不克隆，活动炒作不泛滥，开场轰动、收场圆满，高潮迭起 形式：综艺类、新奇类、互动类、促销类 内容：少儿拉丁舞表演、时装模特表演、有奖活动、歌舞表演、杂技表演等 具体实施参见执行方案（含演出节目具体编排）

九、开业全程项目预算

开业剪彩仪式经费预算明细表

序号	项目名称	规格	单价	数量	合计（元）
1	主席台	10m×5m、6m×2.4m	15 元/m^2	65m^2	975
2	后背景（架）	10m×4m	30 元/m^2	40m^2	1 200
3	乐队	30 人	50 元/人/场	30 人	1 500
4	盘鼓队	30 人	20 元/人/场	30 人	600
5	彩虹门	16m 跨度	100 元/天	8 座	800
6	龙门	16m 跨度	150 元/座	1 座	150
7	礼仪小姐	1.7m 以上	80 元/人	10 人	800
8	音响、话筒	美国百威	400 元/套	1 套	400
9	大礼炮（炮台）	每门 12 枚花弹	260 元/门	6 门	1 560
10	冷焰火	待定	60 元/支	20 支	1 200
11	小礼炮	每门 4 枚花弹	80 元/门	6 门	480
12	剪彩用品	高档	30 元/套	10 套	300

（续上表）

序号	项目名称	规格	单价	数量	合计（元）
13	签到用品	中性笔、签到簿	80 元/套	1 套	80
14	彩旗	五彩	3 元/面	200 面	600
15	胸花	两朵杨兰	4 元/朵	50 朵	200
16	条幅（楼体）	0.9 米宽	5 元/米	待定	待定
17	地毯	大红	3 元/平方米	300 平方米	900
18	气球门	五彩颜色	20 元/米	20 米	400
19	绶带	双面刻字	10 元/条	10 条	100
20	礼仪	铜柱	10 元/个	8 个	80
21	鲜花组摆	时令鲜花	待定	待定	待定
22	金色围幔	待定	30 元/米	待定	待定
合计	（大写）￥：　　元				

十、附件

附件 1：会场布置平面示意图

会场布置平面示意图

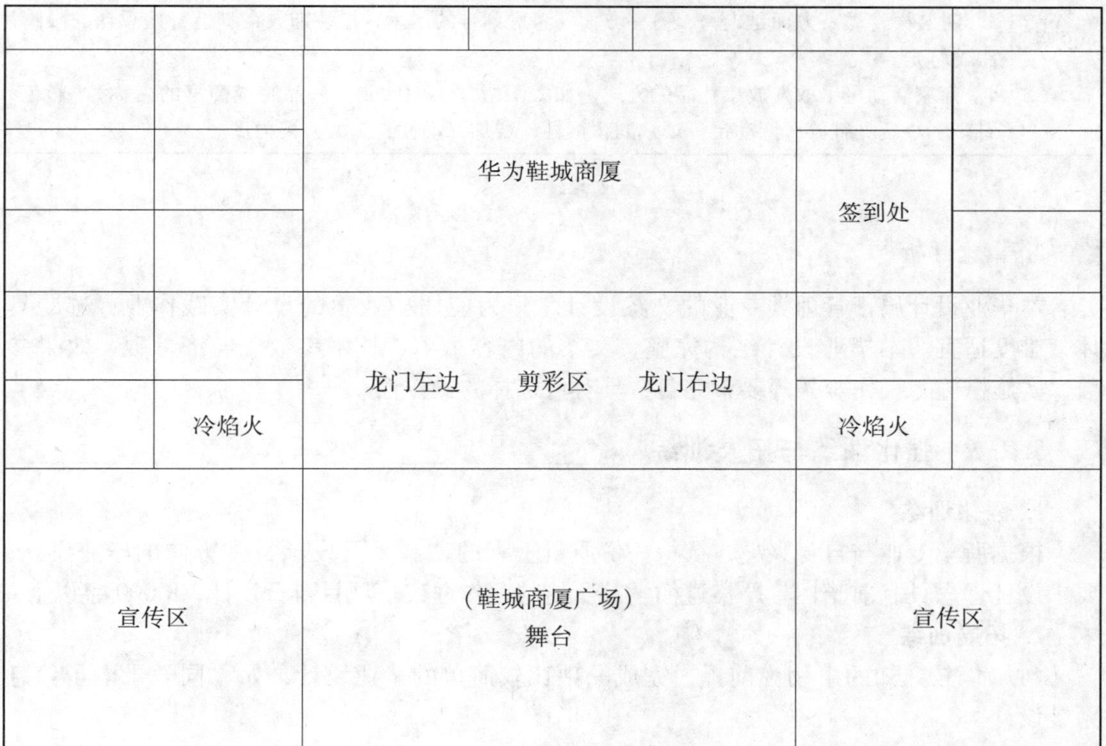

附件2：文艺演出节目单

节目单

序号	项目	曲目	表演者	时间（分）
1	开场曲	在希望的田野上	待定	3
2	青春热舞	让我们一起跳舞	李小风等	6
3	电声乐队表演	你到底爱不爱我	张雅等	6
4	鞋展示活动	待定	模特	10
5	街舞	动感男孩	代宝等	6
6	时装模特秀	待定	孟乔民等	8
7	女声独唱	好日子	薛青杰	6
8	商家活动	待定	待定	10
9	少儿拉丁舞	恰恰舞	张月月、吴小会	5
10	四川变脸	变脸	于少春	8
11	电声小提琴	光辉岁月	吴斯蒙	6
说明	1. 节目表演从上午10：00至11：30。 2. 鞋展示活动可选择各个品牌的鞋。 3. 时装模特秀一方面是走秀，另一方面要考虑到鞋的展示，把装饰放在脚上，让观众的眼睛跟着鞋走。 4. 商家活动可采取发放小礼品的方式，如太阳帽（上面印制某一品牌或商家的名称）、彩色鞋带、小玩具鞋等，调动台下观众的积极性，增加互动性，扩大宣传力度。			

2. 要素评析

本毕业设计属于管理类专业的文案设计。作为应届毕业生的设计实践作业，选题具体，难度适宜。本毕业设计结构完整，文案的内容事项、技术参数、经济参数、效果参数、实施措施、操作步骤等要素完备，具有可选择的操作性。

5.2.6 强化训练与拓展训练

1. 强化训练

根据所学专业与自身兴趣，撰拟一份质量上乘的“技术开发项目”方向的毕业设计，要求设计理念具有前瞻性，严格遵循学校所给的写作框架。项目自行设计，8 000字以上。

2. 拓展训练

（1）以较熟知的事物为前提，完成一项比较简单的毕业设计，如“同学录电子信息系统设计”。

（2）请做好前期市场调查，然后根据下列“××酒店营销方案”的首尾内容，将中间详细内容的要素补全，完成一篇规范的文本。

××酒店营销方案

根据本市目前酒店的情况，首先树立“以市场为先导，以销售为龙头”的经营理念；为了更好地开展销售工作，制订此营销方案、市场推广计划，并在工作中逐步实施。

一、目标任务

（一）客房目标任务：××万元（人民币）/年

（二）餐饮目标任务：××万元（人民币）/年

（三）起止时间：自××××年××月至××××年××月

二、形势分析

（一）市场形势

（1）2014 年全市酒店客房 10 000 余间，预计今年还会有 10～20 家酒店相继开业。

（2）竞争形势会相当激烈，“僧多粥少”的现象不会有明显改善，削价竞争仍会持续。

（3）今年与本店竞争团队市场的酒店有：

……

说明：

（1）提高散客房价、入住率，降低开房率。

（2）各项活动、会务促销方案，活动卖点只能在提前 45 天左右制订方案才会有实际意义。

（3）餐饮销售方案由餐饮部另制订详细方案。

××大酒店

××××年××月××日

5.3 毕业项目报告

5.3.1 概念

毕业项目报告是应用型本科或高职类大学应届毕业生针对毕业实习、训练的某个具体项目，综合运用所学的专业理论知识与技能表述项目训练情况的一种应用文体。毕业项目报告是检验学生掌握专业知识、岗位训练技能的一份综合性答卷。一般高职类待毕业大学生均做毕业项目报告。

5.3.2 分类

（1）按学科性质，可分为文科类毕业项目报告、理科类毕业项目报告和工科类毕业项目报告。

（2）按选题内容，可分为综合类毕业项目报告、专题类毕业项目报告和实验类毕业项目报告。

5.3.3 内容要素

毕业项目报告一般由标题、署名、正文、附件和参考文献构成。

（1）标题。是以最恰当、最简明的词语反映毕业项目报告中最重要的特定内容的逻辑组合，也是文本的中心。

（2）署名。标题之下写上作者所在的院系、专业名称及作者姓名。

（3）正文。正文由工作系统描述、项目描述、项目总结和改进性建议组成。①工作系统描述：实习单位性质、实习单位所在的行业及行业背景、实习单位的概况、实习单位的组织结构、实习岗位的职能描述；②项目描述：项目名称、项目意义与目标、项目计划与分工、项目的组织与实施；③项目总结：实习者将项目的计划和实施情况加以对照，找出差距和不足，还要找出项目的创新点；④改进性建议：实习者针对实习单位的实际情况和项目实习过程中出现的问题，提出改进性建议。

（4）附件。对本毕业项目报告内容有用，又不便写入正文的一些数据或图表，附在正文之后，对正文起到补充作用。

（5）参考文献。写作毕业项目报告过程中使用的参考资料，包括作者、篇目名称、出版社、出版时间、网址等。

5.3.4 格式与结构模板

标题

正文

……

附件

参考文献

5.3.5 范文及要素评析

范文 1

沈阳朗格瑞贸易有限公司毕业训练项目报告

戴晨

内容摘要：本项目报告分为五大部分：第一部分主要是对工作的系统描述，包括实习单位的性质概况、所在行业及背景等。第二部分主要是对沈阳朗格瑞贸易有限公司的项目描述、计划以及分工。第三、四部分是个人的项目总结和改进性的建议。本项目报告通过深入社会调研和阅读本产品（主要是美体塑身衣）的宣传资料，并先后几次进行了国内市场的实际采集，在获得第一手的资料后，反复汇总、整理，最后对项目进行了总结。在公司领导的大力支持下，项目得以顺利实施，并初步取得了良好的效果。第五部分是简短的结束语。

第一部分　工作系统描述

1. 训练公司的性质

法国 LANGRANGE 国际集团，是一家专门从事天然植物元素美容、医疗，美容美体仪器及美体内衣研发、生产、营销、培训的专业公司。

最初，LANGRANGE 只是将世界各地具有特色的芳香疗法及先进的美容美体仪器引进法国本土，是众多法国顶级 SPA 及美容机构的合作伙伴。执着于对美丽事业的热爱，LANGRANGE 开始向世界各地的 SPA 及美容机构提供服务，并将旗下高品质产品推向全世界。

2003 年，法国 LANGRANGE 国际集团在香港成立亚太地区的营销总部。同年，与韩国化妆品知名企业韩国大申流通企业结成战略同盟，共同开发韩国市场。短短 3 年间，便成功开设了千余家加盟店。2007 年初，LANGRANGE 国际集团正式进军日本、泰国、越南和中国台湾，同样取得了骄人的成绩。

通过对中国市场长达数年的考察，LANGRANGE 决定正式进军中国市场。与在韩国有过成功合作的韩国大申流通共同注资到沈阳朗格瑞贸易有限公司。沈阳朗格瑞贸易有限公司作为法国 LANGRANGE 国际集团香港分公司的中国内地子公司，主要负责 LANGRANGE 集团旗下 HUSANYA 化妆品品牌和 ANNA CHCHI 美体内衣品牌在中国大陆地区的特许连锁专卖店事业的整店输出、美容沙龙加盟店的推广与经营业务。

2. 训练公司所在的行业与行业背景

美体塑身衣是一个非常具有前景的行业，是内衣领域真正的朝阳行业，是内衣行业下一个增长点。去年 2 月份上海的中国纺织品交易会和 3 月份广州的美容美发国际博览会，美体内衣都占有相当的数量，但是创意手法乏善可陈。女性的美，不仅承载着女性自身的自信，更承载着“用美维系爱”的深刻内涵，而爱是家庭的支柱。说夸张点，整个和谐社会都与这个美有关联。为了美，女人可以不惜一切。化妆品、服装、整容手术的繁荣，就验证了这一点。美体塑身衣兼具化妆品、服装、整容手术三大功能，当然应该会更加火爆。

3. 沈阳朗格瑞贸易有限公司概况

（1）公司名称：沈阳朗格瑞贸易有限公司。

（2）公司性质：股份有限公司。

（3）成立时间：2003 年 9 月。

（4）经营范围：美体内衣、化妆品、医疗设备、美容仪器，以及上述产品的营销与培训。

（5）产品设计：法国 LANGRANGE 国际集团法国总公司设计和打版。

（6）品牌归属：法国 LANGRANGE 国际集团。

（7）品牌受众：中国内地市场。

（8）品牌授权：中国内地地区（不含港澳台）的许可生产和控销权（无出口）。

（9）品牌授权期限：10 年。

（10）品牌授予其他限制：法国总公司的工艺标准；法国总公司的设计要求；原材料采购渠道为 100% 采用法国 LANGRANGE 国际集团提供的原材料。

（11）产品线规划：每半年美体内衣系列产品增加 1 款以上；一年内将产品线扩展至具有美体功能的普通内衣。

（12）供应链上所处位置：上游厂家、品牌经营商、内地控销唯一合法机构。

（13）内部价值链组成：

A. 内部价值链主要组成部分。

品牌授予方：法国 LANGRANGE 国际集团。

品牌经营商：沈阳朗格瑞贸易有限公司。

采购：法国 LANGRANGE 国际集团香港有限公司。

生产：LANGRANGE 广州生产基地。

营销：沈阳朗格瑞贸易有限公司。

B. 整合联盟形式为。

法国 LANGRANGE 国际集团股份占比 25%；韩国大申流通企业股份占比 25%；中方自然人股份占比 40%；指定生产基地股份占比 10%。

4. 训练公司的组织结构

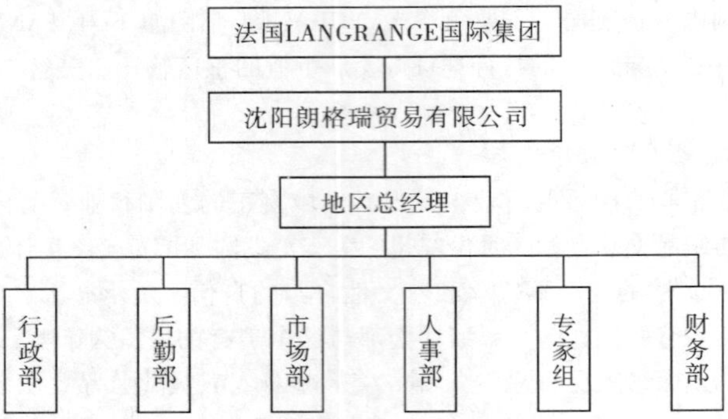

训练公司的组织结构

5. 训练岗位的职能描述

在沈阳朗格瑞贸易有限公司，我是市场部的一名内勤职员。具体职责是负责本部门的日常行政、后勤事务、办公用品管理和产品调研工作。

第二部分　项目描述

1. 项目名称

沈阳朗格瑞贸易有限公司主打产品 ANNA CHCHI 美体塑身衣市场调研工作。

2. 项目的意义与目标

积累丰富的销售工作经验，快速融入社会中。

3. 项目的分工与实施

沈阳朗格瑞贸易有限公司以经营 ANNA CHCHI 美体塑身衣为主业，品牌宗旨是“纳国际流行思潮，想国人独特需求，用最优秀的设计思想和最卓越的产品质量来塑造最完美的品牌形象”。在这一宗旨的指导下，沈阳朗格瑞贸易有限公司的产品新理念与时俱进、不断创新，为满足大众新需求，沈阳朗格瑞贸易有限公司把诚信、博爱和健康融合成让消费者放心的新产品，让人们穿出安全，穿出健康，穿出快乐。

为了尽快进入并打开中国市场，经过公司董事会研究，最终决定由我们市场部来完成整个中国美体塑身衣的市场调研工作。

经过上司与我们市场部全体成员的研讨，决定整个调研工作的操作过程大致分为：首先，我们需要的是实施调研工作的资源，其中包括一定的财力、物力及人力，本次的调研工作时间为 3 个月。其次，当所有的资源都准备齐全以后，我们要对团队进行分工和调度，做到分工明确，责任到人。我在此次的调研工作中主要负责收集资料、查找国内外美体塑身衣的产品优势，并协助我的上司与员工进行沟通和市场调研。我的上司负责项目的主体部分。再次，及时向上司汇报工作进度，注意节约支出和时间的合理利用。最后，在调研工作结束前一天，务必将手中所有资料上交给上司。

调研工作的具体步骤如下：

第一，针对公司的现状，对产品做系统的销售战略调研，对产品的优劣作出系统分析，并结合美体塑身衣的市场情况提出发展性的建议。

第二，通过查阅资料，借鉴国外公司先进产品精髓，完善销售理念，以国内优秀企业为榜样，建立具有中国特色的企业文化。

第三，将自己对于产品方面的建议反映给市场部经理，希望能够运用到产品战略中，获得一定的实践效果。

第四，进行总结，形成文本。作为具有浓厚文化色彩的朝阳产业，美体塑身衣是我国的新兴产品，

ANNA CHCHI 美体塑身衣是法国 LANGRANGE 国际集团针对中国市场力推的第一个美体塑身衣品牌，是由法国 LANGRANGE 国际集团首席设计师阿萨耶斯先生根据亚洲女性的体形特征，结合中国传统中医经络学，历时一年设计完成的，外能矫正体形、减肥瘦身，内能舒经健体、消积减脂，从而达到内调外修的神奇功效。沈阳朗格瑞贸易有限公司作为法国 LANGRANGE 国际集团香港分公司的内地子公司，拥有 ANNA CHCHI 系列美体塑身衣在中国内地的独家经销权，并成为 ANNA CHCHI 美体塑身衣系列产品在中国区的营销总部。也希望产品能够借本土文化打造品牌，用品牌的文化特质渗透产品，以优质的产品满足女性的爱美之心。尊重美，尊重爱美的女性；挖掘美，挖掘人们对美的深层需求。

第三部分　项目总结

训练过程中，我的体会如下：

一是待人要真诚。在项目实施过程中，由于我是实习生，是加入这个集体的新人，周围全是陌生的面孔，我尽力每天微笑着与他人打招呼，以最快的速度与他们拉近距离。

二是要善于沟通。我深刻了解到沟通是一种重要的技巧和能力，时时都要巧妙运用沟通，才能顺利准时地完成工作。

三是要有热情和耐心。热情让我们对工作充满激情，愿意为共同的目标奋斗；耐心又让我们细致对待工作，力求做好每个细节。激情和耐心互补促进，工作才能做好。

四是要讲究条理。我觉得做什么事情都要条理清晰，这样才能有效率，才不会盲目地去做事，也就不会毫无功效。养成讲究条理的好习惯，能让我们在工作中受益匪浅。

第四部分　存在的问题与改进性的建议

下面从我本人和沈阳朗格瑞贸易有限公司两个视角加以阐述：

1. 针对我本人

本项目的实施，等于我的人生开始接受一次新的挑战，因为公司与学校是完全不同的环境，一切都要按照公司的规矩做事，公司做事是很规范化的，而这种社会化的工作方式是我们这些在校学生所缺欠的，但这也是将来能很好地融入工作单位的一个重要因素，所以要培养并习惯这种方式。

项目实施的时候，自己不是很满意，主要有以下原因：

（1）自己的经验不足，很多时候不知道该怎么应对突然出现的新情况，面对紧急突发性状况的时候不知所措，进而耽误了工作进度。

（2）时间安排不是很合理，导致项目该完成时还存在一大堆的问题，经我的上司全面介入后才能完成，我给整个团队增添了不少麻烦。

（3）保密工作做得不好，遇到竞争对手不能及时确认其身份，直接导致了部分信息和资料的流失，给公司造成了损失。

（4）调研工作进行中，不懂专业性知识和技能，从而使整个收集资料的过程变得既复杂又缓慢。

自己需改进的地方：

在项目开展的初期，如果我用十足的准备来做项目的话，就不会因为自己的经验不足而不知所措；时间安排应更合理一些，不仅要为公司节省资源，也要为自己的整个工作流程留出整理和修改的时间余地，一旦出现漏洞和错误，能够有时间及时弥补和改正，就不会在工作快要结束的时候手忙脚乱；在与同行打交道时，应当提高警惕，时刻记住商场如战场，不要轻易地将自己的资料和公司的信息透露给其他人，一旦公司的机密泄露，后果不堪设想，轻者导致产品的竞争力下降，重者直接导致产品的滞销与停产；应该加强并强化自己的专业知识，不但能够识别哪些信息和资料是没有用的，而且还能够在工作中尽快地了解整个市场的专业背景和其他竞争对手的产品信息，以达到尽快完成项目任务目标。

2. 针对沈阳朗格瑞贸易有限公司的问题与建议

（1）现阶段美体塑身衣销售渠道过窄，导致销量有限，营销费用增加，这部分营销费用只能转嫁到消费者身上，导致价格偏高。建议：在技术、研发、材料等硬件上要过关，弥补美体内衣虚浮的产品功能的缺失，使其真正成为消费者心仪的产品。

（2）美体塑身衣与美容院、商场的销售模式基本相同，这对美体塑身衣品牌的培育非常不利。建议：创新美体塑身衣的销售模式，遍设精品类专卖店，推进与内衣专柜、美容院、保健品、整容医院等复合店建立销售网络关系。

（3）部分商人看到该行业巨大的利润空间，投机行为随机而生，导致本行业的名声普遍欠佳。建议：根据行业的特殊性，建立庞大的销售和培训队伍，将服务满意度执行到底，建立行业规范约束机制，促进整个美体内衣行业的和谐健康发展。

（4）经销商进出本行业随意性较大，想来就来，想走就走，随着经销商的退出，相关资料随即消失，公司无任何约束机制，不仅导致人才流失严重，而且行业秘密信息丢失惨重。建议：建立经销商档案制度，由专人负责管理。

第五部分　结束语

这份项目报告经过半年的调研、收集和整理资料，数十次地反复修改后终于完成，为此，本人非常欣慰。非常感谢我的指导老师，他悉心指导，耐心讲解，反复批阅，不断提出修改意见，才使我这篇项目报告提高到一个新的层次。当然，仔细研读自己的项目报告，发觉还有很多不足之处。其中有许多问题还需要不断深入地研究探讨，许多论述也不够严密。

2. 要素评析

这是一篇文科类毕业项目报告。学生通过毕业实习或训练环节获得了岗位适应性训练，并撰写出对就业有着现实意义的项目报告。本项目报告由工作系统描述、项目描述、项目总结、存在的问题与改进性的建议、结束语五个部分组成，本项目报告五个部分逻辑关系紧密，结构完整。学生完成本实习，对学生学业和人生的成长具有指导意义，得到了校内及校外指导教师的启发，所学基本理论知识与专业技能得到实质性的应用，从而提升了逻辑思辨能力及分析、解决问题的能力，培养了实习者的合作精神、有效的沟通技巧，最终丰富了实际工作和社会经验，为走向职场打下了基础。但报告文本在文字表述上还欠缺语言的锤炼，语句不够通畅，表意不够确切，语态不够成熟。

5.3.6　强化训练与拓展训练

1. 强化训练

根据自身兴趣与实习岗位条件，撰拟一份毕业项目报告，要求项目理念具有前瞻性，将所学专业技能与岗位需求结合起来，并提出自己独到的见解。项目自选，10 000 字以上。

2. 拓展训练

选择一篇往届学生的文科毕业实习报告，经过加工，改写成项目报告。

6

礼仪文书

6.1 请柬

6.1.1 概念

请柬又称请帖，是人们在节日和各种喜事中请客用的一种简便邀请信件，是为邀请宾客参加某一活动时所使用的一种书面形式的通知。一般用于联谊会、与友好交往有关的各种纪念活动、婚宴、诞辰或重大庆典等，发送请柬是为了表示隆重。发送对象一般都是上级领导、专家、知名友好人士、兄弟单位代表等，与主人是宾主关系，而非上下级关系或管理与被管理关系。

6.1.2 分类

按请柬的书写形式，可分为横式写法和竖式写法两种。竖式写法从右边向左边写，但从内容上看，请柬又有其特殊的格式要求。

按照请柬的制作方式，可分为撰拟格式请柬和固定格式请柬。

（1）撰拟格式请柬即根据活动的具体要求和对象的实际情况，亲笔拟写或专门打印的请柬。常见的请柬大多是折叠的、有封面的形式。

（2）固定格式请柬既可以按统一格式批量印制，也可以用市售的具有统一格式的请柬填发。这类请柬从中间对折，封面写上"请柬"二字，里瓤书写正文。这类请柬有时使用信封，以示郑重。请柬的行文一般不用标点，也不提邀请对象的姓名，而是将其姓名写在信封上。最后填写主办单位名称，也可由主人签名。

6.1.3 内容要素

请柬一般由标题、称谓、正文、结语、署名和日期构成。

（1）标题。在封面上写的"请柬"或"请帖"二字，一般要做一些艺术加工，可用美术体的文字，文字的色彩可以烫金，可以有图案装饰等。需要说明的是，通常请柬已按书信格式印制好，发文者只需填写正文即可。封面一般也已直接印上了"请柬"或"请帖"字样。

（2）称谓。顶格写出被邀请者的个人姓名或单位名称，如"某先生"、"某单位"等。称呼后加上冒号。

（3）正文。写清活动内容，如开座谈会、联欢晚会、生日派对、国庆宴会、婚礼、寿诞等。写明时间、地点、方式。如果是请人看戏或其他表演还应将入场券附上。如果有其他要求也需注明，如"请准备讲话"、"请准备节目"等。

（4）结语。写上礼节性问候语或恭候语，如"致以敬礼"、"顺致崇高的敬意"、"敬请光临"等。

（5）署名。署上邀请者（单位或个人）的名称，要署全称。

（6）日期。发柬日期，用阿拉伯数字写全年、月、日。

6.1.4 格式与结构模板

模板 1

标题 称谓 正文 …… 结语 署名 日期

模板 2

（封面）	（里瓤）
请　柬 （精美图案）	×××女士/先生： ××定于××××年××月××日上午××时××分在××××举行××××活动。敬请光临。 接待地点在××××××。 电话：×××××××××× 联系人：高×× ××××（公章） ××××年××月××日

6.1.5 范文及要素评析

范文 1

文种	要素评析
请　柬	标题
尊敬的王×先生：	称谓
谨定于 2014 年 5 月 2 日 13 时，于哈尔滨市鲲鹏酒家举行宴会，欢迎佳木斯风能研究所高级工程师王×先生偕夫人前来参加。	时间、地点、宴会 嘉宾
敬请光临	结语
哈尔滨柳城太阳能研究所所长　霍×谨订	署名
2014 年 4 月 22 日	日期

（续上表）

文种	要素评析
总评：这是一帧撰拟格式请柬。这份请柬既庄重严肃，又显得喜庆，同时也显示了对知名人士的尊重。时间、地点和具体内容在短短的一句话中全部体现了出来，简洁明确。要素齐全，格式规范。	

范文 2

请　柬 （精美图案）	尊敬的常××先生： 您好！ 健诚瓷业有限公司于2014年8月8日（星期五）下午2时，在家豪大酒店宴会厅举行公司开业20周年庆典活动。您是本公司的好朋友，在公司的发展中，您给我们许多关爱与支持，我及公司全体员工将永远铭记。在此盛会之际，敬请常先生光临，届时恭候您的到来。 此致 敬礼 健诚瓷业有限公司总经理　尉迟×× 2014年8月2日
总评：这是一帧固定格式请柬。封面与里瓤均合乎要求。本请柬的里瓤写清了活动内容，即公司开业20周年庆典，其中明确庆典的时间、地点、方式等。	
（封面）	（里瓤）

6.1.6　强化训练与拓展训练

1. 强化训练

你所供职的公司已成立30周年，公司要举行大型周年庆典活动，你是公司秘书，请你在电脑上设计一份请柬模板，要求格式规范、设计美观、装帧精良，以备活动前批量印制并寄发给嘉宾。

2. 拓展训练

（1）某社区定于农历九月初九19时在该社区一楼大礼堂举行老年人“九九重阳”诗歌朗诵会，届时恭请某电视台派记者光临。请你以此作为请柬的内容，在电脑上自行设计一份竖排版式的请柬并制作出实物。

（2）将下列请柬内容制作成中间对折，封面写上“请柬”二字，里瓤书写正文，镶嵌着花边的请柬。请柬里瓤的内容务必酌情简化。

请　柬

尊敬的×××先生：

为了促进我国互联网产业的健康发展，中国互联网协会定于2014年10月20日在黄山召开“2014中国站长论坛暨第三届中国站长大会”。

中国互联网协会邀请协会有关领导与互联网骨干网站站长参加，并诚挚邀请各位站长、专家发表对促进互联网发展的观点和建议，为下一步发展打好基础。

特邀请您莅临。

中国站长大会组委会

2014年9月28日

6.2 邀请书

6.2.1 概念

邀请书是行政机关、企事业单位、社会团体或个人邀请有关人士前往某地参加某项活动、事宜或工作的一种专用书信形式，又称邀请信或邀请函。

6.2.2 分类

按邀请书的形式，可分为正规印刷体邀请书和普通手写邀请书。

6.2.3 内容要素

邀请书一般由标题、称谓、正文、结语、署名、日期和附项构成。

(1) 标题。邀请书的标题一般有两种方式。第一种是单独用文种名称，如“邀请书(信)”。第二种是由“发文因由+文种”构成，如“关于出席东北地区经济发展会议的邀请书”。

(2) 称谓。写清主送对象，即被邀请的单位名称或个人姓名，顶格书写，如“××大学”、“×××先生”、“××女士”等。

(3) 正文。正文通常要求写出活动内容、活动目的、活动时间、活动地点、活动方式以及邀请对象所做的工作或事情等。各种事宜务必在邀请书中写清楚、写周详。如果附有票、券等物，也应同邀请书一并送给主送对象。如果相距较远，还应写明交通路线以及来回接送的方式等。其他差旅费及活动经费的开销来源及被邀人所应准备的材料文件、节目发言等也应在正文中交代清楚。

(4) 结语。结尾处要求写上礼节性的敬语。如“恳请光临”、“致以敬意”、“敬请届时参加”等。

(5) 署名。署上发文单位名称或发文个人的名称，要署全称。邀请单位还应加盖公章。

(6) 日期。写上发文日期，用阿拉伯数字写全年、月、日。

(7) 附项。发文单位的通信信息，如地址、电话、电子邮箱、邮政编码等信息。

6.2.4 格式与结构模板

标题

称谓

　　正文

……

　　结语

署名
日期

　　附项

6.2.5 范文及要素评析

文种	要素评析
2014 合作伙伴推广暨优化论坛邀请书	因由＋文种
尊敬的×××女士：	称谓
感谢您一直以来对 Google（谷歌）中国的关注与大力支持。	致谢
为促进与广大合作伙伴的交流与沟通，帮助站长提高网站质量并更好地利用 AdSense 增加网站效益，我们诚挚地邀请您参加定于 2014 年 9 月 22 日在北京举办的 Google AdSense 2014 合作伙伴推广暨优化论坛。	活动目的 活动时间、地点 活动名称
本次活动的内容包括“优化大师”主题演讲，由资深 AdSense 优化专家为您介绍 AdSense 团队在做优化的过程中积累的成功经验，以及来自全国各位站长别具匠心的优化创意，同时为您带来 Google AdSense 新近推出的推介 2.0、AdSense For Mobile 等产品更新。此外我们还专门设置“账户安全”专题演讲，为您具体分析“如何保障您的账户安全有效”。当天我们还会邀请上海站长讲述他们与 Google AdSense 的动人故事，同大家分享成功经验。Google AdSense 团队也将在现场就您最关心的问题进行答疑。	活动内容
相信您的到来将使本次活动更加精彩！	结语
附项： 会议时间：2014 年 9 月 22 日（星期一）15：00—17：30（14：30开始签到） 会议地点：北京皇都酒店 11 层宴会厅 2 厅（淮海路 12－8 号） 为保证您的席位，请填写回执，发送 E-mail 至 ReplyEvent@gmail.com 姓名： 职务： 部门： 单位名称及地址： 电子邮箱： 联系电话：	附项
总评：本邀请书首先写出活动目的、活动时间、活动地点、活动名称、活动的具体内容以及邀请对象所要做的事情。在尾部的附项中注明了发邀请书者的通信信息。	

6.2.6 强化训练与拓展训练

1. 强化训练

请根据下列材料，拟写一份邀请书。

关系单位：××教育电视台、××广播电视厅、××艺术学校

邀请书内容：××广播电视厅将举办“中秋团圆歌会”，由××教育电视台负责承办。本活动时间拟定为中秋节当天20：00，在××教育电视台演播厅演出并电视直播。因演出活动的需要，经编导与××艺术学校领导初步协商，今正式向××艺术学校发出参加演出活动邀请书。请将回执单填好传真给××教育电视台节目编导组。因本次演出活动为全省电视直播，恳请××艺术学校抓好节目的整体质量。节目审查时间为9月8日。具体事宜请与编导组联系。

2. 拓展训练

某职业技术学院生物工程系拟于近期就与蒙牛乳业合作建立一个大型训练基地召开研讨会，请代两个合作单位邀请本地主管教育的副市长前来参加该研讨会，并写出邀请书。

6.3 欢迎词

6.3.1 概念

欢迎词是指在隆重典礼、喜庆仪式、公众集会上，对宾客或单位新来人员表示欢迎的一种礼仪文书，也可写作欢迎辞。

6.3.2 分类

（1）从表达方式上，欢迎词可分为现场讲演欢迎词和媒体发表欢迎词。

（2）从社交的公关性质上，欢迎词可分为私人交往欢迎词和公事往来欢迎词。

6.3.3 内容要素

欢迎词一般由标题、称谓、正文、结语、署名和日期构成。

（1）标题。标题由事由和文种组成，也可直接写文种。标题要用较大的字写在第一行居中的位置。

（2）称谓。指的是欢迎词的领受单位名称或领受人的姓名。另起一行顶格书写，后面加冒号。

（3）正文。正文是欢迎词的核心部分。欢迎词的正文开头以简洁的话语对宾客的到来表示热烈的欢迎，然后具体阐述宾客来访的意义，通常是回顾往昔、畅叙友情，表示对今后双方交往的意见、建议、期望与良好的祝愿。

（4）结语。另起一行，前空两格，写上慰问、鼓励、致谢或祝愿的话语，常规的是传统的“此致、敬礼”。

（5）署名。正文下面的右下方写明致辞机关名称、个人姓名。

（6）日期。用阿拉伯数字写全年、月、日。如果文中已经写明这些信息，此处不必再出现。

特别提示：一般情况下，媒体发表欢迎词时，署名和日期不能省略，但现场致辞时，可视现场情况将其省略。

6.3.4 格式与结构模板

标题

称谓

　　正文

……

　　结语

署名

日期

6.3.5 范文及要素评析

文种	要素评析
欢迎词	标题
尊敬的连战主席和夫人，尊敬的吴伯雄副主席、林澄枝副主席、江丙坤副主席，尊敬的国民党大陆访问团的全体成员：	称谓
大家好！	问候
四月的北京春意盎然，在这美好的季节里，我们迎来了中国国民党主席连战先生率领的国民党大陆访问团。今天的会见是我们两党主要领导人历史性的会见，我为此感到非常高兴。首先，我代表中共中央向连主席和夫人，向各位副主席，向访问团的全体成员表示热烈的欢迎，并致以良好的祝愿。	表示欢迎、祝愿
有朋自远方来，不亦乐乎。你们的来访是中国共产党和中国国民党关系史上的一件大事，也是当前两岸关系当中的一件大事。 从你们踏上大陆的那一刻起，我们两党就共同迈出了历史性的一步，这一步既标志着两党的交往进入了新的发展阶段，也体现了我们两党愿共同促进两岸关系发展的决心和诚意。我们共同迈出的这一步，必将记载在两岸关系发展的史册上。	宾客来访的意义
当前，两岸同胞都希望两岸关系走向和平、稳定、发展的光明前景。我们多次表示，欢迎认同“九二共识”、反对“台独”、主张发展两岸关系的台湾各政党、团体和代表性人士同我们开展交流和对话，共同推动两岸关系的改善和发展。 昨天，全国政协贾庆林主席和连战主席以及访问团的成员进行了很好的会见，陈云林主任和林丰正秘书长也进行了工作会谈，稍后我还要和连主席交换意见。我想，我们一定能够在促进两岸关系发展和两党交往等问题上达成重要共识。 虽然我们两党目前还存在一些分歧，但只要我们双方都能够以中华民族的根本利益为重，以两岸同胞的福祉为重，就一定能够求同存异，共同开创美好的未来。 今年是孙中山先生逝世八十周年，连主席和访问团的全体成员在南京敬谒了中山陵。孙中山先生是伟大的爱国主义者和民族英雄，是中国	表示当前、今后双方交往的建议、期望与祝愿

（续上表）

文种	要素评析
民主革命的伟大先行者，他为民族独立、民主自由、民生幸福，为国家的统一和富强贡献了毕生精力。他在全国各族人民和一切爱国人士当中有着崇高的威望，中国共产党人始终对他怀着崇高的敬意，从来就是孙中山先生革命事业的坚定支持者、合作者、继承者。孙中山先生也把中国共产党人当作自己的好朋友。在当年中国内忧外患的情况下，孙中山先生第一个喊出了“振兴中华”的口号，这理应继续成为我们两岸的中国人共同的追求和责任。孙中山先生为中华民族和中国人民留下了许多珍贵的精神遗产，值得我们永远地继承和发扬。 在当前两岸形势复杂变化的形势下，我们两党都要深入地体察两岸同胞的所愿所想，深刻地把握两岸关系和世界大势的发展趋向，要以我们积极的作为向两岸同胞展示两岸关系和平稳定发展的前景，要向世界表明两岸的中国人有能力、有智慧解决彼此的矛盾和问题，共同争取两岸关系和平、稳定、发展的前景，共同开创中华民族的伟大振兴。	
我相信，国民党大陆访问团的这次访问，以及我们两党的交流对话，已经给两岸关系的改善注入了春天的气息，希望我们双方共同努力，争取两岸关系向和平、稳定、发展的方向前进。让我们两岸同胞一道在和平、发展的道路上不断开拓前进。	希望
非常感谢连主席和各位听完我的欢迎词，谢谢大家！	再次致谢、欢迎
总评：这是一篇典范的热情洋溢的欢迎词。开头以简洁的话语对连战一行宾客的到来表示热烈的欢迎，然后具体阐述台湾宾客来访的意义，畅叙友情，表达对今后双方交往的意见、建议、期望与良好的祝愿。全文要素齐全，格式规范。	

6.3.6 强化训练与拓展训练

1. 强化训练

下面这篇欢迎词只有开头和结尾，请将缺少的正文部分补齐。

尊敬的符×董事长先生，尊敬的贵宾们：

符×董事长先生与我们合资建厂已经五年，今天亲临我厂对生产技术、经营管理进行指导，我们表示热烈的欢迎。

两年来……

最后，让我们以热烈的掌声，向符×董事长表示欢迎！

2. 拓展训练

请接续下面未写完的“同学会欢迎词”。

女士们，先生们，亲爱的同学们：

今天是五月一日，是个大吉大利的日子。今天，我们从天南海北、四面八方来到这富丽堂皇的万豪大酒店，参加如此隆重的同学聚会，为此，请允许我代表沈阳市的“地主”们对各位同学的光临表示热烈的欢迎和衷心的感谢。……

6.4 欢送词

6.4.1 概念

欢送词是指在欢送宾客的仪式、集会、宴会上，主人对宾客即将离去表示热烈欢送的一种礼仪文书，也写作欢送辞。

6.4.2 分类

（1）从表达方式上，欢送词可分为现场讲演欢送词和媒体发表欢送词。
（2）从社交的公关性质上，欢送词可分为私人交往欢送词和公事往来欢送词。

6.4.3 内容要素

欢送词一般由标题、称谓、正文、结语、署名和日期构成。

（1）标题。标题由“事由＋文种”组成，也可直接写文种。标题要用较大的字写在第一行居中的位置。

（2）称谓。指的是欢送词的领受单位名称或领受人的姓名。另起一行顶格书写，后面加冒号。

（3）正文。正文是欢送词的核心部分。欢送词的正文开头以简单的话语对宾客即将离去表示热烈欢送，接着对来宾来访期间双方的活动进行简要总结，最后表示继续加强交往的愿望。

（4）结语。另起一行，前空两格，写上慰问、鼓励或祝愿的话语，常规的是传统的“此致、敬礼”。

（5）署名。正文下面的右下方写明致辞机关名称或个人姓名。

（6）日期。如果在文中已经写明此信息，此处不必再出现。

特别提示：一般情况下，媒体发表欢送词时，署名和日期不能省略，但现场致辞时，可视现场情况将其省略。

6.4.4 格式与结构模板

标题
称谓
正文
……
结语
署名
日期

6.4.5 范文及要素评析

文种	要素评析
欢送词	标题
女士们、先生们：	称谓
值此顺达机械制造厂50周年庆典之际，请允许我代表顺达，并以我个人的名义，向来自全国各地的贵宾们表示热烈的欢迎。	热烈欢迎
朋友们不顾路途遥远专程前来贺喜并洽谈贸易合作事宜，为我厂50周年庆更添了一份热烈和祥和，我由衷地感到高兴，并对朋友们为增进双方友好关系作出努力的行动，表示诚挚的谢意！	致谢
今天在座的各位来宾中，有许多是我们的老朋友，我们之间有着良好的合作关系。顺达建厂50年能取得今天的成绩，离不开老朋友们的真诚合作和大力支持。对此，我们表示由衷的钦佩和感谢。同时，我们也为能有幸结识来自全国各地的新朋友而感到十分高兴。在此，我谨再次向新朋友们表示热烈欢迎，并希望能与新朋友们密切协作，发展相互间的友好合作关系。	对宾客来访期间双方活动进行总结 表示继续加强交往的愿望
"有朋自远方来，不亦乐乎。"在此新朋老友相会之际，我提议： 为今后我们之间的进一步合作， 为我们之间日益增进的友谊， 为我们的效益更大化， 为朋友们的健康、幸福， 干杯！	祝愿
总评：本欢送词开头以简单的话语对宾客即将离去表示热烈欢送，接着对宾客来访期间双方的活动进行简要回顾和总结，最后致辞人表达了与宾客继续加强交往的愿望。最后提议为此干杯。	

6.4.6 强化训练与拓展训练

1. 强化训练

下面是一篇欢送词的开头部分，请将正文与结尾部分补齐，讲话时间不得少于2分钟。

女士们、先生们：

值此百科印刷公司10周年厂庆之际，请允许我代表百科印刷公司，并以我个人的名义，向远道而来的贵宾们表示热烈的欢迎。……

2. 拓展训练

根据下面所提供的材料，请以北京某高校校长和同心县教育局局长的名义起草热情洋溢的欢迎词和欢送词各一份。

为了响应党和国家关于西部大开发的号召，北京某高校许多应届毕业生纷纷报名参加西部贫困地区的支教工作，此举在本校乃至全国引起了强烈反响。宁夏回族自治区同心县也迎来了18位毕业生到本县任教，宁夏同心县在教师节那天特地为他们举行盛大的欢迎会。

6.5 祝酒词

6.5.1 概念

祝酒词是在宴会开宴前所发表的表示诚挚敬祝的讲话，也称祝酒辞。

6.5.2 分类

从社交的公关性质上，祝酒词可分为私人交往祝酒词和公事往来祝酒词。

6.5.3 内容要素

祝酒词一般由标题、署名、称谓、正文、结语构成。

（1）标题。标题由“事由 + 文种”组成，也可直接写文种。标题要用较大的字写在第一行居中的位置。

（2）署名。一般写清职务和姓名。

（3）称谓。指的是祝酒词的领受单位名称或领受人的姓名。另起一行顶格书写，后面加冒号。

（4）正文。致辞人在什么情况下，向出席者表示欢迎、感谢、问候和祝愿；谈成绩、作用、意义；展望未来，联系面临的任务、使命。因为致辞人是端着酒杯讲话，篇幅一般不宜太长。

（5）结语。常用“请允许我，为××而干杯”。

6.5.4 格式与结构模板

标题 署名 称谓 　　正文 …… 　　结语

6.5.5 范文及要素评析

文种	要素评析
广东省经济发展国际咨询会的欢迎宴会祝酒词	事由 + 文种
广东省省长　黄华华	署名
尊敬的各位顾问、女士们、先生们、朋友们：	称谓
晚上好！	问候
借着金风送爽，我们今晚相聚在美丽的珠江河畔。我和我的同事们在这里与各位顾问和嘉宾欢聚一堂，感到非常高兴。我谨代表广东省人民政府和全省人民，对各位的光临表示热烈的欢迎。我愿借此机	欢迎

（续上表）

文种	要素评析
会，向你们并通过你们，向所有关心和支持广东发展的朋友们，表示诚挚的谢意和良好的祝愿！	祝愿
与会的顾问和嘉宾，有著名跨国公司的高级领导，有国际知名的经济专家，有造诣精深的专家学者。我深切地感受到各位顾问真诚合作的精神和积极务实的态度。充分发挥我们的合作精神和集体智慧，不仅有利于谋划和推动广东的发展，而且有利于共同推进彼此在各个领域的合作和发展。我一直期待2003广东经济发展国际咨询会的到来，听取和了解你们对广东经济社会发展的真知灼见。我们今天欢聚在这里，为的是一个共同的目标：加强合作交流，拓展发展空间，为广东的经济和社会发展增添活力，也为你们事业的发展创造机会。	会议目标、成绩、作用、意义
中国加入世贸组织，标志着对外开放进入了一个崭新的阶段，我们正在更大范围、更广领域和更高层次上参与国际竞争。广东是中国内地经济外向度最高的省份，已经率先感受到前所未有的发展机遇和严峻挑战。在这样的大背景下，我们必须紧紧抓住新机遇，迎接新挑战，全面提升国际竞争力，积极推进现代化进程，努力开创经济合作的新局面，实现优势互补、互惠互利、长期合作、共同发展。广东人民正聚精会神地全面建设小康社会，加快实现现代化，这将为所有朋友创造更多的发展机会和空间。 充满蓬勃生机和广阔前景的广东经济，正以强劲的姿态向新的高度跨越。让我们大家携起手来，为在新世纪实现广东现代化和我们共同的繁荣发展而努力！	展望未来，面临的任务、使命
现在，我提议：为这次国际咨询会议的圆满成功，为我们的真诚合作，为在座各位的事业辉煌、身体健康、家庭幸福，干杯！	祝酒
总评：本祝酒词的致辞人在咨询会的欢迎宴会上，对前来参会的顾问和嘉宾表示欢迎、感谢、问候和祝愿；谈到了本次会议期间的突出成绩和重大意义，再联系所面临的任务和使命对未来进行了展望；最后提议为此干杯。	

6.5.6 强化训练与拓展训练

1. 强化训练

以大学同学20年后又见面，晚餐聚会为背景，你是主持人并发表“祝酒词”。

你仿佛又回到了二十年前的那个炎热的夏天，眼前又浮现出你所在大学里全班同学在火车站依依不舍挥泪告别的情景，又激起了你对多少往事的思恋和回味。

如今的同学，成就、失意、苍老、辉煌、未知……

2. 拓展训练

下面是一篇祝酒词的最后一部分，请将缺少部分补充完整，允许适当添加内容。

最后，我提议：让我们共同举杯，为助学工程的早日开工建设，为我市的经济发展与社会进步，为各位领导、各位专家的身体健康、工作顺利、生活愉快、万事如意，干杯！

6.6 答谢词

6.6.1 概念

答谢词是指在集会或酒宴上，宾客或其代表对主人的热烈欢迎或款待、帮助表示感谢的一种礼仪文书，也称答谢辞。

6.6.2 分类

（1）从社交的公关性质上，答谢词可分为私人交往答谢词和公事往来答谢词。

（2）从表达方式上，答谢词可分为现场讲演答谢词和媒体发表答谢词。

6.6.3 内容要素

答谢词一般由标题、称谓、正文、结语、署名和日期构成。

（1）标题。标题由“事由 + 文种”组成，也可直接写文种。标题要用较大的字写在第一行居中的位置。

（2）称谓。指的是答谢词的领受单位名称或领受人的姓名。另起一行顶格书写，后面加冒号。

（3）正文。正文是答谢词的核心部分。答谢词的正文开头对主人的热情接待表示由衷的感谢，接着概述访问期间留下的美好印象，赞扬主人取得的成绩，或对双方共同关心的问题表达自己的观点、看法和愿望。

（4）结语。另起一行，前空两格，写上慰问、鼓励或祝愿的话语，常规的是传统的“此致、敬礼”。

（5）署名。正文下面的右下方写明致辞机关名称、个人姓名。

（6）日期。用阿拉伯数字写全年、月、日。如果在标题中已经写明这些信息，此处不必再出现。

特别提示：一般情况下，媒体发表答谢词时，署名和日期不能省略，但现场致辞时，可视现场情况将其省略。

6.6.4 格式与结构模板

标题

称谓

　　正文

……

　　结语

署名

日期

6.6.5　范文及要素评析

文种	要素评析
酒店开业庆典总经理答谢词	事由＋文种
总经理　何××	署名
尊敬的领导、来宾、各位业界同人和朋友们：	称谓
大家好！	问候
很高兴在今天这个特别的日子里，我们能够相聚一堂，共同庆祝喜来顺大酒店隆重开业！首先，请允许我代表喜来顺大酒店的全体员工，向今天到场的领导、董事长和所有的来宾朋友们表示衷心的感谢和热烈的欢迎！	答谢
喜来顺大酒店位于宾州市长宁区中心地带，集商铺、酒店、餐饮、休闲、娱乐、办公于一体，是按照五星级旅游涉外饭店标准投资兴建的新型综合性豪华商务酒店。值得一提的是，它是宾州首家客房内拥有干湿分离卫生间及景观阳台的星级酒店。其优越的地段、豪华的环境、优质的服务和智能化的配套设施，必将给您耳目一新的感受。它是顺应宾州特大型城市建设发展的精品建筑，是长宁区的地标，也是各商家投资、置业、理财的新途径。毫不夸张地说，喜来顺大酒店是我们喜来顺人智慧和汗水的结晶。它的筹划和诞生，倾注了我们喜来顺人的所有心血，凝聚了喜来顺全新的理念。欣慰的是，有这么多朋友默默地关心和支持着我们，陪伴我们一路走来。其中，有长宁区领导的高度重视和政策指导，有我们喜来顺集团高层的殷切关怀和鼎力扶持，有社会各界朋友的热心帮助等，让我们感激不已。进入21世纪，宾州的现代化建设突飞猛进，长宁区的发展如火如荼，未来的竞争日益激烈。作为总经理，喜来顺大酒店的具体运营者，我深知自己肩负的重担和使命。我们的一言一行，一举一动，都将和喜来顺大酒店的发展联系在一起。但是，困难与希望同在，这么多朋友的关心和指导，是支撑喜来顺大酒店存在并运作的信心和源泉！面对挑战，我坚信，喜来顺大酒店必将在市场上傲然挺立，拥有一席之地！为此，我将携全体工作人员，用良好的业绩来回报各界，以不辜负领导、董事长和社会各界的期望！同时，我们喜来顺大酒店全体员工，将坚持求变创新的开拓精神，和诸位业界同人一起，全力以赴，共同致力于长宁区的建设发展，为长宁区进一步的繁荣昌盛添上辉煌灿烂的一笔！正如我们喜来顺大酒店的宗旨所阐述的一样，我们要成为宾州长宁区的地标和窗口，要奏响新区的最强音，要为宾州人民创造一个永不落幕的新都会！	现状与前景
最后，我要特别感谢宾州长宁区领导的莅临指导，感谢董事长于百忙之中能够亲临开业现场致辞！再次感谢各位朋友的光临！ 谢谢大家！	再次致谢
总评：本答谢词开头对上级领导、来宾、各位业界同人和朋友们的支持与帮助表示由衷的感谢，接着概述了喜来顺大酒店筹建及开业以来的现状和前景，赞扬与之有关联的所有人。对来宾们共同关心的问题表达了自己的观点和愿望，最后对来宾再次表示最诚挚的感谢。	

6.6.6 强化训练与拓展训练

1. **强化训练**

根据下列这篇报道，以受捐学生的身份，拟写一篇答谢词。

吴琪俊副院长带队到隆林县开展支教点挂牌及捐赠活动

5月21日，右江民族医学院吴琪俊副院长率领教务处党支部党员一行14人，到隆林各族自治县者浪乡中心小学开展支教点挂牌及捐赠活动。

下午4时，在县人大郭秀忠副主任、县政协赵隆生副主席、县教科局杜成忠副局长、支教办王有明主任的陪同下，吴副院长一行来到者浪乡中心小学，受到乡领导和学校师生的热烈欢迎。在掌声、笑声和鞭炮声中，吴副院长和郭副主任揭下了学校大门上“右江民族医学院支教点”牌匾上的红绸，这标志着右江民族医学院的支教工作又踏上了一个新台阶。在捐赠仪式上，县、乡、校三级领导发表了热情洋溢的致辞，吴副院长也作了深情厚谊的讲话。他说，无论是从名字还是地域特征上看，右江民族医学院和隆林各族自治县之间都有着难以割舍的亲缘亲情，大力支持支教工作历来是学院的一项重要议程，也是一项特殊荣誉，今年要为“普九”攻坚工作作出更大的贡献。本次活动学院向支教点捐赠建设资金17 100元；师生捐赠扶贫助学资金6 400元，与32名贫困生结成帮扶对子；捐赠电脑1台，打印机1台，台式电扇12台，衣物500多件，学习和体育用品一批，捐物折款共计20 500元。

2. **拓展训练**

在你的人生道路上，总会有诸多得到他人的帮助之处，大、小事自不必说，请选择一桩值得庆祝的事情，举行一次仪式，在此答谢，完成答谢词的拟写。

6.7 贺词

6.7.1 概念

贺词是指对人或事，如喜庆节日、寿辰、重要事件或会议等表示庆贺的一种礼仪文书，也写作贺辞。

6.7.2 分类

从表达形式上，可分为即席贺词和信函电传贺词。

6.7.3 内容要素

贺词一般由标题、称谓、正文、结语、署名和日期构成。

（1）标题。标题由“事由+文种”组成，也可直接写文种。标题要用较大的字写在第一行居中的位置。

（2）称谓。指的是贺词的领受单位名称或领受人的姓名。另起一行顶格书写，后面加冒号。

（3）正文。贺词的正文有多种写法，一般不少于“贺什么”和“为什么要贺”两个意思。会议贺词要突出祝贺会议的内容并寄予希望；庆功会或庆功宴的贺词，则要概括地回顾总结前段工作所投入的力量和所取得的成就或发展、变化并表示祝贺。贺词可在媒体上公开发表。

（4）结语。另起一行，前空两格，写上慰问、鼓励或祝愿的话语，常规的可是传统的“此致、敬礼”。

（5）署名。正文下面的右下方写明致辞人姓名、职务。

（6）日期。用阿拉伯数字写全年、月、日。如果文中有了此信息，则文末不必再次出现。

特别提示：一般情况下，媒体发表贺词时，署名和日期不能省略，但现场致辞时，可视现场情况将其省略。

6.7.4 格式与结构模板

标题

（署名）

称谓

正文

……

结语

署名

日期

6.7.5 范文及要素评析

文种	要素评析
在公司成立大会上的贺词	事由 + 文种
总经理　王 ×	署名
尊敬的各位领导、同志们：	称谓
在华翔教育集团公司实施主辅分离、辅业改制，加快企业发展的新形势下，华瑞服务公司、华欣科技开发公司于今天正式创建成立了。我同各位一样，倍感心潮澎湃、欢欣鼓舞。在此，我代表参加创立大会的各兄弟单位，对华瑞服务公司、华欣科技开发公司的创立表示热烈的祝贺！	贺什么
近年来，华翔全体职工坚持科学发展观，与时俱进，艰苦创业，各项工作都取得了优异的成绩。特别是今年以来，把实施主辅分离、辅业改制作为推进企业发展、实现企业腾飞的历史机遇，务实拼搏，团结进取，为新公司的创立奠定了坚实的基础，也为华翔教育集团公司主辅分离、辅业改制工作的全面完成作出了积极的贡献。	工作成绩
今天，华瑞服务公司、华欣科技开发公司的创立，标志着企业进入了一个新的历史发展阶段。我们坚信，在今后的发展中，新公司会继续发扬与时俱进、永攀新高、永争一流的精神，使公司步入一个健康、稳定、协调发展的新天地。在今后的工作中，我们会加强协作，虚心学习	寄予希望

（续上表）

文种	要素评析
你们的好经验，借鉴你们的好做法，相互支持，通力合作，艰苦创业拓新路，增强实力谱新篇，为华翔教育集团公司实现“一年百亿”的宏伟目标和构建和谐集团作出不懈的努力。 最后，祝华瑞服务公司、华欣科技开发公司兴旺昌盛，财路通达。 祝各位领导、同志们身体健康，工作愉快，心想事成。 谢谢大家！	祝愿
总评：该贺词首先写清楚了为公司成立而祝贺；然后回顾总结了前段工作所投入的力量，肯定公司的成绩、贡献、发展和变化，并对公司今后寄予了希望；最后再次致贺词。	

6.7.6 强化训练与拓展训练

1. 强化训练

老张可以说是大器晚成。今年，在家人和朋友的支持下，他创办了一所汽车驾驶培训学校，开业之日，他邀请你作为首席嘉宾。开业庆典上，你理所当然地要为这位朋友表示祝贺，请你拟写一篇热情洋溢的开业贺词。

2. 拓展训练

请代华锦集团公司的董事长秘书将下面的新年（2015 年）贺词加以扩充和润饰。

“一元复始山河美，万象更新锦绣春”，新年的脚步临近，华锦集团公司也将迈入新的一年。2014 年，是华锦与广大客户合作愉快的一年，是华锦与许许多多的新老朋友携手共进、增进友谊的一年。

在此，华锦全体员工向广大的新老客户、向支持华锦的新老朋友，致以新年的问候：祝您在新的一年里身心愉悦、事业顺利、生意兴隆、家庭幸福！

新的一年里，愿我们在振兴老工业基地的号角声中，在努力加快发展、全面建设小康的伟大征程中，共同担负起发展的重任，抢抓机遇，团结协作，携手奋进，共铸新的辉煌！

6.8 相近（临）文种的比较

6.8.1 请柬与邀请书的区别

（1）活动性质不同。请柬是为礼仪性、例行性、娱乐性活动发出的，如“庆典”、“娱乐”、“晚会”等；而邀请书一般是为具有实质性的工作、任务或事项发出的，如学术研讨会、科技成果鉴定会等。

（2）内容繁简不同。请柬可用一两句话写明活动的地点与时间等，一般有固定格式；而邀请书往往对活动的内容、作用、意义及工作要求作出介绍与说明。

（3）篇幅长短不同。请柬的活动内容单一，不必使用过多的语言；而邀请书要介绍清楚活动的时间、地点、项目、程序、要求等，篇幅较大些。

（4）制作形式不同。请柬一般使用统一的制作精美的成品；而邀请书由于内容不一，文字较多，可自行用电脑创制或打印。

6.8.2 欢迎词与欢送词的比较

（1）欢迎词是指客人光临时，主人为表示热烈的欢迎，在座谈会、宴会、酒会、活动开场前发表的热情友好的讲话；欢送词是在座谈会、宴会、酒会、活动之后，迎送宾客结束时，对其离去表示友情欢送的致辞。欢迎词在会议或活动前，欢送词在会议或活动后，二者是首尾相连的关系。

（2）欢迎词具有欢迎性，欢送词具有惜别性，都注重感情的表达。

（3）欢迎词同欢送词一样，遣词造句使用生活化的语言，既富有情感又自然得体。

7

财经文书

7.1 财务预算报告

7.1.1 概念

财务预算报告是在财务预算的基础上，对今后某一时期的经济运行状况和经营成果进行分析预测后形成的书面文字材料。财务预算报告的前提是财务预算，要想写好财务预算报告，就必须先做好财务预算，然后再按照格式要求编写预算报告。

7.1.2 分类

（1）按范围的不同，财务预算报告可分为综合财务预算报告和专题财务预算报告。

（2）按部门的不同，财务预算报告可分为国家政府部门的财务预算报告、企业财务预算报告和事业单位财务预算报告等。

（3）按时间的不同，财务预算报告可分为长期财务预算报告、中期财务预算报告和短期财务预算报告。

7.1.3 内容要素

财务预算报告的要素有标题、正文、署名、日期、附件等部分。

（1）标题。标题有简式、繁式两种。繁式标题由“部门+时限+性质+文种”构成。如“北京首钢股份有限公司2014年度财务预算报告”，其中“北京首钢股份有限公司”是“部门”，“2014年度”是时限，“财务预算”是性质，“报告”是文种。简式标题只写“预算报告”即可。

（2）正文。正文分为引言、主体、结尾三个部分。①引言部分一般写预算的目的、概况，通常写出根据什么来作预算报告，或者受哪个部门或哪个组织委托作预算报告，这一部分文字力求简单明了。②主体部分写预算的内容、经济指标，主要运用具体的数字对资料进行分析说明，分析说明要做到有理有据，阐述清晰，不可模棱两可。③结尾部分用于说明完成预算的建议、方法以及要注意的一些问题等。

（3）署名。正文下面的右下方写明单位或拟写人。

（4）日期。用阿拉伯数字写全年、月、日。如果文前有了此信息，文末不必再次出现。

（5）附件。主要是数字材料，包括财务报表中的负债表、损益表、资金流动表等，以及其他具体的数据辅助资料。

特别提示：如果是提请职代会或人代会审议的预算报告，在标题下还要有“称谓”和“请予以审议”等字样。例如，“各位代表：现将公司2015年度财务预算情况报告给大家，请予以审议。”

7.1.4 格式与结构模板

标题 正文 …… 署名 日期 附件 1. 2. 3.

7.1.5 范文及要素评析

文种	要素评析
万顺股份有限公司 2015 年度财务预算报告	标题
万顺股份有限公司根据市场调查和预测，结合本公司历年的生产经营状况和国内经济形势，预计 2015 年度生产经营、营业收入、成本费用和利税情况如下：	引言
一、预计生产经营目标 2015 年预计生产白酒 40 000 吨，生产生肉制品 226 300 吨，出栏种猪 100 000 头，生产果蔬饮料 65 000 吨。 **二、主营业务收入情况** 2015 年预计主营业务收入总额 320 000 万元，其中： 1. 白酒 31 000 万元 2. 肉制品 202 273 万元 3. 种猪 7 727 万元 4. 果蔬饮料 32 130 万元 **三、成本费用情况** 2015 年预计成本费用情况如下： 1. 主营业务成本 260 000 万元 2. 营业费用 27 300 万元 3. 管理费用 15 700 万元 4. 财务费用 2 600 万元 **四、利税情况** 2015 年预计实现主营业务收入 320 000 万元，实现利润总额 11 000 万元，净利润 9 100 万元，税金 11 000 万元。	分项指标
五、附件：成本费用明细表（略）	附件
万顺股份有限公司	署名
2015 年 7 月 12 日	日期

总评：这是一份比较简洁的企业财务预算报告，格式正确，内容清晰。正文主体部分分成若干个条目，用具体的数字说明各项指标，一目了然。如果是一个中小型的企业，这样的财务预算报告就很好。不足之处是略显得笼统，缺乏相应的说明和分析。

7.1.6 强化训练与拓展训练

1. 强化训练

在老师的指导和协调下，到校办工厂的财务部门了解一些财务预算方面的知识，并取得第一手资料，编写“××季度财务预算报告”，注意格式要完整正确。

2. 拓展训练

下面是深圳某公司的一份年度预计利润表，请根据所学的财务预算报告的写作知识，编写一份年度利润预算报告。

预计利润表

2014 年 12 月 31 日　　　　单位：元

项目	三、四季度累计数	本年累计数
一、主营业务收入	15 000 000	35 356 010
减：主营业务成本	10 800 000	20 380 632
主营业务税金及附加	255 000	490 781
二、主营业务利润	3 945 000	14 484 597
加：其他业务利润	2 800 000	0
营业费用	1 000 000	3 680 270
管理费用	1 600 000	6 432 896
财务费用	505 000	654 875
三、营业利润	1 940 000	3 716 556
加：投资收益	0	0
补贴收入	0	0
营业外收入	1 250 000	644 000
减：营业外支出	1 600 000	10 000
四、利润总额	1 590 000	4 350 556
减：所得税	524 700	1 435 683
五、净利润	1 065 300	2 914 873

7.2 财务决算报告

7.2.1 概念

财务决算报告是在财务决算的基础上，对财务决算的方法、目的、根据以及决算的结果、目标的评价、问题的处理意见等进行说明的文字材料。和财务预算报告类似，财务决算报告的前提是财务决算。所不同的是，财务决算要和本期的财务预算相联系、相比较，看是否完成了当初的财务预算指标。

7.2.2 分类

（1）按范围的不同，财务决算报告可分为综合财务决算报告和专题财务决算报告。

（2）按部门的不同，财务决算报告可分为国家政府部门的财务决算报告、企业财务决算报告和事业单位财务决算报告。

（3）按时间的不同，财务决算报告可分为长期财务决算报告和短期财务决算报告。

7.2.3 内容要素

财务决算报告的内容分为标题、正文、署名、日期和附件等部分。

（1）标题。标题可以写正规的样式，即“单位（部门）+时限+性质+文种”；也可以简单写成“时限+文种”、“部门+文种”等方式，如“××公司财务决算报告”、“××季度财务决算报告”、“××公司××年度财务决算报告”。

（2）正文。正文分引言、主体、结尾三个部分。①引言部分要说明财务决算的依据和目的，简单明了，不必过分渲染和铺垫，不要写成工作总结那样的首段全面概括，只用一段文字、几句话就行。②主体部分写出财务决算过程、结果，对出现的问题的分析和评价，这一部分如果内容较多，可以采用小标题的形式把内容分成几个项目，逐项加以阐述说明。③结尾部分提出对问题的处理意见、今后要注意的问题、下一次预算的初步目标等。在决算时如果没有出现什么问题，结尾部分可以简单一些，甚至可以省略。

（3）署名。正文下面的右下方写明单位或拟写人。

（4）日期。用阿拉伯数字写全年、月、日。如果文前有了此信息，文末不必再次出现。

（5）附件。用于证明决算的数据、表格、账目等资料。

特别提示：如果是需要提请审议的财务决算报告，在标题下面正文上面还要有“称谓”和“请予以审议”等字样，意思是表明在向谁作决算报告。例如，“各位代表：现将公司2013年财务决算和2014年财务预算情况报告给大家，请予审议。”

7.2.4 格式与结构模板

标题

正文

……

署名

日期

附件 1.

2.

3.

7.2.5 范文与要素评析

<table>
<tr><th>文种</th><th>要素评析</th></tr>
<tr><td>成功信息产业（集团）股份有限公司
2014 年度财务决算报告</td><td>标题</td></tr>
<tr><td>各位股东：</td><td>称谓</td></tr>
<tr><td>现受董事局委托，向各位股东提交公司 2014 年度财务决算报告，请审议。</td><td>引言</td></tr>
<tr><td>一、公司资产负债、利润及现金流量概况
经××天健会计师事务所审计核定，我公司 2014 年末总资产为 167 218 万元，比上年年末 146 715 万元增加 14%；年末公司负债为 94 292 万元，比上年年末 65 835 万元增加 43%；年末股东权益 72 041 万元，比上年年末 79 762 万元减少 9.7%。经审计，我公司 2014 年度主营业务收入为 59 063 万元，比上年同期 65 026 万元减少 9.2%；主营业务利润为 9 639 万元，比上年同期 11 992 万元减少 19.6%；营业利润 -8 052 万元，比上年同期 -305 万元多亏损 7 747 万元；投资收益 -1 224万元，比上年同期 698 万元减少 1 922 万元；补贴收入 114 万元，比上年同期 715 万元减少 601 万元；营业外收支净额 961 万元，比上年同期 -86 万元增加 1 047 万元；利润总额 -8 202 万元，比上年同期 1 023 万元减少 9 225 万元；净利润 -8 292 万元，比上年同期 687 万元减少 8 979 万元；可供分配利润 535 万元，比上年同期 9 848 万元减少 9 313 万元。公司 2014 年度现金及现金等价物净增加额为 1 715 万元，比去年同期 372 万元 增加1 343万元。其中经营活动产生的现金流量净额为 4 555 万元，比上年同期 -9 581 万元增加 14 136 万元；投资活动产生的现金流量净额为 -17 452 万元，比上年同期 -17 374 万元减少 78 万元；筹资活动产生的现金流量净额为 14 619 万元，比上年同期 27 334 万元减少 12 715 万元。</td><td>决算指标</td></tr>
<tr><td>二、财务指标
每股净资产 3.09 元，比上年年末 3.42 元减少 0.33 元；
净资产收益率为 -10.92%，比上年同期 0.87% 减少 11.79%；
每股收益 -0.36 元，比上年同期 0.03 元减少 0.39 元；
存货周转天数为 144 天，比上年同期 112 天增加 32 天；
应收账款周转天数 105 天，比上年同期 110 天减少 5 天；
资产负债率为 56.39 %，比上年年末 44.87% 增加 11.52%；
流动比率为 1.38，比上年年末 1.81 减少 0.43；
速动比率为 1.13，比上年年末 1.18 减少 0.05。</td><td>与上年对比</td></tr>
<tr><td>三、2014 年度经营亏损分析
公司 2014 年度主营业务收入为 59 063 万元，比上年同期减少 9.2%；主营业务利润为 9 639 万元，比上年同期减少 19.6%；净利润 -8 292 万元，比上年同期减少 8 979 万元。2014 年公司经营业绩出现了较大幅度的滑坡，主要原因有：
（1）解决历史遗留问题，依据谨慎性原则，计提较大额度的坏账准备，为进一步大力发展主业夯实经营基础。
（2）为大力发展主业，公司人力资源和研发投入增加，使当年度管</td><td>亏损分析</td></tr>
</table>

（续上表）

文种	要素评析
理费用增加，但为公司未来发展打下了基础和积累了资源。 （3）为加大对数字音频视频产业的投入和产业园的建设，公司加大了对资金的需求，财务费用增加。 （4）其他原因。2014 年，公司根据对数字音频视频产业实施扩张性经营等既定经营方针，开始有目的地调整各下属企业的经营重点，对不适合企业长期发展规划的多项业务实施紧缩策略。由于国内数字电视市场正处于快速成长前的培育阶段，公司产业结构的调整导致销售收入短期内出现了下降现象。 **四、2014 年度财务工作取得的成绩（略）**	
××公司财务处 2015 年 6 月 9 日	署名 日期
总评：这份财务决算报告，格式十分标准，主体部分的数字分析和评价准确恰当，尤其是能和上一年的经济指标进行对比，使人很清晰地看到前后的变化和区别。结尾部分的亏损分析也恰到好处。	

7.2.6 强化训练与拓展训练

1. 强化训练

根据某一财务决算的报表，练习编写一份格式正确的财务决算报告。

2. 拓展训练

下面是一份财务决算报告的一部分，请指出内容、格式、语言上所存在的问题。

2014 年财务决算和财务工作总结（摘要）

（2014 年 12 月 31 日）

第一部分：2014 年财务预算执行情况

2014 年是全公司原煤和商品煤产量双双突破亿吨，连续多年实现千万吨跨越的一年。一年来，公司财务管理工作紧紧围绕整体目标，超前谋划，稳步推进，不断创新，取得了新的进展。全体财务人员发扬敬业爱岗、挑战自我、无私奉献的精神，圆满完成了集团总部下达的工作任务，各项经营指标全面超额完成计划，再一次创出历史最高水平。令人欢欣鼓舞，干劲倍增。

一、主要指标超额完成

（1）全年完成商品煤 10 608 万吨，比计划超 288 万吨。其中，大井完成 10 054 万吨，比计划超产 384 万吨，比上年增加 1 117 万吨，增幅达 12.5%。

（2）全年实现煤炭销售收入 109.51 亿元，比计划超 5.27 亿元，平均吨煤结算价 103.24 元，比计划上升 2.24 元。其中，大井吨煤结算价 101.91 元，比计划上升 1.91 元，增加收入 1.92 亿元。这是由于狠抓煤质管理，特低灰煤、洗精煤、块煤等高价位品种的煤炭比计划超产带来的收益。

（3）年末报表反映大井成本 87.24 元，比计划上升 2.24 元，剔除税费标准提高、长贷利息增加等38 847 万元增支因素后，实际成本 83.38 元，比计划降低 1.62 元。增支因素 38 847 万元。

（4）年末公司账面体现利润 15.20 亿元，剔除增支因素与年初同口径相比实现利润 19.05 亿元，比计划利润增加 4.54 亿元。其中，煤炭业务利润 14.77 亿元，非煤业务利润

4 300 万元。按年初同口径，24 个单位全部实现了计划创收目标，实现利润过百万的单位有十几个。

（5）公司全年提取生产自有资金 24. 35 亿元，比计划多提 9 476 万元，比上年同期增长 19. 5%；提取安全技术费 6. 75 亿元，比计划多提 2 091 万元，比上年同期增长 14. 5%，为扩大再生产和安全投入提供了有力的资金保障。

（6）全年缴纳税费 17. 55 亿元，比上年增加 3. 87 亿元，为国家和地方经济发展作出了新的贡献。

二、经营工作取得的成效

2014 年，各单位认真贯彻落实股份公司和分公司年初工作会议所确定的经营目标及措施，积极组织生产外运，全面强化安全生产和成本控制措施，持续深入开展财务管理创水平活动，进一步规范了财务核算，加强了经营分析，把成本费用管理工作始终作为一项核心任务来抓，取得了很好的效果。

（1）以创建卓越财务管理为目标，稳步推进财务管理创水平活动，进一步加强了财务会计基础工作。

（2）创新成本管理理念，使财务管理与生产实践得到了较好的结合。

（3）加强内控体系建设，提升了资金安全风险防范水平。

三、思想工作做到实处（略）

四、其他工作也取得了好的成绩（略）

五、存在的问题和不足

客观回顾全年的经营及财务工作，成绩是主要的，效果也是明显的。但在实际生产经营过程中还存在一些有待改进和完善的方面，主要表现为：一是资产管理不全面，实物管理与价值管理衔接不畅；二是经营分析对生产经营工作的指导性不强；三是专项工程结算不及时、不均衡，影响了财务核算和审计的时效性；四是修旧利废工作需要进一步推进和深入开展；五是部分材料定额写实工作不够认真细致，对差异分析过于笼统，需进一步写实、修订和完善；六是公司各项经营管理制度执行力不强，内部制约机制的作用发挥不充分。

7. 3 资产评估报告

7. 3. 1 概念

资产评估报告是资产评估机构（受托方）按照一定的法律程序和标准，依据资产评估委托单位（委托方）的要求和目的，在资产评估完成后所形成的书面说明材料。资产评估报告的前提是资产评估。

7. 3. 2 分类

（1）按评估对象的不同，资产评估报告可分为固定资产评估报告、无形资产评估报告和流动资产评估报告等。

（2）按评估范围的不同，资产评估报告可分为综合资产评估报告和单一资产评估报告。

（3）按资产性质的不同，资产评估报告可分为国有资产评估报告和私有资产评估报告。

（4）按繁简程度的不同，资产评估报告可分为详细的资产评估报告和简易的资产评估报告。

7.3.3 内容要素

资产评估报告一般由标题、正文、署名、日期和附件等部分组成。

（1）标题。标题通常有三种格式：第一种是“委托方 + 资产的性质 + 文种”，如“××市××厂办公楼及土地价值的评估报告”；第二种是“资产性质 + 文种”，如“××公司固定资产评估报告”；第三种是只有“文种”，如“资产评估报告”。

（2）正文。正文主要包括引言、主体两个部分。①引言部分主要写出评估的依据和目的，有“受某某委托”字样。②主体部分写委托方和受托方的简单情况、评估的目的、评估的范围和对象、评估的方法和原则、评估的过程和时间、评估的结果和分析。评估的对象及结果如果内容很多，可以采用分项的方式。

（3）署名。正文下面的右下方写明单位或拟写人。

（4）日期。用阿拉伯数字写全年、月、日。如果文前有了此信息，文末不必再次出现。

（5）附件。附件中是一些数据表格，主要用来证明各种资产的数量等材料。

7.3.4 格式与结构模板

标题

正文

……

署名

日期

附件 1.

2.

3.

7.3.5 范文及要素评析

文种	要素评析
关于××××厂资产评估情况的报告	标题
为转换企业经营机制作准备，按厂部的决定，于××月委托××会计师事务所对本厂全部资产重新进行了评估，现将评估结果报告如下：	引言
一、资产总额 经评估验资后确认：本厂××××年××月××日的资产总额为××万元，比账面原值××万元增加××万元。 **二、固定资产** 经评估确认：本厂××××年××月××日的固定资产总值为××万元，比账面原值××万元增加××万元。其中： （1）生产使用的固定资产××万元； （2）未使用的固定资产××万元；	评估项目和结果

（续上表）

文种	要素评析
（3）闲置未用的固定资产××万元； （4）待处理的固定资产××万元。 **三、流动资产** 经验资确认：本厂的流动资产为××万元，同账面值相符。其中： （1）现金与银行存款××万元； （2）应收账款××万元； （3）待摊费用××万元； （4）存货××万元； （5）其他应收款××万元。 **四、流动负债** 验资确认：本厂的流动负债为××万元，同账面数值相符。其中： （1）短期借款××万元； （2）应付账款××万元； （3）应交税金××万元； （4）应付工资××万元； （5）其他应付款××万元； （6）应付福利费××万元。 **五、所有者权益** 经验资确认：本厂××××年××月××日所有者权益为××万元，比账面原值××万元增加××万元。	
附：资产评估报告书（略）	附件
××厂财务科	署名
××××年××月××日	日期
总评：本评估报告结构完整，正文主体部分采用分项的方式，看起来比较清楚。表述简洁，数目清晰，格式规范。	

7.3.6　强化训练与拓展训练

1. 强化训练

在老师的指引下，对学校内部某一训练车间的资产进行评估，并按照所学的评估报告的写法，撰写资产评估报告。

2. 拓展训练

根据下面所给的资料，并查阅一些资产评估的知识和房屋土地的价格估算方法，以资产评估师的名义写一份资产评估报告。

（1）评估目的：了解资产价值，为资产转让作准备。

（2）评估日期：2014 年 10 月 9 日。

（3）评估范围：厂区内原办公楼一栋及该楼围墙内 4 288.32 平方米的土地。

（4）被评估资产概况：该资产原为厂办公楼，砖混结构，高四层，局部三层，平均层高约 3.8 米，占地面积 1 517.52 平方米，建筑面积为 5 767.08 平方米（其中地面以上

5 365.92平方米，地下室401.16平方米）。1962年底建成并投入使用，固定资产原值为×××万元。1977年全面检修门窗一次，1985年对一、二层重新粉刷装修后改为旅馆，1990年底对暖气进行了一次大修。

7.4 经济活动分析报告

7.4.1 概念

经济活动分析报告，是经济管理部门或者是企业财务部门对本系统或是本企业生产经营活动进行分析研究并反映出结果的书面报告。它是在财务报表的基础上对经济活动的过去、现状和未来趋势所进行的分析、总结和归纳，对决策者具有重要的参考价值。

7.4.2 分类

（1）按经济活动的主体和性质的不同，经济活动分析报告可分为工业经济活动分析报告、商业经济活动分析报告和农业经济活动分析报告等。

（2）按范围的不同，经济活动分析报告可分为全面经济活动分析报告、部门经济活动分析报告和专题经济活动分析报告。

（3）按时间的不同，经济活动分析报告可分为定期经济活动分析报告和不定期经济活动分析报告。

7.4.3 内容要素

经济活动分析报告一般由标题、正文、署名、日期等部分构成。

（1）标题。标题分为繁式和简式两种。繁式标题比较规范全面，由“时限”、“对象”和“文种”组成。“时限”表明经济活动分析的时间段；“对象”指的是经济活动的主体，也就是对那个单位进行的经济活动分析；“文种”指的是“报告”。如“2014年××市建筑公司财务分析报告”。其中，“2014年”是“时限”，“××市建筑公司”是“对象”，“财务分析报告”是“文种”。

（2）正文。正文分为前言、主体、结尾三个部分。①前言要交代经济活动主体的基本情况，简单说明经济活动的社会背景和客观条件，概括说明经济活动主体的主要工作、存在的问题、经济指标完成情况。②主体部分是经济活动报告的核心，主要是对前言部分所提出的经济工作问题、成就、目标、指标等情况用详尽的资料数据进行分析比较，查找问题所在。这一部分的基础是“财务报表”。③结尾主要是对主体部分提出的问题提出改进意见和措施。

（3）署名。正文下面的右下方写明单位或拟写人。

（4）日期。用阿拉伯数字写全年、月、日。如果文前有了此信息，文末不必再次出现。

特别提示：经济活动分析报告是十分重要的一种财经文书，是国家、企事业单位经济管理的重要组成部分。经济管理只注重财务报表和财务报表说明书是不够的。

7.4.4 格式与结构模板

标题

正文

……

署名

日期

7.4.5 范文及要素评析

文种	要素评析
2014 年××离退休服务中心经济活动分析报告	标题
2014 年度，××离退休服务中心领导班子团结一致，开源节流，认真贯彻上级工作会议和财务工作会议精神，严格遵守国家的法律法规和上级的费用开支标准，加强生产经营和成本费用管理，提高服务质量，成本费用基本控制在上级下达的月度指标之内。	引言
根据上半年基地中心经济业务及费用的分析，其他业务收入 107.3 万元，与 2013 年同期相比增加 18 万元；其他业务支出 132.6 万元，与 2013 年同期相比增加 135.8 万元；管理费用 667.3 万元，与 2013 年同期相比超 10.9 万元。	分析对比
其原因是： （1）固定资产增加造成固定资产计提折旧相应增加。 （2）××服务中心对接中石化集团社会协调处、离退休管理处等部门，业务费用相应增加。 （3）今年全局水、电、气三表改造工作中心作为协调单位工作人员到基层调研、指导、检查的力度加大，差旅费相应增加。 （4）西鑫宾馆装修产生一些零星支出，由中心支付的费用相应增加。	找出原因
一、生产经营情况 （1）收入：2014 年 1—7 月，其他业务收入 137.3 万元。其中，铺面出租收入 65.7 万元，停车场收入 9.7 万元，物管费收入 9.1 万元，代收租车费收入 18 万元，其他零星收入 4.2 万元，食堂收入 13.1 万元，小卖部收入 17.5 万元。 （2）利润：2014 年 7 月，基地离退休服务中心净利润账面数 -628.2 万元，投资收益 25.7 万元，营业外收入 2 万元，其他业务利润 -15.5 万元，财务费用 -1.8 万元，补贴收入 55 万元，管理费用 697.3 万元。	生产经营总体情况
二、主要成本费用 （1）管理费用：2014 年 1—7 月，基地离退休服务中心管理费支出 697.3 万元，比上年同期 686.4 万元增加 10.9 万元，增幅达 1.5%。原因有两个方面：一是计提固定资产折旧 264.4 万元，比上年同期 179.2 万元增加 85.2 万元；二是人工成本 383.6 万元，比上年同期 377 万元增加 6.6 万元。 （2）人工成本构成：2014 年 1—7 月，人工成本为 383.6 万元，比去	成本费用项目

（续上表）

文种	要素评析
年同期377万元增加6.6万元。其中：①工资216.7万元，比上年同期173.1万元增加43.6万元，原因是今年人员增加和奖金额增加。②养老保险费23.4万元，比上年同期增加4.6万元。③离退休人员费用59.7万元。④计提职工福利费30.3万元，比上年同期25.1万元增加5.2万元；计提工会经费4.3万元，比上年同期3.5万元增加0.8万元。⑤计提职工教育经费5.4万元，比上年同期4.2万元增加1.2万元；住房公积金17.8万元，比上年同期16.6万元减少1.2万元；劳务费23.6万元，比去年同期18万元增加5.6万元。 （3）其他支出152.6万元。一是缴纳营业税、房产税各项税费14.6万元，二是支付机关驾驶员补助11万元，三是食堂支出24.1万元，四是出租铺面计提折旧64.9万元，五是小卖部支出16.8万元，六是其他支出20.6万元。	
三、资产、负债及权益变化 （1）资产。2014年期初，资产总额5 615万元，其中，流动资产1 642万元，占总资产的30%。应收股利42万元，其他应收款1 139万元，其中300万元是原西鑫宾馆的应收款，839万元是与计财处的内部往来。长期投资352万元，占总资产的7 %；固定资产3 621万元，占总资产的65 %。截至2014年7月，资产总额7 680万元。其中，流动资产1 328.1万元，占总资产的17.3%；其他应收款781.3万元，其中100万元是原西鑫宾馆的应收款，660.3万元是与计财处的内部往来，21万元是预付西鑫宾馆变压器移动工程款。长期投资63.2万元，占总资产的1%，本年撤销2个公司，长期投资减少288.6万元。固定资产6 351.3万元，占总资产的81%。本年调入固定资产2 704.5万元。 （2）负债。2014年期初，负债总额545.9万元。其中，流动负债545.9万元，占总负债的100%。截至2014年7月，负债总额568万元，占总负债的100%。 （3）所有者权益。2014年初，权益总额5 069万元。其中，实收资本4 359万元，占权益总额的86%，资本公积364万元，占权益总额的8%，盈余公积－2.9万元，占权益总额的－0.06%，未分配利润348.2万元，占权益总额的6.9%。截至2014年7月，权益总额7 112.3万元。其中，实收资本7 081.2万元，占权益总额的99%，比期初4 359万元增加2 721.5万元。原因是调入固定资产一批，资本公积314万元，占权益总额的5%，盈余公积－2.9万元，占权益总额的－0.4%，未分配利润－203.2万元，占权益总额的2.8%。	资产、负债及权益
四、现金流量分析 2014年1—7月，基地中心现金流入884.9万元，流出906.6万元，净流量－21.7万元。 （1）现金的流入。2014年1—7月，现金流入884.9万元。其中，上级拨经费336.9万元，占总流入的38%；其他业务收入137.3万元，占总流入的15%；代收各单位住房公积金361.3万元，占总流入的40%；代收水电费7.6万元，占总流入的0.8%。投资收益41.8万元，占总流入的5%。	现金流量分析

（续上表）

文种	要素评析
（2）现金的流出。2014 年 1—7 月，现金总流出 906.6 万元。其中，支付职工工资及三险一金 326.1 万元，占总流出的 36%；支付各项税费 28.8 万元，占总流出的 3%，支付差旅费、办公费、修理费等 170.3 万元，占总流出的 18%；支付住房公积金 358.7 万元，占总流出的 39%；支付工作餐费 22.7 万元，占总流出的 3%。	
通过以上分析，我们认为 2014 年 1—7 月 ××服务中心各项同口径可比财务指标与上年同期基本一致，我们应进一步加强费用控制，发扬艰苦奋斗，厉行节约的优良传统，把我们的工作做得更好 。	结束语
××离退休服务中心	署名
2015 年 12 月 29 日	日期
总评：这份关于服务中心的经济活动分析报告，从内容到形式都很完美。标题采用规范的“繁式”形式，正文部分前言、主体等内容充实，结构完整，关键部分分析到位，数字精确，对比明晰。最后署名、日期等齐全无缺。	

7.4.6 强化训练与拓展训练

1. 强化训练

经济活动分析报告对企业经营管理有着举足轻重的意义和价值，所谓“知己知彼，百战不殆”，企业对自己的经营情况有个真实的了解，就是“知己”；如果还能通过对市场的预测来“知彼”，那么企业就会不断发展壮大。请根据一份财务预算报告，编写一份经济活动分析报告的格式提纲。

2. 拓展训练

请根据下面的财务报表写一份经济活动分析报告，不足的内容自拟。

创佳股份有限公司资产负债表

单位：万元

项目	第 7 年	第 8 年	项目	第 7 年	第 8 年
资产			负债及股东权益		
流动资产：			流动负债：		
货币资金	552.7	2 482	短期借款	350	1 500
短期投资	125	0	应付票据	0	0
减：短期投资跌价准备	5	0	应付账款	200	250
短期投资净额	120	0	预收账款	0	0
应收票据	180	0	代销商品款	0	0
应收股利	0	0	应付工资	0	0
应收利息	55	55	应付福利费	60	124
应收账款	280	334	应付股利	80	0
其他应收款	0	2	应交税金	80	0
减：坏账准备	50	0	其他应交款	20	0

（续上表）

项目	第7年	第8年	项目	第7年	第8年
应收款项净额	230	336	其他应付款	0	0
存货	287.3	495	预提费用	20	20
减：存货跌价准备	0	0	预计负债	0	0
存货净额	287.3	495	一年内到期的长期负债	100	0
待摊费用	0	0	其他流动负债	0	0
内部往来	0	0	职工奖励及福利基金	0	0
流动资产合计	1 425	3 368	国内票据结算	0	0
长期投资：			流动负债合计	910	1 894
长期股权投资	0	0	长期负债：		
长期债权投资	1 200	1 200	长期借款	1 420	1 420
其他长期投资	0	0	应付债券	0	0
长期投资合计	1 200	1 200	长期应付款	0	0
减：长期投资减值准备	0	0	住房周转金	0	0
长期投资净额	1 200	1 200	专项应付款	0	0
其中：合并价差	0	0	其他长期负债	0	0
股权投资差额	0	0	长期负债合计	1 420	1 420
固定资产：			递延税项贷项	0	
固定资产原价	3 820	3 652	递延税项贷项	0	
减：累计折旧	765	1 289	负债合计	2 330	3 314
固定资产净值	3 055	2 363	少数股东权益		
减：固定资产减值准备	0	0	股东权益：		
固定资产净额	3 055	2 363	股本	3 000	3 000
在建工程	0	0	减：已归还投资	0	0
固定资产清理	0	10	股本净额	3 000	3 000
固定资产合计	3 055	2 373	资本公积金	700	700
无形资产及其他资产：			盈余公积金	80	80
无形资产	600	500	其中：公益金		
长期待摊费用	100	50	未确认的投资损失		
其他长期资产	0	0	未分配利润	270	397
无形资产及其他资产合计	700	550	货币换算差额	0	
递延税项	0	0	股东权益合计	4 050	4 177
资产总计	6 380	7 491	负债及股东权益总计	6 380	7 491

7.5 审计报告

7.5.1 概念

审计报告，是审计人员在审计结束后，将审计情况和审计结果向审计委托人（或授权人）所作的书面报告。它是审计工作的最终结果，具有法定的证明效力。

7.5.2 分类

（1）按繁简程度的不同，审计报告可分为简式审计报告和详式审计报告。一般地，简式审计报告是社会审计机构和注册会计师向外发表审计意见的审计报告，格式比较固定；详式审计报告则是政府或者是内部所作的审计报告，内容比较详尽，文字说明较多。

（2）按审计的组织机构的不同，审计报告可分为政府审计报告、内部审计报告和社会审计报告。

（3）按审计的结果的不同，审计报告可分为无保留意见审计报告、保留意见审计报告、否定意见审计报告和拒绝表示意见审计报告。

7.5.3 内容要素

审计报告的要素一般包括标题、称谓、正文、署名、日期和附件等部分。

（1）标题。标题通常的格式是“关于对×××的审计报告”的形式，也可以简单写成“审计报告”的形式。如果是内部的审计报告，审计的项目比较具体，标题可以具体一些，如“对×××工程项目的审计报告”。

（2）称谓。称谓是指审计报告的授权人或委托人，可以是某一单位，也可以是具体的人。例如，内部审计报告的称谓是企业的领导（厂长或经理），政府审计报告中的称谓应该是审计处（局），而社会审计报告的称谓是被审计的企业（公司）董事会。

（3）正文。正文部分可分成引言、审计的范围、对问题的说明、处理建议等内容。比较详尽的审计报告还要写明企业的概况、对问题的详尽的分析和评价、对问题的结论和处理意见。

（4）署名。正文下面的右下方写明单位或拟写人。

（5）日期。用阿拉伯数字写全年、月、日。如果文前有了此信息，文末不必再次出现。

（6）附件。用以说明结论的数据和资料，多以财务报表的形式列出。

7.5.4 格式与结构模板

标题

称谓

　　正文

……

署名

日期

附件　1.

　　　2.

　　　3.

7.5.5 范文及要素评析

文种	要素评析
关于对××市宏达工厂 2014 年三季度利润计划完成情况的审计报告	标题
××市审计局：	称谓
根据我局的工作计划，我们审计小组于××××年××月××日至××××年××月××日对我市宏达工厂第三季度利润完成情况进行审计。现将审计情况报告如下：	引言
被审计单位的概况（略）	
审计中存在的问题：	对问题的分析
2014 年第三季度，该厂计划利润总额为 500 万元，实际完成利润总额为 475 万元，完成 95%。经审查，该厂少摊成本差异、多计产品销售成本、违反规定多列营业外支出等共计金额 84 万元。经调整，利润总额应为 559 万元（见附件）。具体情况如下：	
（1）少摊材料成本差异 37 万元。	分项说明
该厂的材料采用计划成本核算，但长期不予分摊差异，据核实，该厂的第三季度产品成本少分摊差异 37 万元，违反了财务规定。	
（2）多计产品销售成本 16.5 万元。	
在审查过程中，发现该厂将大修理材料费计入中心修理费；将支付给购货单位的回扣费计入产品销售成本。这两项共计 16.5 万元。	
（3）扩大营业外支出 41.4 万元。	
在审查中还发现，该厂将某一固定资产基建费列入营业外支出，违反了国家的规定。这一项共计 41.4 万元。	
上述事实，违反了国家的财政管理制度，违反了财经纪律，应该调整和纠正。	
同时，对今后做好财务管理工作提出如下建议：	提出建议
（1）要严格遵守国家规定的成本开支范围，不得随意摊提费用，擅自提高开支标准，扩大开支范围。	
（2）加强资金管理，分清开支渠道，不得扩大营业外支出范围。	
（3）建议对该厂 2014 年第一、第二季度的财务成果进行一次全面深入的审计。	
以上意见妥否，请审定。	
附件：1 份	
××市审计局工业审计处住宏达工厂	署名
审计组组长××：（签章）	个人签名
××××年××月××日	日期

总评：本审计报告属于政府审计报告，对审计中发现的问题说明准确，证据充分，事实清楚，让人信服；对问题提出的建议，中肯适度，易让人接受。全文格式规范，行文简洁，语言得体，是一份合格的审计报告。

7.5.6 强化训练与拓展训练

1. 强化训练

选一份财务报表中的资产负债表（或者利润表、资金流量表），拟写一份审计报告。

2. 拓展训练

根据下面的材料，编写一份合理的审计报告。必要时检阅有关财务审计的相关知识。

某公司将本应计入“财务费用”的借款及应付债券利息 8 064 万元人民币资本划入了工程成本，同时未计提所欠中国银行重庆市分行美元借款利息 89.8 万元（折合人民币 743 万元），两项合计共影响利润 8 807 万元。如果这笔利息支出在当年就进入当期损益，公司这一年实际亏损高达 11 943.12 万元，每股亏损高达 0.92 元，每股净资产降至 0.25 元。

该公司目前正面临沉重的债务负担和巨额的固定资产折旧压力，除非公司尽快达到正常生产经营状况，并能与有关债权人就债务重组达成协议且市场形势在短期内发生有利于公司的重大变化，否则公司财务状况和生产经营将陷入严峻的困境。

7.6 相近（临）文种的比较

7.6.1 财务预算报告与财务决算报告的区别

（1）财务预算报告是经济组织对于未来的一定时期内的收入和支出的“计划”；财务决算报告是预算执行的“总结”。

（2）财务预算报告在“事前”形成，财务决算报告在“事后”形成。

（3）财务预算报告是对具体产品的品种、数量、售价及总收入、成本、费用、利润等完成情况作出的“估算”；而财务决算报告是对具体产品的品种、数量、售价及总收入、成本、费用、利润等完成情况作出的“实算”。

7.6.2 经济活动分析报告与审计报告的区别

（1）主体不同。经济活动分析报告的主体是本单位或人员，审计报告的主体是独立的专职机构或人员。

（2）本质不同。经济活动分析报告具有分析性、系统性和指导性，要对影响各项计划指标执行结果的主客观因素进行深入的分析和研究，从而对过去的经济活动中的成绩与问题、经验与教训进行检验和评估，得出客观的评价性意见。关键还在于对内外各种因素进行综合系统的分析和研究，找出经济活动的规律，揭示其本质，并对内在的问题提出具体的解决办法，以提高管理水平和经济效益。而审计报告是在对某经济项目实施审计工作的基础上才能出具的，并且要按审计准则的规定执行审计工作，通过履行业务约定书的责任来对财务报表等材料发表意见。

8
申论写作

8.1 申论概述

申论作为一种应试文体，最早出现于2000年中央国家机关公务员录用考试之中。经过多年的实践以及专家、学者们的研究、改进与完善，申论现已成为国家公务员录用考试的一门基本科目，并且日益具有广泛的社会影响力。

8.1.1 申论的概念

“申论”一词取自《论语》的“申而论之”。“申”即说明、申述，“论”即议论、论证，申论，即具有申述、申辩、论证、论述之意的文体。申论作为一种对国家公务人员的能力进行测试的载体，其意义在于考查应试者能否在准确把握一定客观事实的基础上，作出必要的说明和申述，发表中肯的见解，提出解决问题的方法和策略，并进行论证。

申论测试的目的是考查应试者对给定材料进行分析、概括、提炼、加工的能力，以及阅读理解能力、综合分析能力、提出和解决问题能力和文字表达能力。

8.1.2 申论写作的试题类型

题目类型有概括题、分析题、对策题、公文写作题等。

（1）概括题。概括题即在题干中通常会有“概括、概述、归纳、整理……”这类标志词，写作要求通常是“准确全面，条理清楚，语言简练”等。

（2）分析题。分析题即在题干中通常会有“分析、谈谈你的见解、谈谈……的关系”这类标志词，写作要求通常是“分析合理，条理清楚，语言准确”等。

（3）对策题。对策题即在题干中有“解决……建议、提出……对策、解决思路、启示、应从中吸取哪些教训、有什么经验可供借鉴”这类标志词，写作要求通常是“对策切实，可行，有针对性”。

（4）公文写作题。公文写作题即对作答的公文格式有一定要求。但公文类试题并非严格的公文格式写作，只是借助公文的形式考查应试者对材料和题目的把握能力，其要求是“形式与内容并重”。

8.1.3 申论写作的特征

（1）写作文体的独特性。申论区别于传统的命题作文考试，也不同于古代科举的“策论”考试，是把阅读和理解有机地结合起来的一种新的文体形式。

（2）写作主体身份的限定性。应试者要“摆正自己的位置”，限定以“虚拟公务员”的身份，即政策的执行者、政策的调研者、政策的建议者或领导与民众之间的桥梁，“解决”给定题目中的“社会实际问题”。

（3）写作主题的方向性。申论写作的背景资料一般集中在政治、经济、教育、文化、法律等社会焦点方面，以考查应试者的综合素质和解决问题的能力。

（4）写作过程的程序性。其一般程序是：对给定材料进行理解、分析、归纳，并概括主要问题→对问题提出有见解的对策和解决方案→对方案提出符合逻辑的推理论证。

8.1.4 申论考试的能力目标

（1）掌握充分的马克思主义哲学，毛泽东思想，邓小平理论以及法律、行政管理等理论知识和解决实际问题的能力。

（2）对具体问题进行综合分析、概括、提炼、整合的能力。

（3）解决实际问题的逻辑思维和文字表达能力。

8.2 申论写作分析

8.2.1 申论的写作要点及技巧

1. 申论考试的写作要点

进入21世纪，公务员考试越来越成为众多大学生的选择之一，公务员考试中的申论写作也就自然成了越来越多的人关注的焦点话题。作为应用写作的重要研究内容，申论写作有如下一些要点要注意把握：

（1）公务员的专业术语。

在申论写作中，要运用公务员写作常用的专业术语，如全面、加强、贯彻、强化、严格、执行、必须、建设、推动、跟进、开展、配置、实施、协调、解决、发挥、督查、狠抓、强化、重视、质量、目标、落实、完成等词语。

（2）灵活的公文形式。

申论不是传统体裁的作文，不是一般议论文，也不是纯粹的论文。应试者在拟写公文时，切忌使用稚嫩的学生腔，要熟练掌握党政机关公文以及一般应用文的格式、语言要素的特点和专业（行业）常识。据统计，申论考试自2000年至今，申论的公文文体形式大概有如下类型，见下表：

申论的公文文体形式及类型

文书分类	具体类型
宣传文书	讲话稿；公务演讲词；倡议书；简报、公报
事务文书	述职报告；大事记；调查报告
会议文书	会议记录；会议纪要；会议报告
交际文书	专用书信；公务书信；事务书信.
晓谕性文书	公告；通告；通报；函；公报
规章性文书	条例；规定；公约；守则；章程；制度；细则；办法；须知
指挥性文书	命令；决定；决议；布告
指示性文书	指示；批复；意见；通知
呈请性文书	请示；议案；报告

（3）论证的言之有物。

言之有物就是内容充实、持之有据、以理服人、逻辑清晰，运用具有说服力的事实或数据凸显所给题目的主题思想，解决问题时要提出有针对性和符合实际的措施。例如，

“新农村建设”的话题，党的十六届五中全会提出，建设社会主义新农村是我国现代化建设进程中的重大历史任务，即“生产发展、生活宽裕、乡风文明、村容整洁、管理民主”，这既是中央对新农村建设的要求，也是新农村建设的总体目标。这20个字的方针包含的内容极为丰富，涉及农村政治、经济、文化、法律、社会管理等方面。

2. 申论考试的写作技巧

（1）字数要求。一般字数限定在150字、200字、300字或400字不等，弹性限度不超过10%，过高或过低原则上都要扣分。

（2）表述方式。回答要完全覆盖题干主要内容，抓住要点，表述精确，简明扼要，一般不直接引用具体事例或数字。

（3）范围限定。回答只能在给定材料中概括，不能跳出材料圈定的内容，不可旁征博引或随意发挥。

（4）答题步骤。阅读过程中勾画出文中能够反映主要问题的主要词句，对勾画出的词句再进行深入分析。

（5）答题方法。完整的答案应该不少于三个部分，即“总括句＋分述句＋道理句”。

①总括句的提炼，即高度概括全文主要问题。句式模型为：“这是一篇关于‘主体＋事件1＋事件2＋事件3’的文体”，例如，“这是一篇关于纯净水广告论战的报道”。

②分述句的提炼，就是把总括句里涉及的内容，分条列项地表达出来。可以根据具体情况采用如下方法：

一是环节分析法。对于那些纵式结构的给定材料，可以以时间阶段性为序或逻辑上的逐层深入为序的环节来分析。

二是参与方分析法。一件事情可能有几方参与。在分述句中可就各方的行为进行分述答题。

三是链式分析法。有时，一则材料中所涉及的事件是一环扣一环的，各个事件之间有明显的逻辑关系，可以以逐个为序的方式进行分析。

四是类型分析法。一则材料所涉及的是不同类别的人或事物，对此可进行分类对比（或相反）表述。

③道理句的提炼，其基本句型结构为：“它告诉（或揭示、反映）了……道理（或规律、性质）。”应当用简洁的语言表述事件对人们的启示作用。道理句要求应试者对给定资料有较强的归纳分析能力，能从中引申出一定的道理来。

8.2.2 申论试题、参考答案及解析

2013年四川（联考）公务员录用考试申论试卷

（满分100分，时限150分钟）

题号	1	2	3	4	总分	核分人
得分						

一、注意事项

1. 申论考试是对应试者阅读理解能力、分析综合能力、提出和解决问题能力及语言文字表达能力的测试。

2. 作答参考时间：阅读资料40分钟，作答110分钟。

3. 仔细阅读所给定的资料，按照后面提出的“申论要求”依次作答。

二、给定资料

1. 2009年，一群来自深圳的普通工人成为美国《时代》周刊的年度人物。周刊一出版，中国工人的灿烂笑容，瞬间给处于经济低迷的世界带来希望。他们坚毅的目光，质朴的外表，倔强的神态，真实地反映了中国工人的性格，这种性格，为“中国制造”贴上光亮的标签。中国工人一直以勤劳、坚韧的姿态出现在历史各个时期。新中国成立之初，“咱们工人有力量”这昂扬的旋律曾伴随共和国的成长，点亮了一个时代。无论是石油开采，还是钢铁制造，各个行业都闪耀着工人的光彩，“工人老大哥”成为令人艳羡的称呼。工人成了国家和工厂的主人，这极大地激发了工人的工作热情和生产积极性。大庆的“铁人”王进喜“宁可少活20年，拼命也要拿下大油田”的忘我拼搏精神，老英雄孟泰“为鞍钢谱写一曲自力更生的凯歌”的创业精神，激励着工人们创造出一个又一个生产奇迹，为共和国的建设作出了不可磨灭的贡献。工人的内心骄傲是那么强烈，归属感油然而生。

随着时代的更替，社会条件发生转变，生产方式进行了变更。在一段历史时期内，农民工成为中国独有的劳动用工方式，一定程度上消化了农村剩余劳动力，以低成本支持着工业化发展。改革开放早期，农民工是一批将外出务工作为副业的农村人口，外出务工而带来的财富转移在一定程度上起到了平衡城乡差距的作用。但这种情况随着农民工群体的代际更替发生了变化，“80后”、“90后”的新一代农民工客观上已经无法回到农村，他们成了新时代的“新工人”。

2. “她们太没有责任心了，上班的时候还玩手机，聊天，哪像我们呀。”陈青头一扭，提高声调对着李婉芸说，李婉芸笑了笑，不作声。

这是条小小的商业街，有可供歇脚的长凳，时近黄昏，“70后”陈青和“90后”李婉芸在此聊着天。街外，由于植被稀少，工业园区被巨大而又沉闷的灰色笼罩，灰色的天，灰色的厂房，身着蓝色和浅灰色工装的女工们来来往往，货车和摩托车四处穿梭。这个工业区的高峰时期，曾工作和居住着8万人，但随着企业部分产能的向外转移，现在只有3万人左右了。人群的聚散，青春的过往，10年前就来到这里的湖南人陈青是目睹者，就连她自己也是几进几出，换厂、结婚、生孩子。在生活中，她以家乡为据点，在工作中，她以这里为据点，两边穿梭，沉默又坚韧。

去年刚刚高中毕业的李婉芸是新一批的落脚者，她说她也认同陈青对她们年轻人的看法，但时代不同了，现在的选择很多啊，年轻人可没有那么好的耐性，绝大部分人的志向并不在那些单调枯燥的生产线上，不愿干了就走呗。像她这样的年轻人，如今已经成为她所在城区外来务工人员的主流。这个庞大而年轻的外来工群体的归依，正在给中国社会的发展提出越来越现实的挑战。

来自湖北荆州，现在在这个工业区一家外资企业打工的一名李姓男员工说：“我们四周是高高的围墙，还有铁丝网，戒备森严，好像监狱一样，连上厕所都限定时间，平均一天要工作12个小时以上。”已经在广州打工7年的小王，今年25岁，也在这家厂里上班，他的话语里藏着许多无奈：“你看我们的厂房，条件好着呢。可是，一进车间，所有人就失去了名字。工人密密麻麻地坐着，工作的时候根本没空说上一句话，得死命盯着手里的活，稍微一放松，零件从你眼前滑过，钱就从你眼前溜走了，因为我们都是计件工资。最近我总是想起卓别林的经典电影《摩登时代》，有时我会想，我们是不是和电影中的夏尔洛很像？没有多少人真正关心我们！”但是，这家厂的厂长助理王先生却说：“现在的年轻工人，已与他们的父辈不同，并不满足于做工挣钱。他们大多受过初中以上教育，对自由、个人尊重越来越重视，如果无法满足他们的要求，他们马上就会跳槽。企业如果不能有一批长期忠诚的骨干，企业壮大和职工发展都很难谈得上。”

一项调查显示，当下国内仅有1%的人愿意做工人。有人评价道：“中国的工人获得了美国《时代》周刊的认同，却没有在中国获得普遍的认同。”在一些人的眼中，中国的工人，现在基本成了流水线操作者的代名词，是不需要多高技术的作业者。劳动力，不仅仅是生产要素，更是一个有着喜怒哀乐，有着梦想和追求，有着家庭生活的活生生的人。他们不仅要安身立命，他们也要有尊严，甚至还要——抬头仰望星空。诺贝尔奖获得者、印度著名经济学家阿马蒂亚·森曾说过这样的一句话：“在一个走向现代化的国家中，经济发展是必然的事情。相比较于经济的发展，更为重要的事情是让更多的人——尤其是普通人，能够分享到经济发展的成果。”显然，这句话同样契合中国的实际，中国工人，需要时代的认同，需要社会的尊重，还需要有发自内心的骄傲。

3. 盛昌是一家制鞋企业，在很长一段时间内曾是耐克在深圳的主要代工厂，规模最大时有10万人之多。如今它偏居一隅，隐藏在一段年久失修的小路最深处，周围只有几处零散的小作坊。“盛昌曾是横岗地区知名的企业，除了耐克，盛昌也为其他跨国公司代工。”该厂安全生产负责人沈先生介绍，“现在只能接到一些小品牌的零散订单，这在以前根本不会接。现在用工成本很高，熟练工的工资涨得更快。对我们来说，加薪是找死，不加薪是等死。现在耐克将代工企业逐步外迁，我们现在真是有心无力了。”就连盛昌对面卖奶茶的大娘都深切地感受到了这种变化，她说：“这两年生意太难做了，一杯奶茶只卖到1块钱，在深圳这样的高消费城市，已经无法再便宜了，可是现在就是这1块钱的奶茶都不好卖了。”这样一家效益曾经很好的代工企业，现在雇员仅剩三四千人，正可谓“盛极而衰”。

全国何止成千上万个盛昌？“中国制造”曾经疯狂席卷全球，阿富汗人骑的自行车、越南人骑的摩托车、巴基斯坦小店里摆放的文具用品、美国人看的电视机和穿的衣服、欧洲人用的家电和玩具，都贴着“中国制造”的标签，中国一度成了“世界工厂”。然而，中国的“世界工厂”名号只是“代工厂”的另一种说法。这些企业靠的仅是低技术含量和劳动密集型产业链。随着劳动力优势的逐渐丧失，曾一度把为世界品牌代工视为骄傲的工厂，现在不得不面临疲于维持状态，甚至走上破产的命运。中国的工业化发展似乎陷入了某种困境，靠廉价劳动力优势支撑起来的国家经济发展如同竭泽而渔。

A市是长三角经济圈中一个重要的新兴工商业城市，以制造业为主，经济发达。近年来，A市的制造业一样面临劳动力成本上升的制约因素，过去以代工制造为主导的发展模式受到越来越严重的挑战。如何实现产业结构转型升级，A市探索在产品发展设计、研发和营销向两头延伸的同时，实施中间分离，在现代制造业中拓展现代服务业，既助推现代制造业进一步发展，也实现了产业整体转型升级。在A市，很多企业剥离主副业，实施二、三产业拓展分离。比如从玩具制造企业中，拓展分离出了玩具商贸有限公司，由其专门从事市场推广、品牌塑造和商品销售。剥离后，产品研发、品牌塑造、销售可以走上专业化、社会化和市场化发展的道路，实现做强做大的目标。通过转型升级，企业在发展过程中提升了自主创新的能力，逐渐塑造起自己的品牌，不再依附于代工模式，最终实现外资和民资、现代制造业和现代服务业两翼齐飞的局面。

发展经济就像开汽车一样，在直道上可以快一点，但如果要转90度或更大角度的弯，就必须要把速度降下来。不论是因为中国的人口红利正在逐渐消失之中，还是因为本身的发展需要，中国的制造业都亟待转型升级，在转型期，会出现像盛昌一样“盛极而衰”的企业，也会涌现出像A市这样的成功经验。

4. 某大学的陈博士认为，劳动力短缺对于未来中国发展来说是个积极的信号。短缺的劳动力市场会使我们开始关注劳动力资源对于中国崛起梦想的重要性。只有为这种稀缺的劳动力资源支付更高的报酬时，我们才会认识到人力资本投资的重要性，而技术创新也会随之绽放。他说，如今有的人在谈论中国崛起之际，总爱用那些以廉价劳动力堆积出来的GDP和羽翼渐丰的国际影响力作为他们的例证，这是一种认识的误区。他介绍道，世界银行资深经济学家杰里夫·萨克斯教授发现了一个非常有趣的“资源诅咒”现象：自然资源丰富的国家并没有获得想象中的高速经济增长，比如，拥有丰富资源的尼日利亚和委内瑞拉正经历着较低增长或者还在痛苦的经济增长中挣扎；而相反的是，韩国、新加坡和瑞士等自然资源相对匮乏的国家，经济却表现出异常的稳定性和持续性。现在来看，拥有丰富石油资源的俄罗斯也已陷入“石油诅咒”的陷阱之中。究其原因，就在于这些顺取逆守的资本家在获得原始资本积累之后，非但没有像新自由主义者所期望的那样，向社会支付再生产所需要的市场价格，反而利用与地方政府以及其他政治力量的强大勾结，向工人支付低于再生产所需的低工资，以更低的价格继续获得大片优良的自然资源。陈博士说：“我并不担心处于发展轨道的中国会像俄罗斯那样陷入‘石油诅咒’陷阱，但是非常担忧会陷入‘人口诅咒’的陷阱。”目前中国制造业如若应对不得当，极有可能沦为建立在沙子上的王国，难以经受真正的风雨洗礼。

5. 当虚拟经济在发达国家尤其是美国占据主导地位的时候，越来越多的人沉迷于金融市场的海洋里，实体经济不可避免地受到冲击。在“次贷危机”引发的国际金融风暴里，发达国家从高速增长一下子跌入茫茫沼泽地。经此一劫，发达国家认识到：脱离制造业的虚拟经济“虚火”，是酿成危机进而造成全球经济长期低迷的主因。卢·兰奇是美国通用电气家电业务的设计主管，他说：“过去我们曾认为我们负责设计然后控制销售就万事大吉，现在我们发现这是个错误，一旦你把生产转移出去，就很可能再也回不来了。而这种变化是一点点显现的：当你第一次把烤面包机和热水器转移到海外生产时，你还知道如何制造这些产品，因为昨天、上个月或者上个季度你还在生产它们；但是当产品更新换代、技术不断进步后，为降低成本而不断更换代工厂的时候，设计产品的人与生产产品的人之间的差距就像太平洋一样宽广。”越来越多的美国公司开始认识到，过去十几年美国经济生活的外包浪潮是个严重的错误。

现在，回归实业几乎成为欧美等发达经济体共同的战略选择。

美国从2009年到2012年，先后推出了《美目制造业振兴法案》、“购买美国货”、“五年出口倍增计划”、“降低制造业的税收负担”等多项政策措施，推动美国制造业复兴和回归实体经济。到2012年1月，美国制造业的经济活动连续30个月保持增长，总体经济活动连续32个月保持增长。制造业出口一直稳步上升，2011年约占出口总额的52%。失业率从2009年10月的10.2%降至7.9%，制造业贡献超过40万个就业岗位。这些数据表明，美国制造业正走在“回归”的路上。另一方面，美国制造业“回归”走的是高端路线，旨在打造先进制造业，基建和科研、教育、可再生能源及节能项目、智能电网、医疗信息化、环境保护等是其投资的重点。

早在1999年，学者冯艾盟就指出制造业是未来经济繁荣的关键，他认为，与先进的服务业相比，制造业所能创造的就业岗位组合要好得多——每个人都能从制造业中获得工作，从蓝领工人到工程师、科学家，乃至顶级高管。先进的制造商可以积累大量的生产诀窍，这些诀窍要通过一代又一代人“从做中学”，拥有这些诀窍能使其避免受到来自于拥有廉价劳动力的海外竞争对手的威胁。按单位产能，制造业公司的出口能力比服务业公司强大近10倍。制造业的出口能力之所以表现优异，是因为制造业产品在整个世界范围内的出售几乎不会遇到适应性的问题，而服务业产品如电脑软件，需要付出高昂的代价，才能满足海外市场上不同的文化需求。

在战后经济复兴的过程中，日本政府制订了“产业合理化计划”，把综合机械加工、冶金和化工等制造业作为发展出口的主力产业。早在1958年，日本就制定了职业训练法，重视劳动力素质和职业教育的做法一直延续至今。正是日本的制造业中有一大批以技术为自豪的劳动者，使许多日本产品精致异常，日本产品深入人心，制造业不断得以发展。进入20世纪80年代，日本企业开始进军欧美市场，在当地成立公司，当地采购、当地生产。1985年以后，日元急剧升值，日本产品的价格竞争力相对下降，为降低生产成本，出口企业纷纷将工厂迁往人工费低廉的亚洲各国，随着制造业基地对外转移，引起国内制造业的萎缩，出现了所谓“产业空洞化”现象，日本国内看似继续引领研发，却离工厂越来越远，创造力越来越弱，日本的有识之士惊呼“我们正处于空前的空心化危机中”。

“德国制造”125年的历史就像一个童话，它是德国在“二战”后崛起的密码，世界金融危机中挺立不倒的依靠，欧债危机中仍“一枝独秀”的答案。100多年中，任何一件“德国制造”产品都像一块热气腾腾的蛋糕，受到各国的欢迎。当美英等西方国家纷纷把制造业向发展中国家外包，自己转向来钱更容易的金融业时，德国仍将主要精力放在制造业产品质量与技术水平的提高上。正是这种制造业立国的发展战略，不仅让德国保持了较高的就业率，促进了德国科技创新能力的不断提高，也使得德国具备了抵御金融危机冲击的坚实产业基础。美国《新闻周刊》曾在题为“众厂之厂”的文章中感叹：德国制造之所以称霸世界，是因为德国人能把普通的金属敲打成震惊世界的科技奇迹。有专家认为，德国的制造业与美英制造业最大的不同，在于德国重视以人为主导的生产，而美英重视资本为主导的生产。在金融危机期间，美英国家的制造业部门大量裁员，而德国政府通过政府扶持和补贴等手段，尽量维持制造业就业稳定。因为资本没有思想，人才有，工程师一旦被解雇就再难重返岗位了，这是危机过后德国的研发密集型制造业能迅速恢复的重要原因。

6. 克里斯蒂安是德国勃兰登堡州一个小企业的木工。他初中毕业后，面临的选择是继续深造学习，还是进入职业学校学一门手艺。“我和父母分析了自己的情况和家庭条件后，决定上职业学校的木工专业。”克里斯蒂安介绍说，“在德国，经职业技术培训后的技术工人待遇很高，也很受尊重。我16岁上职业学校时，每月就能挣400欧元，足够自己生活了。再过两年我就有资格参加高级技师考试，26岁我完全有可能成为高级技工。”德国大学学制较长，一般6年，克里斯蒂安的初中同学大学毕业后起码26岁，6年大学的开销最少4万欧元，毕业后还一贫如洗的时候，他的存折上已经有5位数字的存款了。

德国制造很大程度上归功于这个国家高水平的职业技术教育。德国目前有各种职业学校9 000多所，除了30%左右的青年上大学外，绝大多数人选择了不同形式的职业教育。职业培训的费用主要由政府和企业承担，培养一名职业学校学生每年平均花费1.5万欧元，而普通学校的学生只是这一费用的三分之一。另外，企业还提供实习场所，并发给学生每月500欧元至800欧元不等的生活费。德国《职业教育法》中，对参与职业教育企业的资格、设备、场所等方面都有所规定，能够进行职业技术教育，表明了企业的水平，对于企业来说是一种荣誉，当然企业也会享受到国家的经费补贴。但也不是所有企业都有能力或愿意亲自培养人才，对一些企业来说，购买培训设备、找人实施培训的费用十分昂贵。于是，一些专门帮助企业承担学徒“校外培养”任务的职业培训中心应运而生。企业需要什么，培训中心就培训什么。

在德国职业教育体系中，政府和工业界都扮演着非常重要的角色。无论是联邦政府、地方政府还是企业、工商协会，各司其职，目的只有一个：培养技术型人才，保持德国竞争力。德国联邦政府主要负责搭建合理的法律框架，认可培训岗位并对培训、创新以及相关研究提供必要的资金支持。为职业教育学校设定课程，为教职人员提供资金支持等事务则落到各联邦州的头上。同时，联邦州还需监管商会活动，因为商会在职业教育中承担了监管企业、发放证书等重要任务。作为职业教育体系的中坚力量，企业有必要不断创新、更新职业培训岗位，提名专家参与规则制定，并提供一定的培训补贴。工商联合会和手工业协会两大协会负责监管企业，包括核实企业培训资质、监管企业培训、登记培训合同、管理考试等重要环节。此外，商会还会为企业培训提供咨询，在企业与学徒产生纠纷时充当调解人角色。法国总统曾感慨地说，德国每年要向西欧出口很多产品，但看来还应该出口另一种产品，这就是职业教育和职业培训制度。

7. 浙江Z公司新品线组长老梁，利用3个月的工余时间，经过100多次反复的试验，攻破了“丝攻短牙（拔牙）项目”，让该公司每年仅这个工序就节约了10多万元的生产成本。“作为生产工人，最关心的就是产品的合格率。我这样做，只是坚持我的工作准则，尽量降低产品的废品率，节约生产成本。”老梁这样理解自己的自主创新，“我是通过这种创造性劳动，体会到了更多的价值。我们工人不该只是流水线上的生产工具，我们应该成为一个个充满创造性的个体。其实只要给我们工人一个杠杆，我们同样能撬动地球！”

宝钢集团以全国钢铁业6%的产量，实现了全行业约30%的利润。有何秘诀呢？“职工是企业力量之基、活力之源！”宝钢集团董事长说，“宝钢式创新的最大特色是‘蓝领创新’，每年产生专利4件，五成由一线工人创造。”工人发明家孔利明20多年来，为宝钢解决各类设备的疑难杂症，主导生产工艺改进，直接创造的经济效益有上千万元。“我的大学在宝钢。”这是孔利明的肺腑之言。出身钳工的卢江海在孔利明的带动下，立足本职岗位搞专利研发，成为宝钢的“金点子大王”，一年内他提出13条合理化建议，创造出26项实用专利、4项发明专利。宝钢的职工创新以开放式的岗位责任制为基础，逐步形成深入的创新体系和跨岗位、跨区域、跨专业的协同创新机制，同时，还建立了全覆盖的创新激励体系，职工创新奖励从10元到100万元。“机器不能代替人，中国工人在任何时代都是有力量的，关键在于怎样激发他们的创造力。”上海市总工会主席认为，宝钢“蓝领创新”，就是现代企业制度下如何依靠职工的最好诠释。

三、作答要求

1. “给定资料5”中有学者指出“制造业是未来经济繁荣的关键”。请结合“给定资料5”，谈谈你对这个问题的认识。（20分）

要求：内容全面，认识透彻，表述准确，不超过400字。

2. “给定资料6”中提到“德国制造很大程度上归功于这个国家高水平的职业技术教育”。请结合“给定资料6”，谈谈职业技术教育在德国取得成功的原因。（15分）

要求：全面准确，条理清楚，不超过200字。

3. 假如你是某企业的一名工会干部，在学习了“给定资料7”后，请你写一个倡议书，号召爱岗敬业、积极创新。(25分)

要求：定位准确，语言生动，具有号召力，不超过400字。

4. “给定资料2”中提到“他们不仅要安身立命，他们也要有尊严，甚至还要——抬头仰望星空”，这句话引发了你什么思考？请结合给定资料，自拟题目，自选角度，写一篇文章。(40分)

要求：

(1) 中心明确，思考深刻。

(2) 内容充实，有说服力。

(3) 语言流畅，800 ~1 000字。

2013年四川省公务员考试申论真题参考答案及解析

一、“给定资料5”中有学者指出“制造业是未来经济繁荣的关键”。请结合“给定资料5”，谈谈你对这个问题的认识 (20分)

要求：内容全面，认识透彻，表述准确，不超过400字。

解题思路——阅读题干，审清题意。

根据题干所示，快速锁定这句话的位置在“给定资料5”第4段。

从作答要求来看，提取答案要点时，将包括但不仅限于“给定资料5”，因此，我们必须在把握整篇材料主题的基础上作答。

通过审题可以清楚地分辨这是一道典型的词句理解阐释题，作答难点在于对句子的理解，以及作答的全面性。

阅读材料——提炼要点。

“给定资料5”第1段——通过举例说明，脱离制造业的虚拟经济是酿成金融危机进而造成全球经济长期低迷的主因。

“给定资料5”第3段——陈述了美国回归实业战略的实施情况。近几年美国推出多项推动本国制造业复兴的政策措施。多种数据表明，美国制造业“回归”使得经济活动连续30个月保持增长，出口稳步上升，增加了就业岗位。

“给定资料5”第4段——这里是“制造业是未来经济繁荣的关键”这句话的出处，学者冯艾盟1999年就指出制造业是未来经济繁荣的关键。通过比较，指出了制造业的好处有以下三个：一是制造业所创造的就业岗位组合要好得多；二是先进的制造商可以积累大量秘密的生产诀窍，从而避免来自于拥有廉价劳动力的海外竞争对手的威胁；三是制造业的出口能力表现优异，在世界范围内出售几乎不会遇到适应性问题。

“给定资料5”第5段——陈述了20世纪日本制造业由盛转衰的事实。在日本，20世纪50年代，制造业是发展出口的主力产业，产品精致且深入人心，制造业得到不断发展。20世纪80年代，由于制造业基地对外转移引起国内制造业的萎缩，出现了“产业空洞化”现象，离工厂越来越远，创造力越来越弱。

“给定资料5”第6段——讲述了“德国制造”的神话。德国以制造业立国的发展战略不仅让其保持较高的就业率，促进科技创新能力不断提高，也使得德国具备了抵御金融冲击的坚实产业基础。金融危机期间，德国政府通过政府扶持和补贴等手段尽量维持制造业就业稳定。

加工要点——组织答案。

句子理解题，不仅要解释这句话的内涵，还应以具体的资料内容为依托，对句子的含义进行适当拓展，形成对整句话的完整理解。先根据“正确解释句子含义—联系材料阐述—结合实际适当拓展”的思路来加工要点，然后用流畅的语言进行表述即可得出答案。

参考答案——对这个问题的认识。

脱离制造业的虚拟经济“虚火”，是酿成金融危机进而造成全球经济长期低迷的主因，繁荣未来经济，制造业是关键。

与先进的服务业相比，制造业具有以下优势：一是制造业所创造的就业岗位组合好，每个人都能从制造业中获得工作；二是制造业可以积累大量秘密的生产诀窍，能避免受到拥有廉价劳动力的海外竞争对手的威胁；三是制造业产品在整个世界范围内出售几乎不会遇到适应性的问题，出口能力表现优异。

有例为证：美国制造业“回归”使其总体经济活动持续保持增长，出口稳步上升，就业岗位增加。日本制造业曾是发展出口的主力产业，后因制造业基地对外转移而萎缩，出现了“产业空洞化”现象，创造力减弱。德国制造业立国的发展战略让其保持较高的就业率，促进科技创新能力不断提高，具备了抵御金融冲击的产业基础，以人为主导的生产使危机过后的研发密集型制造业能够迅速恢复。

由此可见，政府主导维持制造业就业稳定，发展高端、密集型制造业，是繁荣未来经济的关键。

二、“给定资料6”中提到“德国制造很大程度上归功于这个国家高水平的职业技术教育”。请结合“给定资料6”，谈谈职业技术教育在德国取得成功的原因。(15分)

要求：全面准确，条理清楚，不超过200字。

解题思路——阅读题干，审清题意

通过审题可知，题干要求“根据‘给定资料6’分析、归纳职业教育在德国成功的原因”，为作答提供了两个重要信息：一是作答范围为“给定资料6”，二是作答内容为“分析、归纳职业教育在德国成功的原因”。要求中提到“条理清楚”，因此，考生在作答时要注意答题结构。另外，还要注意字数不超过200字。

阅读材料——提炼要点。

既然作答范围是“给定资料6”，那就需要了解“给定资料6”讲的是什么，从中可以提炼哪些要点。

通读“给定资料6”可知，“给定资料6”讲的是德国的职业教育情况。在资料中，与作答内容相关的要点包括：①职业培训的费用主要由政府和企业承担；②企业提供实习场所，给学生发生活费；③德国《职业教育法》对参与职业教育的企业资格、设备等都有所规定；④企业会享受到国家的经费补贴；⑤企业无力或不愿培训时，由职业培训中心帮助承担“校外培养”任务；⑥在德国职业教育体系中，政府和工业界都扮演着非常重要的角色，各司其职，目的只有一个：培养技术型人才，保持德国竞争力；⑦搭建合理的法律框架，认可培训岗位并对培训、创新以及相关研究提供必要的资金支持；⑧为职业教育设定课程，为教职人员提供资金支持等；⑨监管商会活动；⑩监管企业、证书发放；⑪不断创新、更新职业培训岗位，提名专家参与规则制定，并提供一定的培训补贴；⑫监管企业，包括核实企业培训资质、监管企业培训等重要环节；⑬为企业培训提供咨询，调解企业与学徒产生的纠纷。

加工要点——组织答案。

分析以上提炼出来的要点，职业教育在德国成功是因为政府和工业界的共同作用，具体分析时，应从联邦政府、地方政府、商会和企业四个方面组织答案。最后，将要点用简洁的语句，全面、准确地写出来即可。

参考答案——概括原因。

原因：德国政府和工业界以培养技术型人才、保持德国竞争力为目的。

联邦政府：搭建合理的法律框架，认可培训岗位并对培训、创新以及相关研究提供必要的资金支持。

联邦州：为职业教育设定课程，为教职人员提供资金支持等，监管商会的活动。

商会：监管企业，发放证书，为企业培训提供咨询，调解企业与学徒间的纠纷。

企业：提供实习场所，创新、更新职业培训岗位，提名专家参与规则制定，并提供一定的培训补贴，与职业培训中心合作。

三、假如你是某企业的一名工会干部，在学习了“给定资料7”后，请你写一个倡议书，号召爱岗敬业、积极创新。(25分)

要求：定位准确，语言生动，具有号召力，不超过400字。

阅读题干——审清题意。

本题要求以某企业工会干部的名义，写一份号召职工爱岗敬业、积极创新的倡议书。作答时注意题目的作答要求，即定位准确、语言生动并且有号召力，这与题干中所给出的内容是相符合的。这里的定位是指倡议书的对象是某企业的职工，所以倡议书的语言不能太官方、太生硬，要吸引人，要生动。不过既然是倡议书，所以一定要注意有号召性，号召职工爱岗敬业、积极创新。此外，还要注意字数的要求是不超过400字，不要在字数上面丢分。

阅读材料——提取要点。

从题干中我们得知答案的要点集中在“给定资料7”中，所以我们重点梳理“给定资料7”的有关内容。“给定资料7”的第1段主要是讲述一个案例，浙江Z公司的组长老梁，在工作实践中发挥工人的自主创新作用，为企业节省了生产成本。而且，从老梁身上我们能看出新时代工人的价值观的变化，他们不再把自己当成生产工具，而是一个充满创造性的个体，在价值观的带动下，充分发挥自己的主观能动性，实现了新时期工人的新定位。

“给定资料7”的第2段就是讲宝钢集团的“蓝领创新”，工人在生产一线中，进行发明创造，为企业创造巨大的经济利润。并且，工人之间能够发挥传、帮、带的精神，使“蓝领创新”得以推广。而且，企业也能够给工人提供创新的平台，建立激励体系，激发工作创新的积极性和潜能，最好地诠释了现代企业制度下，企业如何依靠职工得到更好的发展。

加工要点——组织答案。

将上述要点进行整合，突出重点，按照“阐明倡议事由—写明倡议事项—呼吁号召”

的形式组织答案，注意用语要有号召性，语言生动准确。

参考答案——致全厂工人的一封倡议书。

致全厂工人的一封倡议书

全厂的工友：

爱岗敬业、自主创新不仅可以为企业创造巨大的经济价值，同时也能使我们自身摆脱“流水线生产工具”的身份，最大化地实现个人价值。目前我厂面临转型升级的考验，亟须有高技术水平的人才。在此号召全厂工友，要爱岗敬业，充分发挥自主创新的积极性，共同解决我们面临的问题与挑战。

爱岗敬业、自主创新需要工友转变价值观，将自主创新作为自己的职业目标，实现对自我的重新定位；需要工友不断在岗位中学习，在一线中解决各种疑难杂症，不断开拓创新，为企业创造效益；需要工友带头发挥传、帮、带的作用，发挥团体的跨岗位、跨区域、跨专业的协同机制；需要全厂上下尊重工友的主体地位和首创精神，我们会不断完善体制，将创新融入我们的企业文化之中，实现人尽其才，才尽其用。

企业是创新的主体，职工是创新的灵魂，岗位是创新的源泉。让我们携起手来，为迎接企业发展新篇章而共同努力！

××工会

××××年××月××日

四、“给定资料2”中提到“他们不仅要安身立命，他们也要有尊严，甚至还要——抬头仰望星空”，这句话引发了你什么思考？请结合给定资料，自拟题目，自选角度，写一篇文章。(40分)

要求：

(1) 中心明确，思考深刻。

(2) 内容充实，有说服力。

(3) 语言流畅，800~1 000字。

写作思路——“以人为本，让工人实现中国梦”思路。

通读“给定资料2”可知，资料讲的主要是工人与制造业问题，围绕工人与制造业问题谈到了工人的过去与现状、中国制造业的危机与转型升级、美国重新重视制造业、日本产业“空洞化”、德国制造业的成功经验、德国职业教育情况、工人技术创新、我国加强职业培训几个方面。题干要求根据对“他们不仅要安身立命，他们也要有尊严，甚至还要——抬头仰望星空”这句话的思考，写一篇议论文。因此，写作时要先找到原文，再联系上下文以及整篇材料，确定文章立意。根据给定资料和题目要求，文章立意应为“创造条件，让工人实现自身价值”，题目可设为“以人为本，让工人实现中国梦”。

例文按照典型的“提出问题—分析问题—解决问题”的思路来写。

第1段介绍背景：我国正处于工业化的重要阶段，工人是仅次于农民的第二大主体。

第2段提出问题：进入新时代以后，工人的生存状况却不容乐观，劳动技能低下，薪酬微薄……

第3段分析原因：中国城乡二元对立，中国制造业处于全球产业链低端，中国职业教育落后，社会保障严重滞后，功利主义盛行。

第4段提出对策：一是改革不合理的户籍制度，二是推进产业转型升级，三是加强职业技术教育，四是完善社会保障制度，五是加强舆论引导，六是激励工人提升自身价值。

最后一段总结提升，照应标题和开头，发出呼吁号召，进一步升华论点。

参考例文——《以人为本，让工人实现中国梦》。

以人为本，让工人实现中国梦

习近平总书记说过，中国梦是民族的梦，是每个中国人的梦。对于工人来说，他们不仅要安身立命，他们也要有尊严，甚至还要——抬头仰望星空。当前，我国正处于工业化的重要阶段。要想高质量地实现工业化，必须依靠高素质工人。在我国，工人是仅次于农民的第二主体。只有让工人过上小康生活，才能实现全面建成小康社会的目标；只有让工人实现中国梦，中华民族伟大复兴的中国梦才能实现。

改革开放三十多年来，加工制造业为我国的迅速崛起作出了巨大贡献。我国甚至被誉为“世界工厂”。在这段时期，无数农民涌入城市，进入工厂。正是依靠低廉的劳动力，才有了中国制造业的辉煌。可以说，没有工人的辛勤劳作，就没有中国的经济奇迹。然而，进入新时代以后，工人的生存状况却不容乐观：劳动技能低下，薪酬微薄，工作环境恶劣，工作内容单调枯燥，工作压力大、时间长，没有上升空间，在社会上受歧视，无法融入城市……更可悲的是，他们无法像父辈一样，回到农村。这些问题的存在，不仅会阻碍我国产业转型升级，而且会破坏社会稳定。

出现以上状况，原因是多方面的：长期以来，中国城乡二元对立，户籍制度改革迟缓，自由迁徙受到极大限制；中国制造业处于全球产业链低端，无法为工人提供好的岗位；中国职业教育落后，教育质量差，无力培养高级技工，职校学历得不到社会认可，工人素质普遍低下；社会保障严重滞后，很多工人都享受不到社会福利，尤其是私企的农民工；功利主义盛行，存在歧视底层劳动者的现象。

要想解决以上问题，应当坚持以人为本的发展思路，采取以下措施：一、改革不合理的户籍制度，让劳动力自由流动，使农民工有机会在城市立足。二、大力推进产业转型升级，为工人创造更好的工作环境和工作机会。三、加强职业技术教育。政府要与学校、企业合作，加大资金扶持力度，提升教育质量，认可职校学历，全面提升工人劳动技能。四、完善社会保障制度，实现基本社会保障全覆盖，严惩不执行社会保障制度的企业。五、加强舆论引导，改变不健康的社会风气，形成尊重劳动、尊重底层劳动者的社会风气。六、激励工人在生产过程中加强技术创新，不断提升自身价值。

古人云：不患寡而患不均，不患贫而患不安。以人为本，让工人实现中国梦，既是保障社会公正的重要方面，也是构建社会主义和谐社会的客观需要，更是实现中华民族伟大复兴的关键。相信随着户籍制度改革、产业转型升级、加强职业技术教育等的逐步推进，工人的中国梦一定会很快实现！

（注：本文摘自 http：//gkz6. net/shen/un/zhenti/9049_3. htm，内容有改动）

9

应用文拓展性练习题

一、行政公文专门用语试题

（一）将画线的普通词语改写成公文专门用语

1. 此事确定由你公司办理。
2. 希望大家出力相助。
3. 欣闻科研成功。
4. 受到贵校的热情招待。
5. 《××学院学生考试作弊行为处理规定》已由××学院职代会第三次会议讨论通过，现予以公布。
6. 这个事由贵厂负责。
7. 你省《关于血液制品增值税政策的请示》（琼国税发〔2014〕21号）收到了。
8. 此事由……与有关方面一起办理。
9. 特此写信回复。
10. 请你厅将魏某肇事情况用函告知我处。
11. 非经核准不得传真。
12. 现在通告如下。
13. 该同志确实为精神抑郁患者。
14. 你厂是否收到，请快速调查后给予答复。
15. 现在就关于教育工作改革问题，提出以下几点意见。
16. 报告如下，请给予审查。
17. 我校打算今年9月份开始职业技能培训。
18. 但这时由于过了时效未能检出DNA谱带。
19. 对于业已颁布的法规制度，不得擅自更改。
20. 出于以上原因而没有办成。

（二）选择恰当的应用文专用词语，从选项中的两个①和②分别选出一个正确答案填入两个括号内。

1. ×××来函（　　），关于××一事，我部完全同意你局意见，……特此（　　）。

A. ①到了　　B. ①已收悉　　C. ②回函　　D. ②函复

2. 某起诉状：（　　）公司违约致使（　　）公司遭受200万元严重的经济损失。

A. ①该　　B. ①贵　　C. ②本　　D. ②我们

3. 以上请示，（　　）（　　），并列入2014年招生计划。

A. ①盼望　　B. ①望予　　C. ②批准　　D. ②批示

4. 蓝田公司致未来定达公司的函：（　　）公司2014年10月10日来函索要的KD300－BJK挖掘机的修理材料已经寄出，不知收到没有？（　　）回函告知。

A. ①贵　　B. ①你们　　C. ②烦请　　D. ②请务必

5. （　　）××××领导的指示，现将国务院办公厅《关于××处理等几个具体问题的通知》（　　）给你们。

A. ①按照　　B. ①遵照　　C. ②批发　　D. ②转发

6.（　　）局领导指示精神，我校（　　）××培训中心组成了“××事件调查组”。

A. ①按照　B. ①遵循　C. ②会同　D. ②和

7.《××××条例》（　　）校委会讨论通过，现发给你们，望结合本单位具体情况（　　）执行。

A. ①已经　B. ①经过　C. ②坚决　D. ②参照

8. ……以上意见，（　　），（　　）批转各部属高等职业技术院校。

A. ①如无不妥　B. ①倘若不合适　C. ②即　D. ②请

9. ……（　　）……的需要，特（　　）如下指令。

A. ①为了　B. ①满足　C. ②拟写　D. ②颁发

10.（　　）（　　）公司大力协助，我院×××实训基地各项筹建工作已基本告一段落。

A. ①承蒙　B. ①蒙允　C. ②贵　D. ②你

11. ××局：

你局关于××的请示（××字〔2014〕19 号）（　　），经市政府办公会议研究（　　）如下。

A. ①接到　B. ①已收到　C. ②回答　D. ②批复

12. ……（　　）大力协作（　　）。

A. ①希望　B. ①以期　C. ②为盼　D. ②为荷

13. 以上所请（　　），以迅即（　　）为盼。

A. ①如无不妥　B. ①如果妥当　C. ②批复　D. ②批示

14.（　　）生（　　）我校管理系营销专业 2014 级学生。

A. ①本人　B. ①该　C. ②系　D. ②是

15. 某公司致××公司成立 15 周年的贺信：多年来，承蒙贵公司在经贸活动中的（　　）……还望今后进一步加强合作（　　）。

A. ①关照　B. ①照顾　C. ②为盼　D. ②为好

16.（　　）贵总公司成立 30 周年，谨表（　　）。

A. ①获悉　B. ①获取　C. ②祝贺　D. ②贺忱

17. ……以上通令，应使全体公民（　　），（　　）遵照执行。

A. ①知道　B. ①知晓　C. ②着实　D. ②切实

18. 随函（　　）送“××××情况统计表”一份，请（　　）。

A. ①附　B. ①加　C. ②查收　D. ②收到

19.（　　）县领导的指示精神，我们（　　）有关部门，对农村电网改造工作进行了普查。

A. ①依据　B. ①根据　C. ② 会同　D. ②与一起

20.（　　）进一步提高我集团行政管理干部的管理素质，决定（　　）在岗的管理干部有计划地进行培训。

A. ①为了　B. ①为　C. ②对于　D. ②对

21.（　　）征得××学院同意，（　　）委托该院分期举办职业技能培训课程。

A. ①经　B. ①经过　C. ②拟　D. ②打算

22.（　　）该中心此类错误做法，上级有关部门曾多次行文，（　　）其有关领导迅即查清问题，限期纠正错误。

A. ①就　　B. ①针对　　C. ②责成　　D. ②责令

23.（　　）防止……经矿务局批准，（　　）将有关问题通报如下。

A. ①为了　　B. ①为　　C. ②现在　　D. ②现

24. 以上决定（　　）施行，不得（　　）。

A. ①立即　　B. ①切实　　C. ②违反　　D. ②有违

25. 前天举行的××自治县特邀行政执法监督员工作座谈会透露，该县（　　）实行对新制定的规范性文件进行严格备案审查制度（　　）……

A. ①自　　B. ①从　　C. ②开始　　D. ②以来

26. 为实现下半年计划各项（　　），我们应（　　）做好以下几方面的工作。

A. ①工作　　B. ①指标　　C. ②着重　　D. ②重点

27.（　　）合同一式三份，上述三方各（　　）一份。

A. ①这个　　B. ①此　　C. ②拿着　　D. ②执

28. 经了解，李明确有（　　）人，（　　）我校管理学院金融专业2014级的学生。

A. ①这个　　B. ①其　　C. ②是　　D. ②为

29. ××大学经上级主管部门批准，（　　）修建一座图书馆楼，从2014年5月8日起建筑招标。现将具体（　　）告知如下。

A. ①拟　　B. ①打算　　C. ②事情的安排　　D. ②事宜

30. 市教育局（　　）2月28日上午召开招生工作会议，王武局长（　　）2014年招生工作问题作了主题讲话。

A. ① 在　　B. ①于　　C. ② 在此事　　D. ②就

二、不定项选择题

1. 向国内外宣布重大事项或者法定事项时使用（　　）。

A. 通报　　B. 通告　　C. 公告　　D. 通知

2. 表示“征询”的词语是（　　）。

A. 如无不当、妥否、是否、意见如何　　B. 当否、批准、支持、不妥

C. 希将、希能、切盼、要求　　D. 可行、核准、希望、妥否

3. 受双重领导的机关向上级机关行文，应当（　　）。

A. 写明主送机关和抄送机关　　B. 主送一个上级机关

C. 主送两个上级机关　　D. 主送并抄送两个上级机关

4. 公文标题中除法规、（　　）名称加书名号外，一般不用标点符号。

A. 命令　　B. 决定　　C. 公告　　D. 规章

5. 表示“期请”的词语是：（　　）。

A. 希望、妥否、当否、拟请　　B. 蒙、切盼、妥否、当否、

C. 敬希、烦请、切望、恳予　　D. 敬请、提请、希望、妥否

6. 计划的标题一般可包括（　　）。

A. 单位名称　　B. 期限　　C. 内容　　D. 文种

7. “适用的时间较长，涉及面广，内容比较概括”的计划名称是（ ）。

A. 规划 B. 设想 C. 安排 D. 打算

8. 表示“经办”的词语是（ ）。

A. 业经、敬悉、经、恳切 B. 妥否、拟订、当否、后经

C. 业经、责成、拟经、经查 D. 拟建、据悉、现经、欣闻

9. 向上级机关汇报工作，反映情况，答复上级机关询问时用（ ）。

A. 报告 B. 决定 C. 总结 D. 请示

10. 上级机关如向受双重领导的下级机关行文时，（ ）。

A. 同时抄送另一上级机关 B. 报送两个上级机关

C. 主送并抄送两个上级机关 D. 写明主送机关和抄送机关

11. 联合行文的机关应该是（ ）。

A. 两个以上的机关 B. 两个以上的同级机关

C. 上下级机关 D. 不相隶属的两个机关

12. 公文的成文日期指（ ）。

A. 草拟公文文稿的日期 B. 公文印制完毕的日期

C. 领导人在公文正本上签署的日期 D. 领导人签发文稿的日期

13. 根据法律适用的范围，答辩状可以分为（ ）。

A. 刑事答辩状 B. 民事答辩状 C. 行政答辩状 D. 反诉答辩状

14. 公文按保密级别分类可分为（ ）。

A. 绝密 B. 机密 C. 秘密 D. 保密

15. 下面公文中属于下行文的是（ ）。

A. 命令 B. 意见 C. 决定 D. 报告

16. 发文机关应当使用（ ）。

A. 发文机关的简称或缩写 B. 发文机关的全称或简称

C. 发文机关的全称或别称 D. 发文机关的全称或规范化简称

17. 民事起诉状适用于（ ）。

A. 二审民事案件 B. 一审民事案件

C. 再审民事案件 D. 各类行政案件

18. 公文正文用（ ）字，一般（ ）。

A. ①三号、仿宋体 B. ②每面排 22 行，每行 28 字

C. ①三号、宋体 D. ②每面排 28 行，每行 22 字

19. “××学院 2014—2015 学年度工作总结”属于（ ）。

A. 文件式标题 B. 文章式标题 C. 双标题 D. 单标题

20. 简报的种类繁多，按内容和性质划分，简报可以分为（ ）。

A. 工作简报 B. 会议简报 C. 动态简报 D. 情况汇报

21. 国家机关、社会团体及企事业单位编发的用来反映情况、汇报工作、沟通信息、交流经验的内部文件是（ ）。

A. 简报 B. 通知 C. 启事 D. 通报

22. 公文使用主题词，除类别词外，一般不超过（ ）个。

A. 5 个 B. 7 个 C. 4 个 D. 6 个

23. 最常用的意向书是（　　）。

A. 单签式意向书　B. 联签式意向书　C. 换文式意向书　D. 文字式意向书

24. 商业广告文案正文的表达方式有很多种，比较常见的有（　　）。

A. 陈述式　B. 抒情式　C. 描写式　D. 说明式

E. 论证式

25. 合同的签约人之间的关系必须是（　　）。

A. 平等的法律主体　B. 平等的自然人、法人

C. 国家与下级机关　D. 权利、义务对等

26. 民事起诉的条件是（　　）。

A. 原告是与本案有直接利害关系的公民、法人和其他组织

B. 有明确的被告

C. 有具体的诉讼请求和事实理由

D. 属于人民法院受理民事诉讼的范围和受诉人民法院管辖

27. 刑事自诉状，适用的案件是（　　）。

A. 告诉才处理的案件

B. 被害人有证据证明的轻微刑事案件

C. 被害人有证据证明但公安机关或者人民检察院不予追究被告人刑事责任的案件

D. 暴力侵犯人身安全的案件

28. 被告收到人民法院送达的起诉状副本后（　　）日内应该提交答辩状。

A. 5　B. 10　C. 15　D. 20

29. 行政起诉不同于民事起诉，行政起诉状的特点有（　　）。

A. 起因的单一性　B. 被告的反诉性

C. 起诉程序的规范性　D. 起诉权的专属性

30. 刑事自诉的条件是（　　）。

A. 原告人必须是被害人

B. 被告人的行为必须构成犯罪

C. 必须是法定自诉案件

D. 向第一审受理本案的人民法院提起诉讼

31. 开幕词的标题，常见的写法有（　　）。

A. 事由 + 文种

B. 致辞人 + 事由 + 文种

C. 采用复式标题，主标题揭示会议的宗旨、中心内容，副标题与前两种标题的构成形式相同

D. 只写文种“开幕词”

32. 述职报告结尾的内容一般包括（　　）。

A. 自我批评　B. 努力方向　C. 表示决心　D. 全年总结

33. 闭幕词是一些大型会议结束时由（　　）向会议所作的讲话。

A. 有关领导人　B. 德高望重者　C. 会议主席　D. 主持人

34. 答谢词的结构和写法与（　　）是基本相同的。

A. 答词　B. 欢迎词　C. 礼仪致辞　D. 祝酒词

35. 公文中祈请式的结尾方式常用于（　　）。

A. 上行文　　B. 平行文　　C. 下行文　　D. 联合行文

36. 公文加盖印章，应做到（　　）。

A. 上压正文，下不压成文日期　　B. 既压正文，又压成文日期

C. 上距正文 2～4mm，下压成文日期　　D. 上距正文 2～4mm，下不压成文日期

37. 引用公文时，应是（　　）。

A. 引文件标题　　B. 先引文件标题，后引发文字号

C. 先引发文字号，后引文件标题　　D. 仅引发文字号

38. 公文的附件具有（　　）。

A. 与正件相同的法定效用　　B. 与正件不同，只有辅助作用

C. 只有辅助作用而无法定效用　　D. 只有补充说明作用

39. 辽宁省人民政府将文件直接发至直属大连市的行文方式属于（　　）。

A. 越级行文　　B. 多级行文

C. 逐级行文　　D. 直接行文

40. 批转、转发、颁（发）布性通知是针对批转、转发的文件或发布的行政规章、管理规章等而发的，那么，（　　）。

A. 通知是正件　　B. 通知是附件

C. 原文件是正件　　D. 原文件是附件

三、单项选择题

1.《关于××公司进口数控车床的请示》，作者应是（　　）。

A. ××公司　　B. ××公司的负责人

C. 起草文件的秘书　　D. 签发文件的董事长

2. 不相隶属的机关之间联系工作，应当用（　　）。

A. 信　　B. 通知　　C. 函　　D. 意见

3. 下列"请示"的结束语中得体的是（　　）。

A. 以上事项，请务必尽快批示

B. 所请事关重大，不可延误，务必于本月 30 日前答复

C. 以上所请，如有不同意，请来函商量

D. 以上所请，妥否，请批复

4. 几个机关联合发文，只能标明（　　）。

A. 主办机关的发文字号　　B. 几个机关的发文字号

C. 两个机关的发文字号　　D. 根据情况临时规定的发文字号

5. 公文首页标识签发负责人姓名的文件是（　　）。

A. 下行文　　B. 平行文　　C. 上行文　　D. 越级行文

6. 主送机关是（　　）。

A. 有隶属关系的上级机关　　B. 受理公文的机关

C. 收文机关　　D. 需要公文的机关

7. 必须以领导人签发日期为成文日期的是（　　）。

A. 书信　　B. 条例　　C. 工作总结　　D. 请示

8. 特殊情况需要越级向上行文，应抄送给（　　）。

A. 直属上级机关　　B. 直属下级机关

C. 系统内的所有同级机关　　D. 有业务联系的机关

9. 法定的公文种类有（　　）。

A. 决议、决定、命令、公报、公告、通告、意见、通知、通报、报告、请示、批复、议案、函、会议纪要

B. 通报、批复、通知、指示、请示、报告、函、意见、会议纪要、决定

C. 决定、通报、批复、通知、公告、通告、请示、报告、函、意见、会议纪要、命令、议案

D. 决定、通报、批复、通知、公告、通告、请示、报告、函、申请、会议纪要、命令、议案

10. 答复上级机关的询问，使用（　　）。

A. 通报　　B. 意见　　C. 报告　　D. 通知

11. 结尾语“请予接洽为荷”用于（　　）。

A. 邀请信　　B. 介绍信　　C. 自荐信　　D. 证明信

12. “××广播局关于向××县土地局申请划拨建设电视转播台用地的请示”这一标题主要的错误是（　　）。

A. 文种错误，应使用报告　　B. 违反应协商同意后再发文的规定

C. 文种错误，应使用函　　D. 违反不得夹带请示内容的规定

13. 任免和聘用领导干部的公文文种为（　　）。

A. 命令　　B. 批示　　C. 通知　　D. 通告

14. 向非同一组织系统的任何机关发送的文件属于（　　）。

A. 下行文　　B. 平行文　　C. 上行文　　D. 越级行文

15. 公文中最常用的表达方式是（　　）。

A. 议论、描写、说明　　B. 议论、抒情、说明

C. 叙述、议论、说明　　D. 叙述、抒情、说明

16. 公文的标题一般由（　　）要素构成。

A. 眉首、发文字号、序号　　B. 发文机关名称、事由、文种

C. 份号、密级、事由、序号　　D. 抄送机关、眉首、主题词

17. 撰写《×××关于审批第二批国家历史文化名城和加强保护管理的请示》一文时，符合撰写要求的说法是（　　）。

A. 标明主送机关与抄送机关

B. 一般应直接报送领导者个人

C. 适宜采用概括叙述的表达方式

D. 可同时要求对历史文化名城周边的自然风景区加以保护管理

18. 为了维护正常的领导关系，具有隶属关系或业务指导关系的机关之间应采取(　　)。

A. 直接行文　　B. 多级行文　　C. 越级行文　　D. 逐级行文

19. 下面公文报告写作中，语句符合规范的是（　　）。

A. 该卷烟厂全体职工同心协力，在上半年不到4个月的时间里，就创造出产值比

去年同期增长150%的奇迹

B. 我们一定要继续努力，戒骄戒躁，在上级规定的时间内完成任务

C. 有关部门提请对该报作出停刊整顿并令其主要负责人深刻检查等纪律处分的处理

D. 一艘在越南注册的名为“海鸥”的货轮5月6日1时25分在泰国东海突然遭到“猛虎”组织袭击而失事，10名船员失踪

20. 请示的结语部分有多种说法，下面哪种表达比较妥当（　　）。

A. 以上条款，请予批准　　B. 以上意见，请批复

C. 上述要求，是否妥当，请指示　　D. 上述意见，请考虑

21. 文稿草拟后，应当由谁审核，是（　　）。

A. 拟稿人　　B. 办公厅（室）

C. 机关负责人　　D. 主持全面工作的“一把手”

22. 向下级机关布置工作，规定行动规范要求，办理有关事项的是（　　）。

A. 转发性通知　　B. 会议性通知　　C. 知照性通知　　D. 任免性通知

23. 某市农业局向省农场管理局行文要求解决方梁树屯农场维护经费，其文种是(　　)。

A. 请示　　B. 报告　　C. 函　　D. 请示报告

24. ××市国有资产管理局将2014年国资管理工作情况作出总结形成公文上报市人民政府，其公文文种是（　　）。

A. 请示　　B. 报告　　C. 函　　D. 请示报告

25. 公文《财政部关于组织开展房产买卖税检查工作的通知》，属于（　　）。

A. 批转性通知　　B. 会议性通知　　C. 知照性通知　　D. 任免性通知

26. 公文正确的发文字号是（　　）。

A. 国发〔2014〕18号　　B. 国发〔14〕第18号

C.〔2014〕国发18号　　D. 国发〔2014〕018号

27. 下列有关请示的主送机关的说法，正确的是（　　）。

A. 请示不要报送到领导者个人

B. 受双重领导的机关在报送时应将这些领导机关都作为主送单位

C. 请示根据内容需要，有时也抄送到下级机关

D. 请示应按机关的隶属关系，逐级报送，一般情况下不能越级报送

28. 能够使用“会议认为、会议强调 、会议要求、会议决定”词语的公文是(　　)。

A. 通知　　B. 报告　　C. 决定　　D. 会议纪要

29. （　　）文件，不能用签发的形式生效。

A. 指导类　　B. 会议类　　C. 知照类　　D. 报请类

30. 签署是在缮印制作出的正式文本上的亲笔签名，签署人是指（　　）。

A. 机关的正职领导　　B. 机关的副职领导

C. 机关领导指定的其他人　　D. 机关办公室主任

四、多项选择题（在每小题列出的4～5个选项中有2～5个选项是符合题目要求的，请将正确选项前的字母填在题后的括号内）

1. 具有权威性的公文有（　　）。

A. 命令　　B. 意见　　C. 决定　　D. 函

2. 下列事项能够制发通知的有（　　）。

A. 某公司聘用一名经理

B. 某银行向各储蓄所下达季度储蓄任务

C. 某人事厅贯彻财政厅有关职工福利发放标准的文件

D. 两单位之间商洽某具体事项

E. 某公司答复另一个公司的询价

3. 下列各种通知的标题，其格式正确的有（　　）。

A. 会议通知

B. 国务院关于清理检查“小金库”的通知

C. 国务院批转审计署文件的通知

D. 通知

E. 财政部国家税务局关于降低金融保险业营业税税率的通知

4. 下列关于调查报告的标题符合要求的有（　　）。

A. 关于海南进口和倒卖物资问题的调查报告

B. 深圳大学是怎样改革学生思想政治工作的

C. 家庭饲养前途广阔

D. 为改革开放创造良好的社会环境——苏州市加强精神文明建设情况调查

E. 三问南海信息化——对广东南海区推进信息化的调查

5. 以下说法错误的有（　　）。

A. 调查报告的撰写应结合运用说明、抒情、议论的表达方式，做到叙议结合

B. 撰写总结报告，一般兼用说明、叙述和议论三种方式，重点使用议论方式

C. 总结报告简单地说，就是关于提炼经验（教训）的报告

D. 请示可以不按机关隶属关系，越级报送

E. 经济信息是反映经济活动的一种消息报道

6. 在函正文的结尾处，下列可以使用的用语有（　　）。

A. 请尽快函复为盼

B. 敬请予以大力支持

C. 请即函复

D. 特此批复

E. 特此函告

7. “××省教育厅2014年度工作计划’属于（　　）。

A. 文件式标题　　B. 文章式标题　　C. 双标题　　D. 单标题

8. 商业广告“酒气冲天，飞鸟闻香化凤；糟粕落地，游鱼得味成龙。”（洋河大曲广告）在修辞上属于（　　）。

A. 比喻　　B. 象征　　C. 夸张　　D. 拟人

E. 对偶

9. 签发是在誊清的草稿首页的“发文稿纸”的相应栏目内的签注活动，签发人是指（　　）。

A. 签发人可以是一个机关的正职领导　B. 签发人可以是办公室秘书

C. 签发人可以是一个机关的副职领导　D. 签发人可以是机关内部单位的负责人

10. 辽宁省人民政府将文件下达，属于逐级行文的城市有（　　）。

A. 大连市　B. 北票市　C. 鞍山市　D. 营口市

11. 下列文种中属于非行政公文的有（　　）。

A. 会议纪要、议案、简报　B. 通知、意见、报告

C. 会议记录、决定、函　D. 条例、公告、请示

12. 以下不属于批转性请示专门用语的有（　　）。

A. 以上暂行办法如无不妥，请批转发布执行

B. 请予审批

C. 专此请示，请批复

D. 妥否，请批示

13. 计划的结构方式可分为（　　）。

A. 条款式　B. 文章式

C. 文字加表格式　D. 时间式

14. 以下标题不符合通报的撰写要求的有（　　）。

A. 关于打击盗掘和走私文物活动的通报

B. 国务院关于进行三次全国人口普查的通报

C. 国务院关于打击假冒伪劣商品的通报

D. 国务院关于部分地区违反国家购销政策的通报

15. 下列有关书信体中的“问候语”的书写格式的说法，正确的有（　　）。

A. 与正文分行　B. 前空两格

C. 独立成段　D. 与称呼处于同一行

16. 公文是一种程式化程度最高的文种，其主要特点有（　）。

A. 法定性　B. 政策性　C. 时效性　D. 规范性

17. 报告与请示的不同在于（　　）。

A. 具体功用不同　B. 内容含量不同　C. 行文时机不同　D. 主送机关不同

18. 开幕词确定会议的基调，要求与会者遵守会议制度，围绕开幕词所确定的中心议题开展活动，因此，下列不属于开幕词的特点的有（　　）。

A. 宣告性　B. 强迫性　C. 导向性　D. 号召性

19. 慰问信的作用是向慰问对象表达情感，因此慰问信具有（　　）的特点。

A. 问候　B. 资助　C. 慰劳　D. 鼓励

20. 下列（　　）都属于调查报告类文书。

A. 计划性调查　B. 经验性调查　C. 史实性调查　D. 问题调查

21. 下列公文不必写主送机关的有（　　）。

A. 通知　B. 公告　C. 报告　D. 通告

22. 一般情况下，需写标题的有（　）。

A. 感谢信　B. 慰问信　C. 普通书信　D. 表扬信

23. 会议之后形成的应用文有（　　）。

A. 会议纪要　B. 会议记录　C. 会议议程　D. 简报

24. 处理公共关系经常使用的有（　　）。

A. 请柬　B. 起诉书　C. 自荐书　D. 邀请书

25. 可在一些重要节日、婚礼、寿辰、会议场合使用的有（　　）。

A. 贺词　B. 欢迎词　C. 答谢词　D. 祝酒词

E. 欢送词

26. 时间要求比较固定的考核性应用文体有（　　）。

A. 毕业论文　B. 社会调查报告　C. 毕业设计　D. 毕业项目报告

27. 未写明姓名和个人技术能力就失去意义的文书有（　）。

A. 产品说明书　B. 应聘书　C. 个人简介　D. 求职书

28. 能引起法律关系的文书是（　　）。

A. 行政上诉状　B. 刑事申诉状　C. 匿名控告信　D. 民事答辩状

29. 我国的经济活动中，采取公开竞争方式并遵循一定程序的、被广泛使用的文书是（　　）。

A. 公告　B. 通告　C. 招标书　D. 投标书

30. 意见行文比较灵活，它可以是（　　）

A. 平行文　B. 上行文　C. 下行文　D. 多级行文

31. 可在公共场合进行张贴的有（　）。

A. 普通书信　B. 海报　C. 启事　D. 函

32. 国家、单位、企业以及经济实体与个人之间，当事人对某项事务具有协商性的应用文书有（　　）。

A. 意向书　B. 起诉书　C. 合同书　D. 自荐书

33. 拟写可行性研究报告的内容要求非常严格，其中不可缺少的是（　　）。

A. 报告篇幅　B. 报告时间　C. 报告单位　D. 项目名称

34. 订货单正文不可缺少的是（　　）。

A. 买卖双方信息　B. 货物信息

C. 配送方式及地点　D. 支付方式及银行账户

35. 需在工作之后形成的文书有（　　）。

A. 总结　B. 述职报告　C. 讲话稿　D. 工作安排

36. 传真稿需通过（　　）传送。

A. 电波　B. 有线电　C. 无线电　D. 互联网

37. 单位或个人之间处理公共关系或事务时，可采用纸质和电子文本传达或沟通信息，如（　　）。

A. 介绍信　B. 条据　C. 备忘录　D. 证明信

38. 较大型会议仪式上有关领导在会议首尾所作的开宗明义和总结会议的讲话有(　　)。

A. 开幕词　B. 祝贺词　C. 闭幕词　D. 祝酒词

39. 批复的开头通常要引述来文作为批复的依据，通常叫作引语，引述的方法有(　　)。

A. 结合请示的日期引述，如“某年某月某日来文收悉”

B. 结合来文的日期和文号引述，如“某年某月某日某号文收悉”

C. 引述来文日期和请示事项，如“某年某月某日《关于××问题的请示》收悉”

D. 引来文日期和来文名称，如“某年某月某日《关于××的请示》收悉”

40. 议案经过的过程错误的是（　　）。

A. 议案的提出、初步审议、正式辩论、修正、表决、通过和公布

B. 议案的提出、初步审议、修正、正式辩论、表决、通过和公布

C. 议案的提出、初步审议、正式辩论、表决、修正、通过和公布

D. 议案的提出、初步审议、表决、正式辩论、修正、通过和公布

五、判断题（正确的在题后括号内打“√”，错误的打“×”）

1. 凡应用文都能从文种上区分出是公文还是私人文书。（　　）

2. 有些普发性、周知性的通知，也可不写主送机关。（　　）

3. 在调查报告中，按事物发生发展的先后顺序，一层层地分析说明，把事物的来龙去脉深刻、全面地阐述清楚，这种安排材料的方法叫作纵式结构。（　　）

4. 计划时间一般是一年以内，规划时间一般是一年以上两年以下。（　　）

5. 计划是定方向、定规模，规划是定任务、定时间。（　　）

6. 总结的目的既然是指导今后的工作，那么“今后打算”就是总结的核心。（　　）

7. 通报是起示范、指导、教育、警戒作用的，可以有一定的艺术虚构。（　　）

8. 除领导直接交办的事项外，请示可以送领导者个人。（　　）

9. 为了调整中小学收费标准，市教委会同物价局、财政局联合发出一份通知。这份公文的发文字号应该是市教委的发文字号。（　　）

10. 函是平行文，具有知照性、交际性作用，不会有任何“请求批准”的内容。（　　）

11. 各级行政机关行文关系应根据各自的隶属关系和职权范围来确定。（　　）

12. 商业广告为了介绍产品的优点，可以过分夸张一些。（　　）

13. 当事人在订立合同过程中假借订立合同，以损害对方利益为目的，恶意进行磋商，故意隐瞒与订立合同有关的重要事实，或者有其他违背诚实信用原则的行为，给对方造成损失的，应当承担赔偿责任。（　　）

14. 某中学的总务科长与市建筑公司的生产科长共同签订了一份为某中学建造教学楼的《建筑工程承包合同》。（　　）

15. 代理人可以根据实际情况超越法人授予的权限与对方签订合同。（　　）

16. 凡请求对方批准的事项应用请示公文。（　　）

17. 某份批复的开头写道：“你局×劳发〔2014〕29号请示收悉。”（　　）

18. 标题写为“某局某市关于某问题的复函”。（　　）

19. 在答复询问报告中，可以同时汇报本机关的最近工作进程。（　　）

20. 供受文者使用的、具有法定效用、格式规范并具备各种生效标志的称为正本。（　　）

21. 应用文的主旨与文学作品的主题思想完全相同。（　　）

22. 材料要与观点相统一是应用文的基本要求。 (　　)

23. 应用文的结构比较灵活，作者想怎样安排结构就怎样安排。 (　　)

24. 应用文的语言要做到平实、准确、简洁、严谨。 (　　)

25. 应用文语言最主要的表达方式是叙述、抒情、议论、说明、描写。 (　　)

26. 应用文有时可以用机关名义向上级机关某位领导人上报"请示"请求批准。(　　)

27. 党务与政务事宜要分别行文，凡属政府方面的工作，应以政府名义行文；凡属党委方面的工作，应以党委名义行文。 (　　)

28. 根据行文方向划分，可分为上行文、下行文和平行文。 (　　)

29. 行文要准确认定主送机关和抄送机关，简单地说，谁是主管，主送机关就是谁。 (　　)

30. 行政机关不得对党组织作出批示和下达任务。 (　　)

31. 下级机关可与上级机关联合行文。 (　　)

32. 多个单位联合行文时，主办单位要排列在最前。 (　　)

33. 公文的格式就是指公文的书面结构。 (　　)

34. 红色反线以上的所有要素就是眉首部分。 (　　)

35. 居于公文上部红色反线与尾部黑色反线之间的所有要素构成公文的主体。(　　)

36. 版记置于公文的最后一页，版记的最后一个要素置于公文最后一页的最后一行。 (　　)

37. 版记是公文的文尾部分，包括主题词、抄报机关、抄送机关、印发机关、印发份数。 (　　)

38. 公文用纸一般采用国际标准 A4 纸型，长 297mm，宽 210mm。 (　　)

39. 公文要求双面印刷，页码套正，左侧装订，骑马订或平订。 (　　)

40. 题目为"国务院关于严格保护珍贵现有野生动物的令"。 (　　)

41. 应用文的主旨是上级或领导布置的。 (　　)

42. 公文标题中，除法规、规章名称加书名号外，一般不用标点符号。 (　　)

43. 决定可由会议作出、党政领导机关和其他组织制发。 (　　)

44. 公安局表彰公安战线先进集体和先进个人时用决定。 (　　)

45. 公告告知的范围相当广泛，可向国内外发布。 (　　)

46. 题目为"××市电通公司关于安装座机电话的公告"。 (　　)

47. ××市税务局通知建筑税纳税的有关事项，用公告。 (　　)

48. 题目为"国家税务总局关于个体工商户必须依法纳税的通告"。 (　　)

49. 题目为"××学院关于招收 IPM 研究生的通告"。 (　　)

50. 中共××市纪律检查委员会公布关于严肃党纪、杜绝"请客送礼"等不正之风的有关规定，用通告。 (　　)

51. 通告与公告差不多，告知的范围相当广泛，可向国内外发布。 (　　)

52. 题目为"××市人事局关于召开××同志任职的通知"。 (　　)

53. 通知可用"特此通知"结尾，也可发出号召、抒发感情。 (　　)

54. 任免性通知均需写明经何组织研究决定、任免谁及任免职务、任期和待遇，这样才便于执行。 (　　)

55.《加强个体私营经济税收征管强化查账征收工作意见的通知》是批转性通知。(　　)

56. 通报根据内容和功用，可分为表彰性通报、批评性通报和情况性通报。（　）
57. 表彰性通报既要写明被表彰者的先进事迹，还要介绍其一般的表现。（　）
58. 政协委员与人大代表一样，都可提议案。（　）
59. 题目为“南地集团公司委员会先进性教育第一阶段转段请示报告”（　）
60. 题目为“××学院关于申请资金修建教学楼的报告”。（　）
61. 报告不需要上级答复。（　）
62. 情况特别紧急可越级请示。（　）
63. 请示结语一般另起一行，空两格书写，语气要谦恭，请示结语的通常写法是：“特此请示，请审批”、“当否，请指示”、“特此批复”等。（　）
64. “××××年××月××日来文收悉”可作为批复的引语。（　）
65. 批复与请示相同，也应一文一事。（　）
66. “近几个月来，一些单位和个人错误地认为《中华人民共和国公路法》修改后即可不缴公路养路费等交通规费，因而出现了拖欠、拒缴、抗缴公路养路费等违反交通规费事件，造成了国家交通规费大量流失。为保障公路养路费、车辆购置附加费等交通规费征收工作的正常进行，现提出如下意见：……”，这是意见的缘由部分。（　）
67. 意见既可是上行文，也可作下行文，还可作平行文。（　）
68. 函是同级机关和不相隶属机关之间相互商洽工作、询问和答复问题，或者向有关主管部门请求批准事项时所使用的公文。（　）
69. 会议纪要一般采用第三人称写法，有时也采用第一人称。（　）
70. 传真稿可通过信封邮递的方式发给对方。（　）
71. 备忘录是一种用于当事人备忘的文书，主要用来提醒、督促对方，或就某个问题提出自己的意见或看法，在业务上，有时用来补充正式文件的漏洞之处。（　）
72. 标题为“失物招领启事”。（　）
73. 海报一般张贴在公共场所，也可在报刊上登载，在电台上广播或在电视上播映。（　）
74. 条据的最大特点在于一个“便”字，即写起来简便，看起来方便。（　）
75. 带有存根的印刷式介绍信一般由存根联、正式联构成。（　）
76. 证明信是以机关、团体、个人的名义，凭确凿的证据，证明某人身份、经历或者有关事件的真实情况的普通书信。（　）
77. “敬语”和“结语”是普通书信必不可少的要素。（　）
78. 贺信、感谢信、慰问信、表扬信与普通书信的不同在于：正文部分首先要写出祝贺、感谢、慰问和表扬的因由。（　）
79. 会议记录的最大特点是它的实时性。（　）
80. 简报也叫动态、简讯、摘报、工作通讯、情况反映、情况交流、内部参考。（　）
81. 政府机关编印的简报，是一种党政机关公文。（　）
82. 纲要、方案、安排等计划的不同形式，反映了计划制订者不同的管理目标。（　）
83. 计划在事前，属于未来进行时；总结在事后，属于过去完成时。（　）
84. 述职报告突出的特点是：自述性、自评性、报告性。（　）
85. 讲话稿不可以没有称谓。（　）
86. 开幕词与闭幕词的最后，都用“祝大会或活动圆满成功”等语作结。（　）

87. 订货单不一定要有经办人签字。 （ ）

88. 产品说明书是为做商业广告而使用的。 （ ）

89. 由商品生产者、商品经营者或者服务提供者承担费用的，才是商业广告。（ ）

90. 意向书与合同书一样都具有法律效力。 （ ）

91. 主持词只宣布会议开始，不必宣布会议结束。 （ ）

92. 拟写调查报告时，一般常用第一人称。 （ ）

93. 社会调查报告调查的主要对象应是作者关心的问题。 （ ）

94. 市场调查报告以写现状为主，市场预测报告以写未来为主。 （ ）

95. 可行性研究报告不能缺少对整个可行性研究提出综合分析评价，指出优点、缺点和建议。 （ ）

96. 业主的招标文件是投标者编制投标书的主要依据。 （ ）

97. “事实和理由”是起诉状的最关键部分。 （ ）

98. 答辩状是与起诉状、上诉状相对应的法律文书。 （ ）

99. 上诉状是针对原审裁判结果而言，而不是针对对方当事人的。 （ ）

100. 申诉状是指诉讼当事人和法定代理人、被害人及其家属或其他公民，针对已经发生法律效力的判决、裁定，认为确有错误，向人民法院或者人民检察院提出申请复查纠正的书状。它是运用特殊程序维护申诉人合法权益的文书。 （ ）

101. 应聘书必须由应聘单位设计款式和内容。 （ ）

102. 自荐书要全面、详细地介绍自己的情况。 （ ）

103. 个（本）人简介是当事人全面而概括地介绍自身情况的一种书面表达形式。 （ ）

104. 申请书的突出特点是“请求”。 （ ）

105. 大学生毕业时，一般理科专业做毕业论文，工科类的专业一般做毕业设计，职业技术类专业做毕业项目报告，无论哪一种，目的都在于总结学习专业的成果。 （ ）

106. 请柬和邀请书的结尾一定要写上礼节性问候语或恭候语，如“顺致崇高的敬意”、“请届时参加”或“敬请光临”等。 （ ）

107. 欢迎词和欢送词都要有称谓。 （ ）

108. 祝酒词是在酒席宴会或娱乐活动的开始，主人表示热烈的欢迎、亲切的问候、诚挚的感谢，客人进行答谢并表示衷心的祝愿的应酬之词。 （ ）

109. 答谢词是指特定的公共礼仪场合，主人致欢迎词或欢送词之前，客人所发表的对主人的热情接待和多关照表示谢意的讲话。答谢词也指客人在举行必要的答谢活动中所发表的感谢主人的盛情款待的讲话。 （ ）

110. 贺词可在电视上公开发表。 （ ）

六、应用文写作实训

（一）给下列标题填写文种

1. ××省人民政府关于撤销××市擅自改变上级机关对外商赠送物品的审批权限规定的______。

2. ××学院关于给予××警告处分的______。

3. 中华人民共和国公安部关于登机前安全检查的______。

4. ××市城市管理综合行政执法局关于清理整顿街道的______。

5. 国务院办公厅关于发布《党政机关公文工作处理条例》的______。

6. ××市交通局关于几起重大交通事故的______。

7. ××市人民政府关于提请审议《××县乡镇企业条例》的______。

8. ××市人民政府关于治理××湖水质污染问题的______。

9. ××教育局申请办公经费的______。

10. ××省财政厅关于同意农业厅拨款购置办公用车的______。

11. ××工商局关于开展“满意不满意”科室评选暨“基层群众评选”活动的实施______。

12. ××能源研究所关于要求增加人员编制的______ 。

13. ××市工商行政管理局关于召开工商管理工作联席会议的______。

（二）根据内容提示，判断公文文种

1. ××市人民政府召开了市长办公会议，会后要制发一份会议文件。______

2. ××市财政局对区财政局申请拨款购车的来文回复，同意对方的请求。______

3. ××市××区公安民警刘××恪尽职守，智擒盗贼，保护了所属辖区内人民群众的人身和财产安全，区公安局发文表彰他的事迹。______

4. ××市××区广州道与河北路交口处因修路，需过往行人、车辆绕行，区公安局发文告知广大行人。______

5. ××市水利局将召开全市清查水库、河流等隐患工作会议，行文各县、区水利部门提前做好工作准备。______

6. 沈阳市政府在很短的时间内重修了五里河体育场，辽宁省人民政府颁布了一个文件，表彰该市作出的突出政绩。______

7. 为大力弘扬正气，充分发挥劳动模范的带头作用，进一步动员广大工商行政管理干部振奋精神，更好地投身到工商行政管理事业，经研究决定：为全局×××等28名同志记二等功一次。______

8. ××市人事局向××省人事厅申请公务员出国培训经费。______

9. 北京2008年奥林匹克运动会就保护会徽的知识产权保护事宜于某日向国内外公布。______

10. 大连市人民政府因某年某月连续几日持续降雪造成该市大部分地区雪灾情况报送上级单位。______

11. 数位人大代表向本次会议提交“关于适度调整公交票价的提议”。______

12. 为进一步加强××大学辅导员队伍建设，切实做到“教书育人、管理育人、服务育人”，××大学学生工作委员会根据本校辅导员工作的实际情况，提出参考意见。______

13. 鞍山市人民政府收到铁岭市人民政府《关于商洽经贸协作关系事宜的函》（铁政函〔2014〕×号），经研究，同意合作并给予函复。______

附 录

附录1　《党政机关公文处理工作条例》

党政机关公文处理工作条例

第一章　总　则

第一条　为了适应中国共产党机关和国家行政机关（以下简称党政机关）工作需要，推进党政机关公文处理工作科学化、制度化、规范化，制定本条例。

第二条　本条例适用于各级党政机关公文处理工作。

第三条　党政机关公文是党政机关实施领导、履行职能、处理公务的具有特定效力和规范体式的文书，是传达贯彻党和国家的方针政策，公布法规和规章，指导、布置和商洽工作，请示和答复问题，报告、通报和交流情况等的重要工具。

第四条　公文处理工作是指公文拟制、办理、管理等一系列相互关联、衔接有序的工作。

第五条　公文处理工作应当坚持实事求是、准确规范、精简高效、安全保密的原则。

第六条　各级党政机关应当高度重视公文处理工作，加强组织领导，强化队伍建设，设立文秘部门或者由专人负责公文处理工作。

第七条　各级党政机关办公厅（室）主管本机关的公文处理工作，并对下级机关的公文处理工作进行业务指导和督促检查。

第二章　公文种类

第八条　公文种类主要有：

（一）决议。适用于会议讨论通过的重大决策事项。

（二）决定。适用于对重要事项作出决策和部署、奖惩有关单位和人员、变更或者撤销下级机关不适当的决定事项。

（三）命令（令）。适用于公布行政法规和规章、宣布施行重大强制性措施、批准授予和晋升衔级、嘉奖有关单位和人员。

（四）公报。适用于公布重要决定或者重大事项。

（五）公告。适用于向国内外宣布重要事项或者法定事项。

（六）通告。适用于在一定范围内公布应当遵守或者周知的事项。

（七）意见。适用于对重要问题提出见解和处理办法。

（八）通知。适用于发布、传达要求下级机关执行和有关单位周知或者执行的事项，批转、转发公文。

（九）通报。适用于表彰先进、批评错误、传达重要精神和告知重要情况。

（十）报告。适用于向上级机关汇报工作、反映情况，回复上级机关的询问。

（十一）请示。适用于向上级机关请求指示、批准。

（十二）批复。适用于答复下级机关请示事项。

（十三）议案。适用于各级人民政府按照法律程序向同级人民代表大会或者人民代表大会常务委员会提请审议事项。

（十四）函。适用于不相隶属机关之间商洽工作、询问和答复问题、请求批准和答复审批事项。

（十五）纪要。适用于记载会议主要情况和议定事项。

第三章　公文格式

第九条　公文一般由份号、密级和保密期限、紧急程度、发文机关标志、发文字号、签发人、标题、主送机关、正文、附件说明、发文机关署名、成文日期、印章、附注、附件、抄送机关、印发机关和印发日期、页码等组成。

（一）份号。公文印制份数的顺序号。涉密公文应当标注份号。

（二）密级和保密期限。公文的秘密等级和保密的期限。涉密公文应当根据涉密程度分别标注“绝密”、“机密”、“秘密”和保密期限。

（三）紧急程度。公文送达和办理的时限要求。根据紧急程度，紧急公文应当分别标注“特急”“加急”，电报应当分别标注“特提”、“特急”、“加急”、“平急”。

（四）发文机关标志。由发文机关全称或者规范化简称加“文件”二字组成，也可以使用发文机关全称或者规范化简称。联合行文时，发文机关标志可以并用联合发文机关名称，也可以单独用主办机关名称。

（五）发文字号。由发文机关代字、年份、发文顺序号组成。联合行文时，使用主办机关的发文字号。

（六）签发人。上行文应当标注签发人姓名。

（七）标题。由发文机关名称、事由和文种组成。

（八）主送机关。公文的主要受理机关，应当使用机关全称、规范化简称或者同类型机关统称。

（九）正文。公文的主体，用来表述公文的内容。

（十）附件说明。公文附件的顺序号和名称。

（十一）发文机关署名。署发文机关全称或者规范化简称。

（十二）成文日期。署会议通过或者发文机关负责人签发的日期。联合行文时，署最后签发机关负责人签发的日期。

（十三）印章。公文中有发文机关署名的，应当加盖发文机关印章，并与署名机关相符。有特定发文机关标志的普发性公文和电报可以不加盖印章。

（十四）附注。公文印发传达范围等需要说明的事项。

（十五）附件。公文正文的说明、补充或者参考资料。

（十六）抄送机关。除主送机关外需要执行或者知晓公文内容的其他机关，应当使用机关全称、规范化简称或者同类型机关统称。

（十七）印发机关和印发日期。公文的送印机关和送印日期。

（十八）页码。公文页数顺序号。

第十条　公文的版式按照《党政机关公文格式》国家标准执行。

第十一条　公文使用的汉字、数字、外文字符、计量单位和标点符号等，按照有关国家标准和规定执行。民族自治地方的公文，可以并用汉字和当地通用的少数民族文字。

第十二条　公文用纸幅面采用国际标准 A4 型。特殊形式的公文用纸幅面，根据实际需要确定。

第四章　行文规则

第十三条　行文应当确有必要，讲求实效，注重针对性和可操作性。

第十四条　行文关系根据隶属关系和职权范围确定。一般不得越级行文，特殊情况需要越级行文的，应当同时抄送被越过的机关。

第十五条　向上级机关行文，应当遵循以下规则：

（一）原则上主送一个上级机关，根据需要同时抄送相关上级机关和同级机关，不抄送下级机关。

（二）党委、政府的部门向上级主管部门请示、报告重大事项，应当经本级党委、政府同意或者授权；属于部门职权范围内的事项应当直接报送上级主管部门。

（三）下级机关的请示事项，如需以本机关名义向上级机关请示，应当提出倾向性意见后上报，不得原文转报上级机关。

（四）请示应当一文一事。不得在报告等非请示性公文中夹带请示事项。

（五）除上级机关负责人直接交办事项外，不得以本机关名义向上级机关负责人报送公文，不得以本机关负责人名义向上级机关报送公文。

（六）受双重领导的机关向一个上级机关行文，必要时抄送另一个上级机关。

第十六条　向下级机关行文，应当遵循以下规则：

（一）主送受理机关，根据需要抄送相关机关。重要行文应当同时抄送发文机关的直接上级机关。

（二）党委、政府的办公厅（室）根据本级党委、政府授权，可以向下级党委、政府行文，其他部门和单位不得向下级党委、政府发布指令性公文或者在公文中向下级党委、政府提出指令性要求。需经政府审批的具体事项，经政府同意后可以由政府职能部门行文，文中须注明已经政府同意。

（三）党委、政府的部门在各自职权范围内可以向下级党委、政府的相关部门行文。

（四）涉及多个部门职权范围内的事务，部门之间未协商一致的，不得向下行文；擅自行文的，上级机关应当责令其纠正或者撤销。

（五）上级机关向受双重领导的下级机关行文，必要时抄送该下级机关的另一个上级机关。

第十七条　同级党政机关、党政机关与其他同级机关必要时可以联合行文。属于党委、政府各自职权范围内的工作，不得联合行文。

党委、政府的部门依据职权可以相互行文。

部门内设机构除办公厅（室）外不得对外正式行文。

第五章　公文拟制

第十八条　公文拟制包括公文的起草、审核、签发等程序。

第十九条　公文起草应当做到：

（一）符合党的理论路线方针政策和国家法律法规，完整准确体现发文机关意图，并同现行有关公文相衔接。

（二）一切从实际出发，分析问题实事求是，所提政策措施和办法切实可行。

（三）内容简洁，主题突出，观点鲜明，结构严谨，表述准确，文字精练。

（四）文种正确，格式规范。

（五）深入调查研究，充分进行论证，广泛听取意见。

（六）公文涉及其他地区或者部门职权范围内的事项，起草单位必须征求相关地区或者部门意见，力求达成一致。

（七）机关负责人应当主持、指导重要公文起草工作。

第二十条　公文文稿签发前，应当由发文机关办公厅（室）进行审核。审核的重点是：

（一）行文理由是否充分，行文依据是否准确。

（二）内容是否符合党的理论路线方针政策和国家法律法规；是否完整准确体现发文机关意图；是否同现行有关公文相衔接；所提政策措施和办法是否切实可行。

（三）涉及有关地区或者部门职权范围内的事项是否经过充分协商并达成一致意见。

（四）文种是否正确，格式是否规范；人名、地名、时间、数字、段落顺序、引文等是否准确；文字、数字、计量单位和标点符号等用法是否规范。

（五）其他内容是否符合公文起草的有关要求。

需要发文机关审议的重要公文文稿，审议前由发文机关办公厅（室）进行初核。

第二十一条　经审核不宜发文的公文文稿，应当退回起草单位并说明理由；符合发文条件但内容需作进一步研究和修改的，由起草单位修改后重新报送。

第二十二条　公文应当经本机关负责人审批签发。重要公文和上行文由机关主要负责人签发。党委、政府的办公厅（室）根据党委、政府授权制发的公文，由受权机关主要负责人签发或者按照有关规定签发。签发人签发公文，应当签署意见、姓名和完整日期；圈阅或者签名的，视为同意。联合发文由所有联署机关的负责人会签。

第六章　公文办理

第二十三条　公文办理包括收文办理、发文办理和整理归档。

第二十四条　收文办理主要程序是：

（一）签收。对收到的公文应当逐件清点，核对无误后签字或者盖章，并注明签收时间。

（二）登记。对公文的主要信息和办理情况应当详细记载。

（三）初审。对收到的公文应当进行初审。初审的重点是：是否应当由本机关办理，是否符合行文规则，文种、格式是否符合要求，涉及其他地区或者部门职权范围内的事项是否已经协商、会签，是否符合公文起草的其他要求。经初审不符合规定的公文，应当及时退回来文单位并说明理由。

（四）承办。阅知性公文应当根据公文内容、要求和工作需要确定范围后分送。批办性公文应当提出拟办意见报本机关负责人批示或者转有关部门办理；需要两个以上部门办理的，应当明确主办部门。紧急公文应当明确办理时限。承办部门对交办的公文应当及时办理，有明确办理时限要求的应当在规定时限内办理完毕。

（五）传阅。根据领导批示和工作需要将公文及时送传阅对象阅知或者批示。办理公文传阅应当随时掌握公文去向，不得漏传、误传、延误。

（六）催办。及时了解掌握公文的办理进展情况，督促承办部门按期办结。紧急公文或者重要公文应当由专人负责催办。

（七）答复。公文的办理结果应当及时答复来文单位，并根据需要告知相关单位。

第二十五条　发文办理主要程序是：

（一）复核。已经发文机关负责人签批的公文，印发前应当对公文的审批手续、内容、文种、格式等进行复核；需作实质性修改的，应当报原签批人复审。

（二）登记。对复核后的公文，应当确定发文字号、分送范围和印制份数并详细记载。

（三）印制。公文印制必须确保质量和时效。涉密公文应当在符合保密要求的场所印制。

（四）核发。公文印制完毕，应当对公文的文字、格式和印刷质量进行检查后分发。

第二十六条　涉密公文应当通过机要交通、邮政机要通信、城市机要文件交换站或者收发件机关机要收发人员进行传递，通过密码电报或者符合国家保密规定的计算机信息系统进行传输。

第二十七条　需要归档的公文及有关材料，应当根据有关档案法律法规以及机关档案管理规定，及时收集齐全、整理归档。两个以上机关联合办理的公文，原件由主办机关归档，相关机关保存复制件。机关负责人兼任其他机关职务的，在履行所兼职务过程中形成的公文，由其兼职机关归档。

第七章　公文管理

第二十八条　各级党政机关应当建立健全本机关公文管理制度，确保管理严格规范，充分发挥公文效用。

第二十九条　党政机关公文由文秘部门或者专人统一管理。设立党委（党组）的县级以上单位应当建立机要保密室和机要阅文室，并按照有关保密规定配备工作人员和必要的安全保密设施设备。

第三十条　公文确定密级前，应当按照拟定的密级先行采取保密措施。确定密级后，应当按照所定密级严格管理。绝密级公文应当由专人管理。

公文的密级需要变更或者解除的，由原确定密级的机关或者其上级机关决定。

第三十一条　公文的印发传达范围应当按照发文机关的要求执行；需要变更的，应当经发文机关批准。

涉密公文公开发布前应当履行解密程序。公开发布的时间、形式和渠道，由发文机关确定。

经批准公开发布的公文，同发文机关正式印发的公文具有同等效力。

第三十二条　复制、汇编机密级、秘密级公文，应当符合有关规定并经本机关负责人批准。绝密级公文一般不得复制、汇编，确有工作需要的，应当经发文机关或者其上级机关批准。复制、汇编的公文视同原件管理。

复制件应当加盖复制机关戳记。翻印件应当注明翻印的机关名称、日期。汇编本的密级按照编入公文的最高密级标注。

第三十三条　公文的撤销和废止，由发文机关、上级机关或者权力机关根据职权范围和有关法律法规决定。公文被撤销的，视为自始无效；公文被废止的，视为自废止之日起失效。

第三十四条　涉密公文应当按照发文机关的要求和有关规定进行清退或者销毁。

第三十五条　不具备归档和保存价值的公文，经批准后可以销毁。销毁涉密公文必须严格按照有关规定履行审批登记手续，确保不丢失、不漏销。个人不得私自销毁、留存涉密公文。

第三十六条 机关合并时，全部公文应当随之合并管理；机关撤销时，需要归档的公文经整理后按照有关规定移交档案管理部门。

工作人员离岗离职时，所在机关应当督促其将暂存、借用的公文按照有关规定移交、清退。

第三十七条 新设立的机关应当向本级党委、政府的办公厅（室）提出发文立户申请。经审查符合条件的，列为发文单位，机关合并或者撤销时，相应进行调整。

第八章 附 则

第三十八条 党政机关公文含电子公文。电子公文处理工作的具体办法另行制定。

第三十九条 法规、规章方面的公文，依照有关规定处理。外事方面的公文，依照外事主管部门的有关规定处理。

第四十条 其他机关和单位的公文处理工作，可以参照本条例执行。

第四十一条 本条例由中共中央办公厅、国务院办公厅负责解释。

第四十二条 本条例自 2012 年 7 月 1 日起施行。1996 年 5 月 3 日中共中央办公厅发布的《中国共产党机关公文处理条例》和 2000 年 8 月 24 日国务院发布的《国家行政机关公文处理办法》停止执行。

附录 2 《党政机关公文格式》

党政机关公文格式

（一）基本简介

为提高党政机关公文的规范化、标准化水平，2012 年 6 月 29 日，国家质量监督检验检疫总局、国家标准化管理委员会发布了《党政机关公文格式》国家标准（GB/T 9704—2012）。该标准于 2012 年 7 月 1 日起正式实施。此标准是对国标《国家行政机关公文格式》（GB/T 9704—1999 ）的修订。

党政机关公文是党政机关实施领导、履行职能、处理公务的具有特定效力和规范体式的文书，是传达贯彻党和国家方针政策，公布法规和规章，指导、布置和商洽工作，请示和答复问题，报告、通报和交流情况等的重要工具。

《党政机关公文格式》国家标准按照《党政机关公文处理工作条例》的有关规定，结合这些年来党政机关公文格式的实际应用，对公文用纸、印刷装订、格式要素、式样等作出了具体规定。特别是将党政机关公文用纸统一为国际标准 A4 型，首次统一了党政机关公文格式要素的编排规则，使党政机关公文的表现形式更加规范。该标准的实施，有利于进一步提高各级党政机关公文制作水平和质量，有力推动党政机关公文处理工作实现科学化、规范化。

（二）正文内容

前　言

本标准按照 GB/T 1. 1—2009 给出的规则起草。

本标准根据中共中央办公厅、国务院办公厅印发的《党政机关公文处理工作条例》的有关规定对 GB/T 9704—1999《国家行政机关公文格式》进行修订。本标准相对 GB/T 9704—1999 主要作如下修订：

a）标准名称改为《党政机关公文格式》，标准英文名称也作相应修改；

b）适用范围扩展到各级党政机关制发的公文；

c）对标准结构进行适当调整；

d）对公文装订要求进行适当调整；

e）增加发文机关署名和页码两个公文格式要素，删除主题词格式要素，并对公文格式各要素的编排进行较大调整；

f ）进一步细化特定格式公文的编排要求；

g）新增联合行文公文首页版式、信函格式首页、命令（令）格式首页版式等式样。

本标准中公文用语与《党政机关公文处理工作条例》中的用语一致。

本标准为第二次修订。

本标准由中共中央办公厅和国务院办公厅提出。

本标准由中国标准化研究院归口。

本标准起草单位：中国标准化研究院、中共中央办公厅秘书局、国务院办公厅秘书局、中国标准出版社。

本标准主要起草人：房庆、杨雯、郭道锋、孙维、马慧、张书杰、徐成华、范一乔、李玲。

本标准代替了 GB/T 9704—1999。

GB/T 9704—1999 的历次版本发布情况为：

——GB/T 9704—1988。

党政机关公文格式

1　范围

本标准规定了党政机关公文通用的纸张要求、排版和印制装订要求、公文格式各要素的编排规则，并给出了公文的式样。

本标准适用于各级党政机关制发的公文。其他机关和单位的公文可以参照执行。

使用少数民族文字印制的公文，其用纸、幅面尺寸及版面、印制等要求按照本标准执行，其余可以参照本标准并按照有关规定执行。

2　规范性引用文件

下列文件对于本标准的应用是必不可少的。凡是注日期的引用文件，仅所注日期的版本适用于本标准。凡是不注日期的引用文件，其最新版本（包括所有的修改单）适用于本标准。

GB/T 148 印刷、书写和绘图纸幅面尺寸

GB 3100 国际单位制及其应用

GB 3101 有关量、单位和符号的一般原则

GB 3102（所有部分）量和单位

GB/T 15834 标点符号用法

GB/T 15835 出版物上数字用法

3　术语和定义

下列术语和定义适用于本标准。

3.1　字 word

标示公文中横向距离的长度单位。在本标准中，一字指一个汉字宽度的距离。

3.2　行 line

标示公文中纵向距离的长度单位。在本标准中，一行指一个汉字的高度加 3 号汉字高度的 7/8 的距离。

4　公文用纸主要技术指标

公文用纸一般使用纸张定量为 60 g/m ~ 80 g/m 的胶版印刷纸或复印纸。纸张白度 80% ~90%，横向耐折度≥15 次，不透明度≥85%，pH 值为 7.5 ~9.5。

5　公文用纸幅面尺寸及版面要求

5.1　幅面尺寸

公文用纸采用 GB/T148 中规定的 A4 型纸，其成品幅面尺寸为：210 mm×297 mm。

5.2　版面

5.2.1　页边与版心尺寸

公文用纸天头（上白边）为 37 mm ± 1 mm，公文用纸订口（左白边）为 28mm ± 1mm，版心尺寸为 156 mm×225 mm。

5.2.2　字体和字号

如无特殊说明，公文格式各要素一般用 3 号仿宋体字。特定情况可以作适当调整。

5.2.3　行数和字数

一般每面排 22 行，每行排 28 个字，并撑满版心。特定情况可以作适当调整。

5.2.4　文字的颜色

如无特殊说明，公文中文字的颜色均为黑色。

6　印制装订要求

6.1　制版要求

版面干净无底灰，字迹清楚无断划，尺寸标准，版心不斜，误差不超过 1 mm。

6.2　印刷要求

双面印刷；页码套正，两面误差不超过 2 mm。黑色油墨应当达到色谱所标 BL100%，红色油墨应当达到色谱所标 Y80%、M80%。印品着墨实、均匀；字面不花、不白、无断划。

6.3　装订要求

公文应当左侧装订，不掉页，两页页码之间误差不超过 4 mm，裁切后的成品尺寸允许误差 ±2mm，四角成 90°，无毛茬或缺损。

骑马订或平订的公文应当：

a）订位为两钉外订眼距版面上下边缘各 70 mm 处，允许误差 ±4mm；

b）无坏钉、漏钉、重钉，钉脚平伏牢固；

c）骑马订钉锯均订在折缝线上，平订钉锯与书脊间的距离为 3mm ~5mm。

包本装订公文的封皮（封面、书脊、封底）与书芯应吻合、包紧、包平、不脱落。

7　公文格式各要素编排规则

7.1　公文格式各要素的划分

本标准将版心内的公文格式各要素划分为版头、主体、版记三部分。公文首页红色分隔线以上的部分称为版头；公文首页红色分隔线（不含）以下、公文末页首条分隔线（不含）以上的部分称为主体；公文末页首条分隔线以下、末条分隔线以上的部分称为版记。

页码位于版心外。

7.2　版头

7.2.1　份号

如需标注份号，一般用 6 位 3 号阿拉伯数字，顶格编排在版心左上角第一行。

7.2.2　密级和保密期限

如需标注密级和保密期限，一般用 3 号黑体字，顶格编排在版心左上角第二行；保密期限中的数字用阿拉伯数字标注。

7.2.3　紧急程度

如需标注紧急程度，一般用 3 号黑体字，顶格编排在版心左上角；如需同时标注份号、密级和保密期限、紧急程度，按照份号、密级和保密期限、紧急程度的顺序自上而下分行排列。

7.2.4　发文机关标志

由发文机关全称或者规范化简称加“文件”二字组成，也可以使用发文机关全称或者规范化简称。

发文机关标志居中排布，上边缘至版心上边缘为 35mm，推荐使用小标宋体字，颜色为红色，以醒目、美观、庄重为原则。

联合行文时，如需同时标注联署发文机关名称，一般应当将主办机关名称排列在前；如有“文件”二字，应当置于发文机关名称右侧，以联署发文机关名称为准上下居中排布。

7.2.5　发文字号

编排在发文机关标志下空二行位置，居中排布。年份、发文顺序号用阿拉伯数字标注；年份应标全称，用六角括号“〔〕”括入；发文顺序号不加“第”字，不编虚位（即1不编为01），在阿拉伯数字后加“号”字。

上行文的发文字号居左空一字编排，与最后一个签发人姓名处在同一行。

7.2.6　签发人

由“签发人”三字加全角冒号和签发人姓名组成，居右空一字，编排在发文机关标志下空二行位置。“签发人”三字用3号仿宋体字，签发人姓名用3号楷体字。

如有多个签发人，签发人姓名按照发文机关的排列顺序从左到右、自上而下依次均匀编排，一般每行排两个姓名，回行时与上一行第一个签发人姓名对齐。

7.2.7　版头中的分隔线

发文字号之下4 mm处居中印一条与版心等宽的红色分隔线。

7.3　主体

7.3.1　标题

一般用2号小标宋体字，编排于红色分隔线下空二行位置，分一行或多行居中排布；回行时，要做到词意完整，排列对称，长短适宜，间距恰当，标题排列应当使用梯形或菱形。

7.3.2　主送机关

编排于标题下空一行位置，居左顶格，回行时仍顶格，最后一个机关名称后标全角冒号。如主送机关名称过多导致公文首页不能显示正文时，应当将主送机关名称移至版记，标注方法见7.4.2。

7.3.3　正文

公文首页必须显示正文。一般用3号仿宋体字，编排于主送机关名称下一行，每个自然段左空二字，回行顶格。文中结构层次序数依次可以用“一、”“（一）”“1.”“（1）”标注；一般第一层用黑体字、第二层用楷体字、第三层和第四层用仿宋体字标注。

7.3.4　附件说明

如有附件，在正文下空一行左空二字编排“附件”二字，后标全角冒号和附件名称。如有多个附件，使用阿拉伯数字标注附件顺序号（如“附件：1. ×××××”）；附件名称后不加标点符号。附件名称较长需回行时，应当与上一行附件名称的首字对齐。

7.3.5　发文机关署名、成文日期和印章

7.3.5.1　加盖印章的公文

成文日期一般右空四字编排，印章用红色，不得出现空白印章。

单一机关行文时，一般在成文日期之上、以成文日期为准居中编排发文机关署名，印章端正、居中下压发文机关署名和成文日期，使发文机关署名和成文日期居印章中心偏下位置，印章顶端应当上距正文（或附件说明）一行之内。

联合行文时，一般将各发文机关署名按照发文机关顺序整齐排列在相应位置，并将印章一一对应、端正、居中下压发文机关署名，最后一个印章端正、居中下压发文机关署名

和成文日期，印章之间排列整齐、互不相交或相切，每排印章两端不得超出版心，首排印章顶端应当上距正文（或附件说明）一行之内。

7.3.5.2　不加盖印章的公文

单一机关行文时，在正文（或附件说明）下空一行右空二字编排发文机关署名，在发文机关署名下一行编排成文日期，首字比发文机关署名首字右移二字，如成文日期长于发文机关署名，应当使成文日期右空二字编排，并相应增加发文机关署名右空字数。

联合行文时，应当先编排主办机关署名，其余发文机关署名依次向下编排。

7.3.5.3　加盖签发人签名章的公文

单一机关制发的公文加盖签发人签名章时，在正文（或附件说明）下空二行右空四字加盖签发人签名章，签名章左空二字标注签发人职务，以签名章为准上下居中排布。在签发人签名章下空一行右空四字编排成文日期。

联合行文时，应当先编排主办机关签发人职务、签名章，其余机关签发人职务、签名章依次向下编排，与主办机关签发人职务、签名章上下对齐；每行只编排一个机关的签发人职务、签名章；签发人职务应当标注全称。

签名章一般用红色。

7.3.5.4　成文日期中的数字

用阿拉伯数字将年、月、日标全，年份应标全称，月、日不编虚位（即1不编为01）。

7.3.5.5　特殊情况说明

当公文排版后所剩空白处不能容下印章或签发人签名章、成文日期时，可以采取调整行距、字距的措施解决。

7.3.6　附注

如有附注，居左空二字加圆括号编排在成文日期下一行。

7.3.7　附件

附件应当另面编排，并在版记之前，与公文正文一起装订。“附件”二字及附件顺序号用3号黑体字顶格编排在版心左上角第一行。附件标题居中编排在版心第三行。附件顺序号和附件标题应当与附件说明的表述一致。附件格式要求同正文。

如附件与正文不能一起装订，应当在附件左上角第一行顶格编排公文的发文字号并在其后标注“附件”二字及附件顺序号。

7.4　版记

7.4.1　版记中的分隔线

版记中的分隔线与版心等宽，首条分隔线和末条分隔线用粗线（推荐高度为0.35 mm），中间的分隔线用细线（推荐高度为0.25 mm）。首条分隔线位于版记中第一个要素之上，末条分隔线与公文最后一面的版心下边缘重合。

7.4.2　抄送机关

如有抄送机关，一般用4号仿宋体字，在印发机关和印发日期之上一行、左右各空一字编排。“抄送”二字后加全角冒号和抄送机关名称，回行时与冒号后的首字对齐，最后一个抄送机关名称后标句号。

如需把主送机关移至版记，除将“抄送”二字改为“主送”外，编排方法同抄送机关。既有主送机关又有抄送机关时，应当将主送机关置于抄送机关之上一行，之间不加分隔线。

7.4.3　印发机关和印发日期

印发机关和印发日期一般用4号仿宋体字，编排在末条分隔线之上，印发机关左空一字，印发日期右空一字，用阿拉伯数字将年、月、日标全，年份应标全称，月、日不编虚位（即1不编为01），后加“印发”二字。

版记中如有其他要素，应当将其与印发机关和印发日期用一条细分隔线隔开。

7.5　页码

一般用4号半角宋体阿拉伯数字，编排在公文版心下边缘之下，数字左右各放一条一字线；一字线上距版心下边缘7 mm。单页码居右空一字，双页码居左空一字。公文的版记页前有空白页的，空白页和版记页均不编排页码。公文的附件与正文一起装订时，页码应当连续编排。

8　公文中的横排表格

A4纸型的表格横排时，页码位置与公文其他页码保持一致，单页码表头在订口一边，双页码表头在切口一边。

9　公文中计量单位、标点符号和数字的用法

公文中计量单位的用法应当符合GB3100、GB3101和GB3102（所有部分），标点符号的用法应当符合GB/T15834，数字用法应当符合GB/T15835。

10　公文的特定格式

10.1　信函格式

发文机关标志使用发文机关全称或者规范化简称，居中排布，上边缘至上页边为30 mm，推荐使用红色小标宋体字。联合行文时，使用主办机关标志。

发文机关标志下4 mm处印一条红色双线（上粗下细），距下页边20 mm处印一条红色双线（上细下粗），线长均为170 mm，居中排布。

如需标注份号、密级和保密期限、紧急程度，应当顶格居版心左边缘编排在第一条红色双线下，按照份号、密级和保密期限、紧急程度的顺序自上而下分行排列，第一个要素与该线的距离为3号汉字高度的7/8。

发文字号顶格居版心右边缘编排在第一条红色双线下，与该线的距离为3号汉字高度的7/8。

标题居中编排，与其上最后一个要素相距二行。

第二条红色双线上一行如有文字，与该线的距离为3号汉字高度的7/8。

首页不显示页码。

版记不加印发机关和印发日期、分隔线，位于公文最后一面版心内最下方。

10.2　命令（令）格式

发文机关标志由发文机关全称加“命令”或“令”字组成，居中排布，上边缘至版心上边缘为20 mm，推荐使用红色小标宋体字。

发文机关标志下空二行居中编排令号，令号下空二行编排正文。

签发人职务、签名章和成文日期的编排见7.3.5.3。

10.3　纪要格式

纪要标志由“××××纪要”组成，居中排布，上边缘至版心上边缘为35mm，推荐使用红色小标宋体字。

标注出席人员名单，一般用 3 号黑体字，在正文或附件说明下空一行左空二字编排“出席”二字，后标全角冒号，冒号后用 3 号仿宋体字标注出席人单位、姓名，回行时与冒号后的首字对齐。

标注请假和列席人员名单，除依次另起一行并将“出席”二字改为“请假”或“列席”外，编排方法同出席人员名单。

纪要格式可以根据实际制定。

11　式样（略）

参考文献

1. 程学兰．大学实用写作［M］．武汉：武汉大学出版社，2002.
2. 韩国海．现代应用写作教程［M］．杭州：浙江大学出版社，2002.
3. 陈浩．现代应用文写作大全［M］．北京：中国大百科全书出版社，2005.
4. 郝维．应用文写作教程［M］．北京：商务印书馆，2004.
5. 孟庆荣．秘书职业技能实训教程［M］．北京：清华大学出版社，2007.
6. 王桂森．最新实用公文规范与写作［M］．济南：山东人民出版社，2002.
7. 张晓霞．应用文写作［M］．北京：中国环境科学出版社，2014.
8. 汪莉．论《申论》的写作特征［J］．昆明大学学报，2003（2）.